汉武帝

东方朔

董仲舒

卫青

霍光

苏武牧羊图

作者是南宋画家李迪。图绘的是汉代名臣苏武牧羊的故事。

苏李泣别图

明代佚名所绘，讲述了李陵劝苏武投降的故事。

李广引弓图

作者是近代画家刘奎龄，其作品在表现方法上极富创造性。本画作为立轴，设色纸本。

汉宫图（局部）

作者是宋代画家赵伯驹。该幅作品为一纨扇形式的小册页，上有明朝董其昌题字。描写的是汉宫七夕时宫娥彩女们乞巧的故事。

朱买臣负薪读书图

作者是明代画家石锐，图绘西汉大臣朱买臣未受汉武帝赏识前在家靠打柴为生，边劳作边读书的情形。

汉苑图

汉代宫苑早于汉高祖、萧相国时，即有营建。当时之未央宫，因龙首山制前殿，建东阙、北阙、武库、太仓等，周围二十八里，台殿池苑无数，宫成后常为朝见之所。

汉宫秋月图

作者是清代袁耀。此幅中殿宇宫门紧闭，月光似水，将庭院笼罩在一片苍茫的夜色中，这使得原本精工华丽的楼阁也带上了一丝哀婉的色彩。

汉宫春晓图（局部）

作者是明代画家仇英。此画为中国十大传世名画之一，以人物长卷画，生动再现了汉代宫女的生活情景。

汉宫春晓图（局部）

汉宫春晓图（局部）

汉宫春晓图（局部）

上林图（局部）

作者是明代画家仇英。图绘司马相如上林赋意，描绘了皇家园囿上林苑之堂皇富丽，与天子射猎场面之壮阔伟盛。

上林图（局部）

上林图（局部）

上林图（局部）

汉武帝的外儒内法

孔令堃 著

Emperor Wu of Han Dynasty

Took Confucianism as the Surface and Legalism as the Essence

江苏凤凰文艺出版社
JIANGSU PHOENIX LITERATURE AND ART PUBLISHING

目录 Contents

目录 Contents

楔子 刘彻的童年

故事发生在公元前156年，那一年的气氛很特别，谁也说不出这到底是个令人悲伤的年月，还是个令人欢欣的时间。说悲伤呢，是因为汉文帝去世不久。说欢欣呢，是因为新皇继位，大赦天下，而且税收变成了三十税一。新一届领导人汉景帝对百姓的爱，如春风般拂过了大汉人民的脸庞。

这一年的七月，后宫王美人为汉景帝生下来一个大胖儿子。据野史《汉武故事》记载，汉高帝刘邦曾给汉景帝托梦，说王美人生的儿子，要取名为刘彘。过去猪被称为豕，其中个大的叫彘，个小的叫豚。

然而这个荒诞不经的故事，《汉书》和《资治通鉴》都没有采纳，至于这个娃到底叫不叫刘彘，司马迁都不敢提，咱们也不用深究，总之后来他的正式叫刘彻。

汉景帝对这个娃娃的出生，并没有太特别的感觉。因为在这之前，他已经有了九个儿子。再加上刘彻的母亲王美人跟汉景帝的时候是二婚，在后宫并不受宠。按咱们中国人的传统现象，老太太最喜欢的就是小儿子和大孙子。当朝太后窦氏也是如此，她最爱的就是小儿子刘武和大孙子刘荣。按理说刘彻这个十娃，很难从刘氏家族中脱颖而出，更别提面南背北当皇帝。幸好这个毫无存在感的娃娃有个好妈，这位王美人可不是一般人。

王美人名曰王娡，其母为汉朝初代燕王臧荼的孙女。二婚的女人混后宫并不容易，好在王娡的妹妹王儿姁在后宫很得宠，王娡没少得到妹妹的庇护。在汉朝的后宫历史上，曾经有个二婚的女性经过艰苦卓绝的炒作，终于逆袭了命运，跳过皇后这一级当上了太后，此人就是汉高帝的妃子薄氏，也就是汉文帝的亲妈薄太后。薄太后的逆袭，一是靠好姐妹管夫人和赵子儿的推荐，二是靠大规模的炒作。跟薄太后相比，王娡的亲妹妹王儿姁仿佛更靠谱。只要炒作得当，逆袭应该不难。薄太后的套路是借助神婆子许负的名声，愣说自己能生出天子。王娡不想借助别人，于是在生孩子之前告诉汉景帝，她梦见了一轮金太阳进入腹中。汉景帝一听，不得了啊，金太阳入腹，将来生出来的孩子必然胖嘟嘟的有福相。这样一来，等到刘彻一出生，汉景帝最起码对这个娃娃有印象。但是，仅仅是有印象而已。

出 处

太子（汉景帝）幸爱之，生三女一男。男（汉武帝）方在身时，王美人梦日入其怀。——《史记·外戚世家》

在帝王家，皇子们最有出息的那个，往往是最不受宠的那个。这样的皇子天生没有自带光环，只好靠后天的努力弥补。比如说宋徽宗的儿子们个个都是少爷秧子，只有最不受宠的九皇子赵构不仅习得一手好书法，更能开金人所用的硬弓。赵构还没来得及获得宋徽宗的青睐就国破家亡，而小刘彻的努力，却幸运地让汉景帝青眼有加。

当哥哥们都在忧郁游戏赢不了的时候，刘彻已经能背诵古代圣君的治国之道。但是这样一个娃娃，学这玩意儿干啥？这样的帝王术，对刘彻而言基本上无用武之地。汉景帝前四年（前 153 年），刘彻的大哥刘荣被立为太子，而四岁的刘彻被封为只管一郡的胶东王。

就当时而言，汉景帝皇位的继承人除了太子刘荣之外，窦太后最喜欢的梁王刘武也是重量级选手。这场叔侄之争，在汉景帝还活着的时候就开始了明争暗斗。不管怎么说，皇位跟胶东王刘彻，是怎么也扯不上关系的。

叔侄争皇位的故事，比较典型的就是清初睿亲王多尔衮和肃亲王豪格之间的斗争，结果便宜了九皇子福临。那是因为皇位空悬，第三方势力为了平衡内部关系，大家都妥协一点，九皇子福临成功上位。

汉朝这场叔侄之争有些不同，因为汉景帝还没死，他当然支持自己儿子。所以，随着胜利的天平往太子刘荣这里倾斜，第三方势力也开始往刘荣这里倾斜。这里边最关键的人物，就是第三方势力的代表人物——馆陶公主刘嫖。

刘嫖是汉景帝和梁王刘武的亲姐姐，这位公主殿下的原则是不管谁当皇上，她都得是既得利益者。为了巩固这层关系，馆陶公主觉得当皇上的岳母，比当皇上的姑姑要靠谱得多。梁王当不当得上皇帝还在两可之间，所以押宝梁王的儿子，不如押宝太子爷刘荣。

馆陶公主以大姑姐的身份去找太子的亲娘栗氏聊聊，看能不能结个亲家。跟馆陶公主这个政治人物比，小女人出身的栗姬就差得太远了。栗姬嫉恨馆陶公主老给汉景帝介绍美女，比如圣眷正隆的王儿姁和异军突起的王娡都是馆陶公主介绍给汉景帝的。再加上栗姬以准皇后自居，非常忘乎所以地站在了馆陶公主的对立面上，拒绝了这个拉拢外援的好机会。

馆陶公主大怒，她认为栗姬这是给脸不兜着。所以，馆陶公主转而拉拢王娡，一起用计搞掉了栗姬，废了太子刘荣。王娡逆袭成功，成了皇后，七岁的刘彻一脸不解地当了储君。而馆陶公主的女儿陈阿娇，就光荣地成了太子妃。

陈阿娇的太子妃升职记，是汉朝众多幕后推手共同运作的结果。窦太后、馆陶公主、王皇后、皇太子迅速建立了同盟，占据了大汉王朝权力版图的半壁江山。这个局面持续了九年以后，汉景帝驾崩，十六岁的皇太子刘彻继任皇帝位，是我国历史上赫赫有名的汉武帝。

汉武帝继承的大汉王朝，是一个铁桶江山。汉朝的历代国君们省吃俭用建设了六十多年，给汉武帝留下了数不清的钱粮和大批量的战马。有这家底撑着，以匈奴为代表的四夷在汉朝面前毫无优势可言。地方上的诸侯王被汉景帝打击得名存实亡，朝中的能臣被汉景帝换成了尸位素餐的丞相卫绾。也就是说，虽然汉武帝还未成年，但是驾驭这样一个帝国完全没有问题。能在权力上对他掣肘的，也只有窦氏母女俩。但是这两位一个是皇帝的亲奶奶，一个是皇帝的亲姑姑兼岳母，理论上她们不会害汉武帝。

不过，汉武帝是汉朝历史上最不安分的皇帝。让他老老实实在别人指挥棒下做事，根本不可能。更何况汉武帝正在叛逆期，按捺不住体内的洪荒之力，不是太听家长的话。正因为如此，汉武帝时代的故事才精彩纷呈。

第一章 Chapter One

初生牛犊不怕虎

要开始汉武帝的故事前，为免歧义，我们先从公元前 122 年发生的一件事说起。

那一年汉武帝三十四岁，这位年富力强的皇帝跟今天大多数三十出头的“80”后一样，业余活动也就是爱玩个游戏。咱们今天玩《英雄联盟》也好，玩《王者荣耀》也罢，或者有情怀的“80”后没事打个《DOTA》。像我这样的居然没事还玩个“红警”，打上一局《帝国时代》。但别管怎么说，要想得到心灵的满足，倒不是很费劲的事情。打开电脑、手机、pad 都能躲避一下现实。

人家汉武帝可不一样，他是皇帝，他玩游戏就没那么简单了。他玩的游戏对硬件配置要求多高咱先不提，关键是人家不需要显示器，直接进入“VR 模式”，游戏过程身临其境。他操纵着装备对目标进行远程攻击，比守着电脑屏幕点鼠标霸气多了。当然了，这种游戏在古代被称为狩猎。

有一天，汉武帝在游戏中干掉了一个 boss。这本来没什么稀奇，但是大家都表示没见过。从外形上看，这东西长得像个狍子，但是头上有一只独角。由于大家不知道这是何物，就暂且称之为“角兽”。这时候，几个有学问的人想起来了，《春秋》《左传》都记载过，鲁哀公曾经在大野泽（今山东巨野县）西狩获麟。那甭问，这个“角兽”就是传说中的神兽麒麟。汉武帝表示满意，不管别人信不信，反正他是信了。于是从那一年开始，汉武帝发明了年号纪年法，把公元前 122 年定为元狩元年。然后，把元狩之前的汉武帝统治时期追加年号为建元、元光、元朔。所以，咱们的故事从建元元年开始，但年号并不是从建元元年开始有的。

出 处

其后三年，有司言元宜以天瑞命，不宜以一二数。一元曰建元，二元以长星曰元光，三元以郊得一角兽曰元狩云。——《史记·孝武本纪》

公元前 141 年，也就是汉景帝的后元三年。这年年初，汉景帝驾崩，汉武帝继位。之所以汉武帝能继位，其实是汉朝统治阶级各方势力相互平衡出来的结果。当年的皇帝大热门梁王刘武和临江王刘荣的坟头草都很高了。等到汉武帝继位的时候，朝中的实际掌舵人就是太皇太后窦氏和馆陶长公主，其次才是汉武帝的母亲王太后。这样的皇帝，往往就是个傀儡。比如说晋朝的惠帝司马衷，那是个“弱智”，但是人家照样当皇帝，他就是司马氏和贾氏势力平衡的结果，谁当皇帝不重要，让贾南风当皇后才重要。

回到汉武帝这也是一样，谁当皇帝不重要，长公主的女儿陈阿娇当皇后才是最重要的。作为一个女性，馆陶长公主被汉武帝封为馆陶大长公主，像男人一样有爵位和封地，人称窦太主。这就意味着，这位名字叫刘嫖的窦太主，是坚决站在窦氏这边。不过这一切王太后并不担心，皇上才十六岁，可以不动声色，活活熬死她们。

但是，十六岁的汉武帝显然进入了叛逆期，他非常看不惯太皇太后、窦太主、陈皇后三个女人在他面前乱唱戏。所以，叛逆少年汉武帝决定挑战一下窦氏权威。

经过缜密分析，汉武帝发现窦氏外戚并不强大，而自己可以依靠的是王氏外戚。因此，刚继位的汉武帝，就封自己的舅舅田蚡为武安侯、田胜为周阳侯。这二位田爷跟王太后是同母异父的关系，所以被汉武帝所倚重。虽然窦氏集团补充进去了窦太主，但是男丁却非常不兴旺。想当年老丞相周勃活着的时候，那是舍得一身剐也得把外戚个个拉下马。所以他老人家在的时候，窦氏外戚都不能进入朝堂指手画脚。自从汉景帝弄死汉朝最后一个直臣周亚夫之后，外戚们趁着这股春风，如雨后春笋般成长了起来。窦氏集团是没这个命了，王氏集团的王信首先打破了汉朝祖训，成了无功而封侯的特例，再加上这田蚡、田胜，这群人让外戚集团在汉朝强势崛起。

虽然刘氏家族出了叛徒刘嫖成了窦氏集团的窦太主，但是窦氏集团也有一位大爷尴尬地存在着，此人就是太皇太后的侄子：窦婴。窦婴是窦家最有出息的男性，“文能提笔安天下，武能上马定乾坤”。当然了，这只是相对于其他窦氏成员来说的。窦婴活得不像个外戚，他是刘氏王朝的大忠臣，具体说是维护刘氏皇族法理尊严的大忠臣。按理说他就是个外戚，抱紧姑姑的大腿捞好处就行了，老刘家内部的事他一个外人跟着瞎掺和啥。但是窦婴偏不，他为了维护汉朝父死子继的宗法制，不惜得罪窦太后阻止梁王刘武被封为皇太弟。为了维护长子继承的宗法制，他又不惜得罪汉景帝，也要阻止皇上废太子刘荣。就这样一个人，顶着窦氏外戚的名头，却被窦氏所唾弃，反正他姑姑不喜欢他。

汉武帝自幼能背诵伏羲以来的帝王术，所以他有一点看得很准。窦婴这个人耿直，适合当枪使。所以在封完田蚡和田胜之后，汉武帝悄悄地起用了一个边缘人。此人叫灌夫，他是窦婴的好朋友，长了一副大汉朝第一直肠子。汉武帝封灌夫为淮阳太守，为拉拢窦婴做了准备。

转过年来，也就是传说中的建元元年。刚过完春节，汉武帝就着手撬动大汉的政治格局。简单总结一下汉朝的权力分配，从汉高帝刘邦建国开始，站在汉朝权力金字塔顶端的人物都是跟随太祖爷打江山的老臣。这些人的作用举足轻重：灌婴一句话就能退了齐兵；周勃振臂一呼就掌握了长安的武装力量；陈平出个主意就定下了诸吕之乱以后谁当皇帝。这种情况下，汉文帝虽然是既得利益者，但是他不喜欢这种被人操纵的感觉。所以，汉文帝为了撬动这些开国老臣的政治垄断，起用了自己从代国带来的近臣。但是这些人忠心有余而能力不足，所以汉文帝又成了遍访民间的折腾帝，起用了袁盎、张释之、贾谊等人跟老臣们分庭抗礼。

到了景帝时期，汉景帝开始实行察举制，让地方上推荐读书人做官，顺便对老臣们的后代进行巨大的打击。尤其是在弄死周亚夫之后，开国功臣的后裔再也不能以一股强大的力量在朝中存在。汉景帝起用了酷吏整治权贵，任用了以卫绾为首的无能之辈站在权力顶端看着酷吏们折腾。虽然说这样保证了汉武帝和平继位不受权臣挟制，但是也让汉武帝无人可用。所以，建元元年，汉武帝首推文官考试制度，从民间选才。

据传说，汉武帝这次考试，选用了儒家学者，开起了儒家治国的先河。其实这里边有个误会，起用儒家的人不代表汉武帝是用儒家思想治国。因为重点并不是起用谁，而是用这些人去干了什么。让个律师拿西瓜刀去街头砍人，那也不是依法办事。街头流氓扶老太太过马路，他也是良好公民。汉武帝这次用考试选拔人才，为的就是自己的集权，用儒家就显得自己公平正义，事实上他干的事，可都是法家的事。

但是不管怎么说，这次考试对汉朝乃至整个中国历史的影响都非常大。来看看汉武帝选拔的这些人，有几个名字非常响亮。比如董仲舒、朱买臣、公孙弘、吾丘寿王、司马相如、东方朔等。传说董仲舒日后提出了“罢黜百家，独尊儒术”的思想。其实从根上看，这是汉武帝的意思。比如建元元年的这次考试，汉武帝就接受了丞相卫绾的建议，下令在考场遣返了学习法家、纵横家的考生。

出 处

建元元年冬十月，诏丞相、御史、列侯、中二千石、二千石、诸侯相举贤良方正直言极谏之士。丞相绾奏：“所举贤良，或治申、商、韩非、苏秦、张仪之言，乱国政，请皆罢。”奏可。——《汉书·武帝纪》

从面上看，这就是“罢黜百家，独尊儒术”的开端。从汉武帝开始，法家学说就是皇帝的工作指南。这门学问成了皇帝的专属，万一下边站的都是法家传人，会让皇帝有种全裸的感觉。

汉武帝通过这次考试，掌握了一支属于自己的有生力量，这帮人都是汉武帝手里称手的兵器。这些人多半混得极其不如意，比如朱买臣，整天被妻子奚落光读书不赚钱；比如东方朔，文武双全，但是一直默默无闻，泯然众人；再比如公孙弘，都六十多岁了，才终于熬出来。所以汉武帝能起用他们，他们自然深感皇恩浩荡，必须誓死效忠。去他的儒家法家，爱谁谁，老子是来当官的，又不是来做学问的。

就这样，到了建元元年的六月份，汉武帝废了丞相卫绾，让他委婉地离开。很明显，新一届的丞相必然是皇帝的铁杆田蚡。汉武帝的这些舅舅们当中，据说田蚡是颜值最低的那个。但是这都不重要，因为田蚡出口成章，下笔成文，善于辩论，极会来事。几乎所有人都觉得，时任太中大夫的田蚡已经是准丞相了。

其实当时汉武帝这么折腾，面上是为国家选拔人才，但是他内心怎么想的，他亲妈王太后那是一清二楚。王太后那是继吕雉之后，大汉朝第二个堪称优秀女政治家的人物。既然儿子要折腾，那就随他去吧。毕竟不让叛逆期的少年碰壁，他也得不到成长。但是，王太后的原则是碰壁碰死炮灰就好，千万别折损核心实力。因此，一直默默无闻的王太后悄悄地出手。

这段故事，得从一个“老司机”说起。要说起大汉朝的著名“老司机”，夏侯婴绝对算一个。在没有夏侯婴的日子里，三朝元老卫绾绝对是“老司机”的典范。你看夏侯婴擅长的无非是开车，他能独自驾车带着刘邦逃命。而卫绾是玩车，观赏性极强。我也不清楚汉代的所谓“弄车之技”具体是什么动作，可能和今天的甩尾漂移原地 360° 掉头属于一个类型。

卫绾因会玩车被汉文帝起用，多年来兢兢业业地尸位素餐。除了在“七国之乱”时略有战功，其余时间基本上都在等发工资。卫绾跟其他官员不一样，他不贪赃不枉法，不渎职不矫情。但是，他也没什么作为，更没什么野心。正因为如此，汉景帝晚年用他为相，算是给汉武帝的登基铺平了道路。

但是汉武帝很不喜欢这个礼物，哪怕是卫绾坚决地支持汉武帝不再起用法家、阴阳家的学子，依然不能获得汉武帝这个少年郎的信任。因为这样一个毫无棱角的人，断然不能配合叛逆期的汉武帝做大事。所以，建元元年，刚通过考试选拔完人才的汉武帝就让卫绾退休，空出相位等待国舅田蚡的上位。

汉武帝继位之初的一系列动作，表面上看是为了国家选拔人才，事实上王太后心知肚明，这是汉武帝要对窦家动手的节奏。王太后不会拦着皇帝，当然了，拦也拦不住。所以，王太后让汉武帝去碰一次壁，算是一个学习的过程，但是这个过程，一定要把损失降到最低。比如丞相大位，虽然汉武帝内定了田蚡，但是王太后却秘密召见田蚡，告诫他必须推辞，让他把相位让给窦家的“尴尬人”窦婴，一来显得太后一族无意跟太皇太后一族叫板，二来万一有什么事，让窦婴在前边顶雷。

就这样，到了建元元年的六月，仕途坎坷的窦婴突然拜相，而汉武帝为了照顾田蚡，顺便抓兵权，重设太尉一职，让田蚡担任太尉。

在汉景帝时代呢，田蚡是个碎催（方言，打杂的）。虽说他是王皇后的弟弟，但是他姓田，这多尴尬。田蚡的小嘴虽然能说，但是极低的颜值却给他减了很多分。无论在哪个时代，脸都是很重要的因素。

现实就是这样，田蚡要想上位，最初的思路就是抱紧窦婴的大腿。别看窦婴的仕途一直不顺，但是这位魏其侯怎么说都是窦家的标志性人物，组织上是不会忘了他的。况且窦婴的落魄，是因为反对废太子刘荣，这一点上，窦婴跟窦太后是一致的。再一个田蚡也没有别人可以攀附，卫绾那样的人虽然官大，但是没有用啊。

所以一直截止到窦婴拜相，这俩人的关系都是很铁的，最起码表面上很铁。窦婴拿田蚡当朋友，而田蚡可就不一定了。窦婴这次当丞相，那感觉就像志得意满达到人生巅峰，该实现自己的政治主张了。但是田蚡可不这样，他想的是帮助汉武帝搞事情。

就眼下这个阶段，其实汉武帝最该搞的事情就是抓兵权。但是无论哪个时代，抓兵权都是个敏感的事件。尤其是这种多方政治势力平衡的时代，突然有一方要抓兵权，很容易被扼杀在摇篮里。别看田蚡是个太尉，可基本上不管什么用。因为从汉景帝七年废除太尉这个职务开始，到建元元年已经整整十年了。十年来大汉没有太尉，但是军队体系各管各的一摊子，运行良好，再设一个太尉，根本没用。这就好比清末的摄政王载沣给自己按了一个陆海军大元帅的头衔，但是他在军队说句话真没冯国璋好使。

所以，光有个太尉还不行，得在重要的职能部门安插亲信。在当年的长安军队体系中，主要分南、北二军。比南、北军更重要的就是御林军。正因为御林军重要，所以这支武装力量由两个九卿级别的高官掌握。负责宫内警卫的是郎中令，负责宫外警卫的是卫尉。汉武帝当然不能直眉瞪眼地把自己人任命为郎中令、卫尉，这显得自己要搞事情。

但是如果通过丞相的推荐，那就显得大公无私了。怎么才能让窦婴推荐汉武帝的人去担任掌握皇宫命脉的郎中令呢？田蚡可费了劲了。窦婴是个典型的儒家学者，非常讲究克己复礼。当然了，要不是因为这样，他也得罪不了那么多人。田蚡多年拍窦婴的马屁，于是把自己打造成了一个伪儒家学者。这个伪儒家虽然贵为太尉，但是依然像过去那样毕恭毕敬地追随窦婴，陪窦婴聊春秋大义，聊大公无私，聊人尽其才，聊儒家信徒赵绾和王臧是人才。

窦婴就这样上套了，他就转不过来这个弯，儒家出身的人，未必会干儒家的工作。在窦婴的牵头下，所谓的民间大儒赵绾和王臧就堂而皇之地进入了朝堂。汉武帝表示，丞相推荐的人错不了，封赵绾为御史大夫，封王臧为郎中令。也就在这时候，汉武帝就名将李广和程不识的优劣跟群臣交换了意见，任命李广为卫尉。

那么这个赵绾和王臧是什么人呢？这二位是大儒申培的高足。爷儿仨一肚子能耐无处施展，这一次被汉武帝直接册封这么大的官，连八十多岁的申培都当了太中大夫，那在这爷儿仨眼中，汉武帝那是尧舜之君，值得用生命去追随。爹亲、娘亲、孔子亲，都不如汉武帝亲。

这爷儿仨上位，申培的主要角色就是个精神领袖。谁敢跟他辩论，这老爷子随时有碰瓷的可能。王臧就是低低调调地当个郎中令，他的工作就是掌握大内侍卫，关键时刻站出来就行。所以，主要出来折腾事的就是御史大夫赵绾。

窦婴也很无奈，因为根据惯例，丞相推荐的人能当个中大夫就不错了。谁想得到赵绾直接当了御史大夫，把丞相活活架空。等于窦婴被田蚡忽悠得给自己挖了个坑，平时赵绾说了算，出事还得他丞相顶雷，这哪儿说理去。汉武帝为了照顾窦婴的情绪，把他的好朋友灌夫升为太仆，位列九卿。

赵绾最得意的一项政令，就是设立明堂。所谓的明堂，就是个祭祀单位。但是事实上并没有那么简单，赵绾围绕明堂做了很多祭祀的礼仪，要求诸侯、地方官进京先去明堂祭祀，顺便可以把一些大事在明堂聊聊。明堂的设立，表面上看是建立了一个庙，事实上是搞了一出政治中心的转移，把丞相、太皇太后都给晾在了一边。所以，明堂并不是表面上看到的那么简单。这帮所谓的大儒上位，导致朝中旧臣、酷吏备受打击。比如著名酷吏宁成，就是在这个时候获罪被免职。但是宁成出了官场就踏入了江湖，成了一代大侠，积累了千金资产。

出处

议立明堂。遣使者安车蒲轮，束帛加璧，征鲁申公。——《汉书·武帝纪》

转过年来就到了建元二年，年初，淮南王刘安入朝，太尉田蚡负责接待，先到明堂聊聊，再进宫诉说亲情。这位淮南王是刘邦小儿子淮南王刘长的儿子，也是文学名著《淮南子》的作者，还是豆腐的发明人，总之很牛。自汉朝开国以来，担任淮南王的人都造反了，这位刘安没趁着七国之乱的东风起兵，是因为当时的淮南国相是张释之。老张统兵，刘安就造不得反。

从辈分上讲，淮南王刘安是汉武帝的叔叔。他老人家的特点就是有学问，而且还有钱。太尉田蚡接待这位王爷，并不关心他是否有学问，而是看上了他的钱。为了讨好淮南王，田蚡喝多了脑子抽风替皇帝做主，将来让淮南王接班。田蚡扯淡一样的话，就是为了讨好淮南王骗点钱。可没想到淮南王当真了，从此天天盼着汉武帝死。汉武帝总不死，所以后来淮南王就起兵企图想让汉武帝死，这是后话。

总之淮南王进京事件，证明了明堂有隔绝皇宫和大臣的作用。汉武帝这样大张旗鼓地搞事情，太皇太后颇有微词。窦氏不提朝政的事，显得自己跟孙子夺权一样。她说儒家不好，道家好。用道家治国，准能国泰民安。皇上如果考虑好了，哀家愿意提供善于道家学说的人才。

汉武帝一听拉倒吧，什么道家、儒家，那不都一回事吗？无非是我的人换成你的人，这可不行。于是，汉武帝召集近臣开会，商讨意见。御史大夫赵绾提出，以后就让老太太在长乐宫养老，朝中大事都不给她报告，她也就消停了。

很快，太皇太后就得到消息了。老太太怒不可遏，把赵绾比作汉文帝时期的奸臣新垣平。很快老太太又平静了，独裁政体下的官员哪有干净的？老太太效仿当年的廷尉张释之派人暗中搜集新垣平的犯罪证据，也派人去暗中调查赵绾、王臧等人。罪证都是现成的，贪污按在哪个官员头上都不冤枉。老太太把铁证摆在汉武帝面前，要打了赵绾和王臧这俩大老虎。管查处贪污的赵绾亲自贪污，不管还行吗？对得起人民交的赋税吗？汉武帝也没辙啊，只好同意老太太的意见，免了赵绾和王臧。这样老太太并不过瘾，她恨窦婴这个成事不足败事有余的人，于是下令免了窦婴，顺带免了田蚡。大汉开国以来，把三公全免的事头一次发生，还搭上一个郎中令。这是汉朝开国以来最大的一起“打老虎”事件，所涉及官员级别之高，十分罕见。

朝中还一个老爷子申培呢，他老人家的高足被免职，只好告病退休。申老爷子一走，赵绾和王臧害怕了，于是俩人自杀。太皇太后消了气，封亲信许昌为丞相。

汉武帝蔫了，他精心部署了一年多的夺权计划，被太皇太后谈笑间搞得灰飞烟灭。从此以后，窦太主和陈皇后日渐骄横，汉武帝在那年的雨季，显得非常落寞。

在太皇太后面前玩政治手腕，汉武帝依然是孩子般的稚嫩。在明堂事件中，汉武帝的心腹赵绾、王臧自杀，舅舅田蚡被废，可谓是帝党成员损失惨重。这要是换其他的历史时刻，皇帝遭受这样的打击，必然一蹶不振，彻彻底底成为一个傀儡。比如光绪帝，跟慈禧叫板不成，被慈禧剪除了羽翼，成了光杆一个。汉武帝之所以没成为光绪，很大一部分原因就是他有个好妈。汉武帝胡闹的时候，王太后虽然没管他，但是在关键的地方悄悄地干预了一下，让汉武帝并没有满盘皆输。

这个关键点，就是当初王太后让田蚡推举窦婴为丞相。所以，惹怒太皇太后的明堂事件，第一责任人就是大丞相窦婴。最起码赵绾和王臧都是窦婴推荐的吧，窦婴又是太皇太后的侄子，那这就不是皇帝夺权事件，而是大丞相窦婴不带小皇帝走正路的事件。

这下行了，大汉“背锅侠”窦婴还没琢磨明白当丞相是个什么体验，就这样被撸了。同样被撸的还有太尉田蚡，按理说窦婴应该心理上有个安慰。但是，田蚡就算是个群众身份，一样能进宫和皇上议事，谁让人家老田是国舅爷呢？跟大外甥聊聊家常总没毛病吧。窦婴就尴尬了，没人找他聊天。所以虽然都是群众，依然有达官贵人围绕在田蚡的身边，而窦婴府上门可罗雀，清净异常。甚至连窦家的门客，都往田蚡那里跳槽，窦婴冤得无以复加。

汉武帝事业上失意，情场上也很失意。理论上一个十几岁的男孩子，正是情窦初开的时候。要非说有早熟的，那我也没办法。总之汉武帝跟陈阿娇结婚时还不到十岁，俩“小学生”就算能擦出爱情火花，这也到了七年之痒的时候了。汉武帝和陈皇后的婚姻生活，让汉武帝很不舒服。因为陈皇后在汉武帝面前有着足够的心理优势和家庭背景，别看汉武帝是个皇帝，但是在陈皇后眼里就好像：没有我们娘俩，就没有你们娘俩的今天。

汉武帝不喜欢陈皇后，更不喜欢窦太主、太皇太后。虽然说没有这三个女人，汉武帝当不上皇帝。但是这些年来这仨女人一台戏，早把汉武帝惹得怒火中烧。既然我当皇帝是为了你们仨服务，那我就没必要感谢你们帮我当上皇帝。明堂事件以后，窦太主母女俩更嚣张了。汉武帝虽然不能怎么样她们，最起码非暴力不合作运动还是可以的。

虽然窦太主一直很嚣张，但是她却有个隐忧，那就是陈皇后没有皇子，这可不是闹着玩的。其实，不到二十岁的两个年轻人，感情又不好，没孩子太正常了。但是着急的窦太主和陈皇后却认为这是陈皇后患有不孕不育，又找不到各种治疗不孕不育的医院，只好四处求偏方。为这些生孩子的偏方，陈皇后前前后后花了九千万钱。后来窦太主发现一个问题，陈皇后这个傻姑娘忘了说重要的细节，根本不是偏方不偏方的事，关键是汉武帝不去陈皇后那里睡觉，就是拿偏方当饭吃也没用啊。再想想那冤枉的九千万，窦太主对汉武帝十分恼怒。

这时候，一个好妈的作用就体现出来了。王太后提醒汉武帝，你小子继位之后就搞“明堂”，得罪了太皇太后。现在又得罪了窦太主，皇位能不能坐稳就两说了。太皇太后、窦太主、陈皇后就是三个女人，连哄她们都做不到的话，这皇帝也不用当了。

汉武帝心领神会，开始扮演阳光女婿乖乖男、极品丈夫好男人，一场风波化险为夷。然而正是这个时候，汉武帝恋爱了。

建元二年的某一天，汉武帝去霸上祭祀，完事去了趟平阳侯国（今山西临汾市）。平阳侯国是开国功臣曹参的封地，汉武帝这次来的时候，平阳侯是曹参的曾孙曹寿。曹寿的夫人，就是汉武帝的亲姐姐阳信公主，史书上习惯记作平阳公主。

汉朝的姐姐们，都很关心弟弟的情感生活。比如窦太主，就不断地给自己亲弟弟汉景帝介绍美女，汉武帝的亲妈王娡就是窦太主介绍给景帝的。这平阳公主也不含糊，汉武帝一生中最爱的两个女人，都是平阳公主给介绍的。

汉武帝在平阳侯府的宴会上，公主叫来了一群佳丽载歌载舞。年轻的汉武帝一眼就看中其中一个姑娘，一见钟情。因为汉武帝完全可以把这些佳丽都带走，但是本着弱水三千只取一瓢原则的汉武帝，只挑了其中一个。这个姑娘就是历史上大大有名的卫子夫，汉武帝凭第一眼的感觉，爱上了这个出身极其寒微的姑娘。

卫子夫是个可怜的姑娘，她妈妈姓名不详，爸爸姓卫。卫子夫还有两个姐姐一个哥哥，这样的六口之家没持续多久，卫爸爸身亡，卫子夫的妈妈只好带着四个孩子栖身平阳侯府。史书上多把卫子夫的妈妈记作卫媪。

卫媪应该是个美女，要不然女儿也不会这么漂亮。《史记》上说卫媪在侯府是侯爷的小妾，小妾对颜值要求很高。班固觉得不大可能，所以在《汉书》中记载卫媪是侯府的奴婢，根本不是小妾。为什么班固有不同的看法呢？因为卫媪在侯府没闲着，跟平阳县政府的小吏郑季发生了超出友谊的关系，约过几次之后，卫媪为郑季生下了一个儿子，就是历史上赫赫威名的卫青。后来卫媪又跟别人生了俩儿子，即卫步、卫广。私生活这样，所以班固不认为卫媪是侯爷的小妾，应该是侯府的奴婢。

出处

大将军卫青者，平阳人也。其父郑季，为吏，给事平阳侯家，与侯妾卫媪通，生青。——《史记·卫将军骠骑列传》

卫青字仲卿。其父郑季，河东平阳人也，以县吏给事侯家。平阳侯曹寿尚武帝姊阳信长公主。季与主家僮卫媪通，生青。——《汉书·卫青霍去病传》

汉武帝这次来到姐姐家里，可谓不虚此行。他带走了卫子夫，留下了千金报酬。平阳公主告诉卫子夫，你这次去就是有了铁饭碗，富贵了可别忘了我。

卫子夫进宫打破了后宫原有的格局。汉朝时后宫的等级划分是这样：皇后、夫人、美人、良人、八子、七子、长使、少使。卫子夫一来，没多久就被封为夫人，仅次于皇后。但是皇后是别人强加给汉武帝的，卫夫人是汉武帝自己选的。那后宫形势就一目了然，卫夫人专宠后宫，陈皇后气得干瞪眼。皇后一生气，就一哭二闹三上吊，汉武帝自然越来越讨厌陈皇后。

你看陈皇后得罪了汉武帝，而卫子夫又专宠。本来皇帝纳个妃子不是多大的事，但是随着卫子夫的怀孕，窦太主也不能忍了。她觉得皇上就算不念皇后对他当太子起到的重要作用，也得感念皇后为他吃了价值九千万钱的偏方啊。再一个，姓卫的小丫头真不懂事，得给她提个醒。窦太主把目光瞄向了卫夫人的异父弟弟卫青，她决定杀了这个少年。

出 处

陈皇后求子，与医钱凡九千万，然竟无子。——《史记·外戚世家》

卫青这个同学，命比卫子夫还苦。卫青作为卫媪和郑季私通的产物，跟爱情的结晶是有区别的。卫青生下来之后，卫媪难以养活这个孩子，就把他送到郑季家里。郑季却不认账，虽然留下了卫青，却让卫青干了放羊的活。少年卫青不堪兄弟们的欺辱，于是又回到了侯府跟随卫媪。自此卫青才和姓郑的划清界限，改名卫青。卫青长期在侯府担任骑奴，说白了就是驯马的。卫青对驯马、养马、骑马都很有研究。

卫子夫入宫专宠，卫青也跟随姐姐入了长安，在上林苑驯马。在这期间，卫青认识了大内侍卫公孙敖，俩人一见如故，成了好兄弟。公孙敖觉得卫青是个人才，必能出人头地。窦太主觉得卫青是姥姥不疼舅舅不爱的弃儿，杀了他只为给卫家一个下马威。窦太主的人前脚把卫青抓走，公孙敖后脚就得到了消息。好兄弟关键时刻是管用的，公孙敖来不及请旨，带上一队侍卫就把卫青抢了回来，然后再去奏报给汉武帝。

出 处

大长公主闻卫子夫幸，有身，妒之，乃使人捕青。青时给事建章，未知名。大长公主执囚青，欲杀之。其友骑郎公孙敖与壮士往篡取之，以故得不死。——《史记·卫将军骠骑列传》

汉武帝勃然大怒，他觉得窦太主这不是跟卫青过不去，而是跟他这个皇帝过不去。恰逢当时汉武帝正在修建建章宫，于是汉武帝封卫青为建章监，相当于建章宫御林军的政委，官阶相当于九卿。同时，汉武帝又加封卫青为侍中，成了汉武帝近臣，谁也不敢动他。没多久，汉武帝给卫家的赏赐累计千金，卫青也升到了太中大夫，成了朝中举足轻重的人物。

汉武帝的强势反击，并没有遭到太皇太后的反对。首先说卫青这个太中大夫能翻起多大浪来？太皇太后并不看好。再一个，窦太主要的是陈皇后生皇子，而太皇太后要的是皇子，谁生的无所谓。窦太主觉得卫子夫是得罪陈皇后的罪人，而太皇太后认为卫子夫是为皇家衍嗣的功臣。再加上新皇登基，大汉王朝面临着内忧外患，老太太又不愿意处理这些事，还得让汉武帝去解决。

所以，本着不干涉汉武帝具体业务的原则，太皇太后并没有介入窦太主和汉武帝的矛盾。也正是因为如此，汉武帝能有个相对宽松的环境去学习、处理国事。太皇太后懒得管，皇太后是有意培养汉武帝而不去管。所以汉武帝能成长为一个职业皇帝，而光绪帝只能当个傀儡。如果他俩换换环境，光绪帝也许也能折腾出一些名堂来。汉武帝如果摊上慈禧这样的太后，他可能也好不了。

总之，建元二年对汉武帝来说，收获了一场爱情。正是因为这场爱情，汉武帝跟太皇太后暂时互不干涉。老太太稳居长乐宫修身养性，汉武帝坐在未央宫亲理政务。折腾了两年，汉武帝是时候干点正事了。毕竟除了争权夺利和儿女情长，汉武帝是大汉帝国的元首，需要处理整个国家的内政外交。

第二章 Chapter Two

西游记的开始

十七八岁的汉武帝，在这样的年纪，有这样的地位，完全没给自己定一个想当什么样的皇帝的标准。此时的汉武帝基本上还处于由着性子胡来的阶段。经过明堂事件，太皇太后给他一点教训之后，汉武帝开始审视他屁股底下这把椅子的分量。

当时的大汉帝国，国库十分充盈。历经文、景两代的休养生息，汉朝的经济远超秦朝。在汉初黄老思想的指导下，从汉高帝到窦太皇太后，他们都明白一个道理。只要不折腾，国家就能攒下钱来。

尤其是汉文帝时代，为了改变市面上假币横行导致的金融混乱，他设立铜钱的铸造标准，然后大胆把铸币权交给了地方。如此一来，只要有铜，就能开印钞厂。这就意味着，市场上流通的铜钱都是真币，没有假币。

在没有假币的情况下，谁家发行的货币成色更好，老百姓就更愿意用谁家的，这就逐渐形成了良币驱逐劣币的市场规则。比如曾经红极一时的汉文帝宠臣邓通铸造的邓氏钱成色较好，所以有了"'邓氏钱'布天下"的说法。

出处

于是（汉文帝）赐（邓）通蜀严道铜山，得自铸钱。"邓氏钱"布天下。——《史记·佞幸列传》

汉景帝饿死邓通之后，吴国的钱因为成色好，逐渐取代了邓氏钱的江湖地位。

这种道家的治国理念，跟外儒内法的汉武帝格格不入。汉武帝内心渴望集权，渴望扩张，渴望取代匈奴成为天朝，渴望成为秦始皇那样的男人，所以他需要改变当时的治国理念，走向霸道治国的道路。

当时的汉朝面积，完全达不到秦朝的最大疆域水平，基本上控制在传统的活动范围内。东北到不了辽东，北方也就到长城，西边到不了甘肃，南边过不了南岭。当时正经属于汉朝藩属的，只有卫氏朝鲜和南越国，本来这俩国家跟大汉国内的藩国没有什么太大区别，自从削藩之后，这俩国就显得标新立异了。福建一带的越族跟大汉貌合神离，云贵一带的城邦根本不服大汉。最可气的就是匈奴，自从汉景帝中元二年朝廷拒绝和亲之后，汉匈两国就恢复到了敌国的关系，随时可能爆发战争。

至于国内，本来人人敬仰的藩王们，这会儿基本上沦为大汉政治版图上的最底层，谁见了都能欺负他们。大丞相许昌就是个传话筒，只负责把国事报告给太皇太后。

所以汉武帝经过精密测算，发现两件事是最急迫的。其一，得有钱，所以要把地方财权集中到中央。其二，匈奴始终是个心腹大患。如果按照当年晁错的计划继续拖死匈奴，虽然颇见成效，但是这个效率让汉武帝忍不了。这也难怪，汉武帝这个岁数，自然希望简单粗暴地解决问题。不过谁去打匈奴？这个人选不好定。当年的周勃、柴武、樊哙等名将都不是匈奴的对手，上哪找个大汉朝的蒙恬呢？不过话又说回来了，当初蒙恬之所以一战成功，那是因为匈奴头曼单于刚被大月氏打败。现在要搞定匈奴，还得有大月氏这样的帮手。对了，大月氏去哪了？

大汉朝这些历史、地理方面的专家一研究，说大月氏被冒顿单于打败之后，就往西方逃遁了，具体到了什么地方，还真没人知道。而且，冒顿单于还拿大月氏国王的头骨做酒器，所以这两国之间的仇恨，那是深入骨髓的。因此，汉武帝在继位之初先确立了法定货币为朝廷铸造的三铢钱之后，就开始招募探险者，去西域寻找神秘的大月氏。

当年汉朝的最西疆在狄道，也就是今天甘肃的临洮县，再往西就是传说中的西域。在我国历史上，“西域”的概念一直不太固定。从字面上看，西域就是西方。商朝的时候，西域单指西边的周国。再后来西域这个概念就大了，从河西走廊到整个亚欧大陆的西部和南部，在汉朝人眼里都叫西域。直到后来汉宣帝时期，汉朝在新疆设西域都护府，把西域正式纳入汉朝版图，才确定了西域的概念就是今天的新疆和中亚巴尔喀什湖东南方的地区。所以咱要说新疆自古以来就是我国领土不可分割的一部分，就得从汉宣帝设西域都护府开始。

汉武帝初年，西域小国林立，很多国家的名字在今天也是非常有名。比如楼兰，让我们想到神秘的罗布泊。比如于阗，让我们想到美玉和大枣。比如若羌，让我们想到小枣。大宛，自然是宝马的代名词。这个地方自古小国林立，原因就是特殊的地貌让这里的人口并不集中。最早哪里有绿洲，哪里就有人口的集中，哪里就会出现一个小国。这些国家力量分散，所以一直没有出现一个强大的政权。

汉初，匈奴的冒顿单于攻打西域，把西域各国都列为藩属，匈奴对西域各国征收巨额的贡奉。正是因为隔着匈奴，汉朝对西域几乎没有概念。西域各国也听说过汉朝，但是那感觉就像秦始皇听说海外有瀛洲、方丈、蓬莱三岛一样，都是传说而已。

去考察西域寻找大月氏的工作，其实跟徐市出海找神仙的任务差不多。不过有一点，归化到汉朝的匈奴人信誓旦旦地讲，西域各国真的存在，大月氏和匈奴的血海深仇也是证据确凿。这时候，侍卫出身的张骞应征出马，要去西域寻找神秘的大月氏。张骞的副手就是匈奴人甘夫，也叫堂邑父。他俩带了一百多人的使团，悲壮地踏上了西行之路。

这个队伍啊，其实有点像唐僧西天取经。张骞出了汉朝就蒙了，只能写行程日记。而甘夫就相当于孙悟空，逢山开路，遇水搭桥。没饭吃的时候，甘夫还能随时打猎，相当于孙悟空的化缘技能。可以说没有甘夫，就没有张骞的丰功伟绩。这支队伍遇见的第一妖，就是刚到甘肃，团队被匈奴骑兵给围了。匈奴骑兵没给孙悟空面子，把他们全部带到了匈奴王庭审讯。匈奴人也不傻，见张骞全套的通关文牒和大汉符节，你说你是打猎的，蒙不过去啊。张骞倒也实在，他说他是汉朝大使，要去西域的大月氏国搞外交活动，跟匈奴没关系，要求匈奴立刻放人，并签发通行证。

此言一出，匈奴人都气乐了。军臣单于问张骞，如果匈奴大使要穿越汉朝去南越国找赵佗聊聊，你们汉朝给开通行证吗？张骞说坚决不给开。匈奴人说你还知道不给开啊，你们现在企图穿越匈奴国土去找匈奴的敌国大月氏，智商超过六十的匈奴人都不会放行。

你说张骞是不是傻？啥实话都往外说，让人扣了吧。但是张骞别无选择，他们出门就代表着汉朝，这是最起码的。老子是汉朝的人，所以你必须放行让我去大月氏。你们是胡人，所以我们汉朝坚决不允许你们去南越。在汉朝面前，只有藩臣，没有平等。这也就是为什么苏武被扣那么多年，只为保住一个汉朝符节。

我们不否认这是忠君，但另一方面，无论是张骞还是苏武，抑或其他汉朝使臣，谁都没资格选择不忠君。谁要是选了不忠君，那就是名誉扫地，全家被杀的结局，那还不如在敌国当个硬汉。再比如未来汉武帝先杀了李陵全家，那李陵就不当硬汉了，马上投降了匈奴。

说白了，这就是有的人未必真心忠君，但不得不忠君。有的人不想害人，但在极端条件下不得不害人。朝廷需要举报的时候，你不举报别人，别人就会举报你。

这就会形成一种固化的思维模式，皇帝的面子大于天，所有现实利益都不能和皇帝的面子起冲突。忠君的最大表现，就是忠于皇帝的面子。

唐僧明知道妖精要吃他，他也得说自己是大唐钦差唐三藏，不能说自己是围观群众王小三。同样，乾隆年间马戛尔尼出使中国的时候一句国家大事都没机会说，就为跪不跪乾隆皇帝这点破事较劲。再往深了说，这也是为什么会发生鸦片战争的原因之一。

天朝，纠结的就是一个字眼，讲究的就是一个姿态。利益永远要放在姿态的后面，所以同样是扬帆出海，西方人赚得盆满钵满，明朝官员吓得烧掉了郑和的航海图，生怕再出现下西洋这样的败家行为。

总之张骞刚一出国门，就这样被匈奴给软禁了。跟汉初不同，冒顿单于在位的时候不拿汉朝人当人看。他们连韩王信、陈豨这样的猛将都不重用，只是拿他们当个炮灰。自从汉文帝时期的汉奸中行说在匈奴立足之后，汉朝人对匈奴来说相当于战略物资，必须拉拢归化。所以张骞虽然被扣，但是匈奴对他依然是好吃好喝好招待，给房子给地给媳妇。当然了，匈奴的好吃好喝对张骞来说难以下咽。匈奴给的房子也就是毡房，地是牧地，媳妇是柴火妞。倒不是匈奴抠门，他们能拿出来的最好的待遇，也就这样了。

张骞倒也绝，他以大汉使者的身份，肉照吃，酒照喝，媳妇照睡，就是不改国籍。别说张骞了，甘夫那个匈奴人也是气节不倒，以大汉朝外交官自居。不要跟我谈民族，随你们怎么说我。老子就是汉朝人，我爱大汉。

这就是文明程度导致的，南北朝的时候，北魏吸纳汉族人才并不费劲，我管你是鲜卑人还是汉人，最起码文化上是汉人。柔然虽然和鲜卑北魏同族，但是因为文化的差异，柔然和北魏是世仇，互相没有认同感。

自汉文帝开始，汉朝吸纳归化匈奴人无数，而匈奴想要吸纳汉族人可费了劲了。除了中行说这样犯了死罪的阴阳人，谁都不愿意待在匈奴。哪怕是政治犯臧荼、卢绾的后人等，都是等着大赦赶紧回国，谁没事在那地方待着。

张骞这一去，等到再出现在中国，那就是十三年以后的事了。按下西方的事情不表，在东土大汉，汉武帝把目光先瞄向了江浙沪地区，有些历史遗留问题，是时候解决了。

过去呢，令汉朝皇帝不放心的是国内的藩国，但是经过汉景帝一朝的压制，到了汉武帝时代，藩国的王爷们那是过得生不如死。

从汉景帝时代开始，王爷们就失去了对本国的人事任免的权力。每个藩国两千石以上的官员，都是朝廷派来的特派员。这帮人的日常工作就是挑王爷的毛病，挑不出来就难免会有协助王爷搞事情的嫌疑。这帮人挑王爷的毛病，到了令人发指的地步。就算王爷天天宅在家里不出来，藩国之臣也可能给王爷们定个无言行的罪名。

朝中大臣也积极配合，他们不惜给晁错翻案，说被先帝处决的晁错是个好人。总之在没地方说理的年月，只看地位，不看证据，更不讲道理。这就是大汉朝的政治正确。

那时候的人还有一个特点，就是善于行贿。过去老百姓厨房里供着灶王爷，每年过年的时候怕灶王爷给玉帝汇报工作的时候说自己家的坏话，所以得提前给灶王爷嘴上抹蜜糖。现在藩国之臣随时都能要了王爷的命，所以王爷们想要生存，必须拿钱来讨好藩臣。所以藩臣没事到王爷家看看，一看这个金碗不错，就得念叨念叨早晨吃饭的时候饭碗不小心摔了，晚饭没碗用了咋整？哪个王爷敢不把金碗奉上？官老爷们还得说：“这不合适，你看，哎，嗨，下回不许了。”

你说王爷们都过的什么日子吧。

到了建元三年，代王刘登、长沙王刘发、中山王刘胜、济川王刘明来京朝见武帝，这四位是汉武帝的兄弟，哥五个把酒言欢的时候，聊着聊着四位王爷就哭了。汉武帝得问问啊，兄弟们哭啥子呦？刘备的祖宗中山王刘胜说了，说大臣们跟皇上没有一毛钱的血缘关系，王爷们都是皇上的至亲骨肉。但是如今皇上的至亲被那些外人挤兑得没法生存，所以，悲从中来不可断绝，可不哭呗。

出处

冬，十月，代王登、长沙王发、中山王胜、济川王明来朝。上置酒，胜闻乐声而泣。上问其故，对曰："悲者不可为累欷，思者不可为叹息。今臣心结日久，每闻幼眇之声，不知涕泣之横集也。臣得蒙肺附为东藩，属又称兄。今群臣非有葭莩之亲、鸿毛之重，群居党议，朋友相为，使夫宗室摈却，骨肉冰释，臣窃伤之！"——《资治通鉴·汉纪九》

汉武帝也觉得从汉景帝那代开始，对诸侯王们都太苛刻了。各位王爷都成光杆了，再挤兑他们也没意思了。所以汉武帝下令，解除了藩国之臣告黑状的权力，王爷们才算是松了一口气。

但是王爷们的地位，依然是非常尴尬的。汉朝的执法尺度很大，皇上喜欢的人犯罪，那是大事化小，要是王爷犯事，那就罪加一等。截止到建元三年，有两件事可以对比一下，说明王爷们的尴尬。

这事儿说起来，得往前说几句。当初汉武帝决心起用窦婴，就先起用了窦婴的好朋友灌夫。灌夫这个人，原名叫张仲孺，看上去是个很文气的名字。其实呢，这名字放在今天，翻译成山东话就是张二羔，翻译成山西话就是张二旦，翻译成河北某些地区的方言可能就是张二小。张家是颍阴侯灌婴家里的家臣，灌夫的父亲叫张孟，因为张孟作战很猛，所以深得灌婴喜爱。灌婴扶张孟做将军，赐姓灌。从此张孟就叫灌孟，张孟的儿子就改名灌夫。

灌夫很不可爱，这个人一身的江湖气，跟官场格格不入。让他当个江湖大哥，那是没问题，当官总是差点意思。这哥们还仇富，看见比他混得好的，他就凌辱人家；有不如他的，他就很开心，对人礼敬有加。当初七国之乱的时候，灌孟战死，根据当时的法律，灌夫得护送灌孟的灵柩回家乡安葬。但是人家灌夫就不去，非要单枪匹马去杀吴王刘濞，结果身负重伤，要不是周亚夫勒令他重伤下火线，他那条命就交待了。

灌夫官至淮阳太守，建元元年的时候被汉武帝调任中央做太仆。结果第二年这哥们就犯事了，他跟长乐宫卫尉窦甫一起喝酒，那时候淮南王还没造出豆腐，所以窦甫这个名字也不奇怪。俩人喝酒，结果灌夫喝多了撒酒疯，把人家窦甫给打了。这可不是小事，因为窦甫是太皇太后的弟弟。这事一出，汉武帝的反应是：打得好。太皇太后的反应是：弄死他！结果汉武帝偷梁换柱，把灌夫调往燕国为相，免了灌夫的死罪。

建元三年，济川王刘明射杀济川国中尉，司法部门刚直不阿，奏请判处济川王死罪。这位济川王刘明建元二年刚来朝见汉武帝，回去就犯事了。看上去是济川王骄横，杀人偿命，天经地义。但是，这位济川王才七岁啊。济川国中尉掌握兵权，工作性质就是监视济川王。他俩是不是有什么矛盾？没说。中尉有没有欺负刘明？也没说。七岁的娃是怎么杀掉成年人中尉的？还没说。

那都不重要了，重要的是司法部门奏请判处七岁的刘明死刑。汉武帝得说啊，刘明是他弟弟，就免死吧，但是封地得收了，归地方郡县直辖，刘明发配房陵。

你看，灌夫证据确凿殴打朝廷命官，打的还是皇上的不知道几舅老爷，不仅无罪，还调任燕国为相。七岁的刘明杀死中尉一事疑点重重，但是汉武帝收了他的封国，把七岁的孩子发配到房陵。这就是皇帝爱臣犯法没事，爵封王爷罪加一等。

出处

二年，（灌）夫与长乐卫尉窦甫饮，轻重不得。夫醉，搏甫。甫，窦太后昆弟也。上恐太后诛夫，徙为燕相。——《史记·魏其武安侯列传》

济川王明者，梁孝王子，以桓邑侯孝景中六年为济川王。七岁，坐射杀其中尉，汉有司请诛，天子弗忍诛，废明为庶人。迁房陵，地入于汉为郡。——《史记·梁孝王世家》

刘明是汉武帝的亲堂弟，尚且遭遇如此，那些远支的刘氏族人，更是人人自危。如果这位远支刘氏还犯了罪，那只能铤而走险了。说的不是别人，当年七国之乱被周亚夫粉碎之后，逃往东瓯的刘濞被越人送给朝廷，刘濞死于非命。而刘濞的儿子刘驹逃往闽越，十多年来一直矢志报仇，不断挑唆闽越王攻打东瓯王。到了建元三年，闽越王终于被刘驹说动了，派兵攻打东瓯。闽越王为啥会被忽悠，史书没有记载。

那不重要了，关键是东瓯跟刘驹有杀父之仇，而东瓯的仨瓜俩枣不是闽越的对手。所以，东瓯的东海王上书汉武帝，求帮忙。

消息传到长安，要不要救东瓯，朝廷中显然有不同的意见。朝会一开，根据惯例，丞相许昌是一言不发，只负责会议记录。其他大臣都眼巴巴看着那个没有官服的老百姓田蚡，请田爷先给个方向。当然了，当时虽然田蚡是老百姓，百官也不能叫他老田，还得尊称田太尉。得到汉武帝首肯后，田蚡率先发言。他说越族之间互相斗殴那是每时每秒都会发生的事，有什么大惊小怪的。要是他们一打架就要朝廷出兵，那朝廷不成他们的打手了？不管这事最好，打死一个少一个。

此言一出，汉武帝的眼神中流露出了不满。这时的汉武帝踌躇满志，不怕有闹事的，就怕没闹事的。你想一个皇帝，如果不平叛、不赈灾、不打仗、不变法，那不就只剩下给后宫戏提供素材了，想想都腰疼。

明堂事件以后，由于窦婴背了黑锅。所以太皇太后处决了窦婴推荐的赵绾、王臧，而建元元年那场公务员考试选拔出来的官员，都得到了有效保护。那场考试成绩特别好的庄助（也称严助），嗅到了汉武帝的意图。中大夫庄助起奏汉武帝，说太尉说得好，说得妙。但是，前提条件是咱们朝廷弱到出不了兵，而且还非常缺德到不管汉惠帝陛下册封的东海王。但如果咱们大汉有力量，而且不缺德的话，还是应该救援一下的。连朝廷册封的王爷都不救，怎么怀仁远国呢？

汉武帝大悦，说这才是社稷之臣，田蚡的浅薄见识，不足以讨论国家大事。

其实田蚡说的不完全错，庄助说的也不完全对。越族之所以叫百越，就是他们之间一盘散沙，俩村之间都不和睦，打架是常有的事。当初汉惠帝册封欧阳摇为东海王去管理东瓯国，还是看在欧阳摇的祖上勾践的面子。而闽越王也是早期刘邦册封的诸侯王，可惜的是这个国家内部老内讧，屡屡冒出一支来跟朝廷作对。越族天天内讧，真正想解决这种棘手问题，雍正时代的“改土归流”政策是比较合适的。

在汉代，中原的大军到了长江以南战斗力就削减一半，不是谁都能像秦朝任嚣、赵佗那样倾全国之兵到这儿跟越族进行一场毫无意义的死磕。

想要武力征服越族，是很消耗元气的。所以田蚡说不去救援的道理，就在这里。谁说能救援，谁就带兵去试试啊。再说了，就算去救，也得到东瓯真的坚持不住的时候再去，现在去那不是傻吗。

而庄助说去帮忙，也是应该的，但是怎么去帮这个忙，庄助也不知道。所以这二人之争，就是互相卖个萌，争个宠。真正大主意，汉武帝已经拿好了。

汉武帝虽然说田蚡不足以讨论大事，但是一直和田蚡讨论大事，所以这话也就是说给许昌听的。对于汉武帝来说，还是得积极采纳田蚡的意见，坚决不派中央军去填越族的无底洞。汉武帝以自己刚继位为由，拒绝使用虎符调中央军平叛，而是让庄助带着皇帝的符节，去调会稽郡的地方部队去平叛。

等到庄助到了会稽郡，郡守觉得这里边有问题。首先说会稽郡的实力不足以跟越族决战。其次，汉朝立国以来，从来没有用皇帝符节调兵的先例，不见虎符绝不发兵。但是皇帝的符节也不是吃素的，怎么去拒绝庄助，郡守想了一个馊主意。他派一名军官去告诉庄助，不见虎符，绝不发兵。庄助倒也没难为这个军官，没吵没闹，也没非逼着他发兵。只不过是一声令下，钦差的卫兵就把这个军官给杀了。

会稽郡守没想到庄助真敢杀人，马上同意出兵。但是，这送死之旅，会稽郡守是不干的，所以他耍了个心眼儿。也赶上庄助不懂业务，所以会稽郡守和庄助商量了一个从海上出兵，绕到闽越后方作战的完美计划。

庄助很满意，会稽郡守也很满意，这就叫纸上谈兵。为啥呢？深入敌后那是二战时期有伞兵之后的经典战术。飞机多快？伞兵降落多快？而汉朝的海船航速多快？所以，会稽大军赶到前线的时候，闽越军早就回家了，完美。

出 处

建元三年，闽越举兵围东瓯，东瓯告急于汉。时武帝年未二十，以问太尉田蚡。蚡以为越人相攻击，其常事，又数反覆，不足烦中国往救也，自秦时弃不属。于是助诘蚡曰："特患力不能救，德不能覆，诚能，何故弃之？且秦举咸阳而弃之，何但越也！今小国以穷困来告急，天子不振，尚安所诉，又何以子万国乎？"上曰："太尉不足与计。吾新即位，不欲出虎符发兵郡国。"乃遣助以节发兵会稽。会稽守欲距法，不为发。助乃斩一司马，谕意指，

遂发兵浮海救东瓯。未至，闽越引兵罢。——《汉书·严朱吾丘主父徐严终王贾传》

会稽郡守赶紧对东海王表示sorry，sorry，来晚了，来晚了！海上堵啊，我先自罚一碗炸酱面。

东海王表示少来这套，来晚了是吧，我们也不难为你，请帮我们上奏朝廷，俺们要搬家。那么说东海王想去哪呢？反正不离开“江浙沪包邮地区”，干脆去江苏淮河一带定居吧。后来汉武帝批准了，东瓯人真的跟着东海王去了江苏，定居在淮河和长江之间的地区。

这样一搞，东瓯人满意了，自然不闹事。而闽越王见东瓯人让出了地盘，他们也满意了，自此也消停了。汉武帝突然发现，好空虚啊。

空虚的汉武帝是怎样填补这份空虚寂寞冷呢？这手段一般人都想不到。

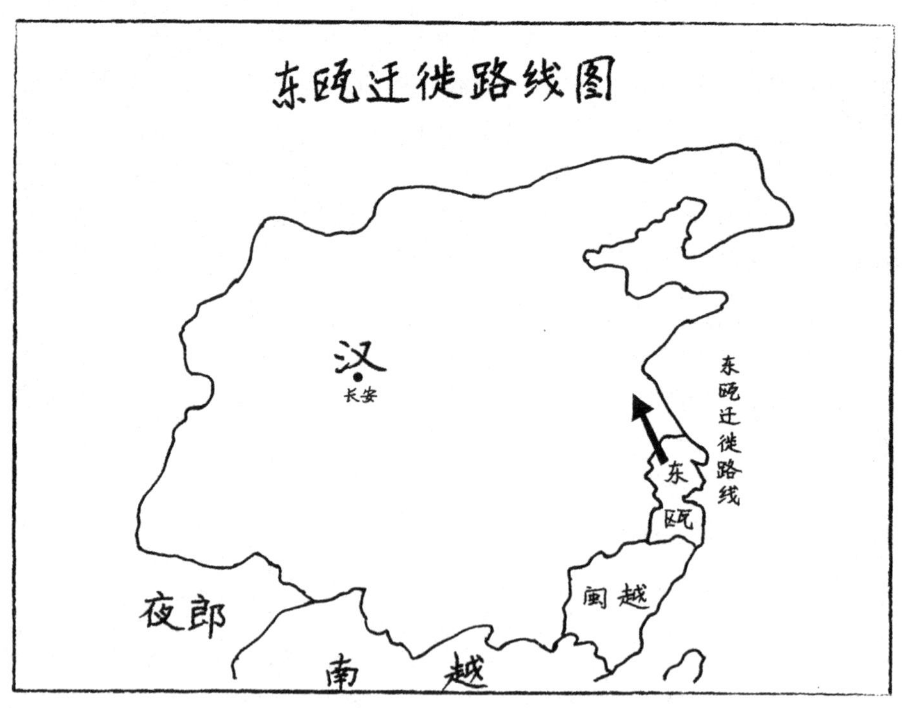

第三章 Chapter Three

帝王养成记

很多人都觉得当皇上是世界上最幸福的事，有人认为当皇上好，是因为可以享尽人间富贵，这想法没毛病。有人认为当皇上好，可以开疆拓土扬威史册当英雄，这想法也没毛病。有人想当个一代圣主造福百姓，有毛病，因为皇帝这个职业能尽可能地不害百姓就算不错。历史上能少害人的，就算明君了。想要当个造福百姓的皇帝，离谱程度就跟说当个包治百病的司机差不多。别管怎么说，这些想法都很人类，事实上地球上绝大多数的君王都是这样，所以有的是昏君，有的是雄主，有的是所谓的仁主。

假如我们今天的国人穿越到古代当皇上，可能大家都觉得自己能当个一代圣主。不过我想说的是，包括我在内，如果真穿越到古代当皇上，更容易变成秦二世。

这就是人性，我们谁也不用否认。要正经当个皇上，可是非常累的。比如说秦始皇，他老人家干正经事的时候，每天要批阅六百斤竹简的奏折，就他那一剑能砍断荆轲脚脖子的体格，能累得翻不动竹简。所以后来秦始皇放弃了，走向了骄奢淫逸。

再说最勤政的那位雍正帝，平均每天批阅奏章近万字。我就算每天不上班光写文章，能写五六千字就大耗元气了，你说这雍正每天批万字，还是用毛笔，谁能坚持得住？乾隆帝不算个太勤政的皇帝，每天也得四点起床读圣训，五点准时上朝开会。有时候我们看这些昏君，人性特别差的倒也不多。比如说秦二世、汉桓帝、汉灵帝这样的人，就是纨绔子弟，恰巧他们当了皇上，所以危害更大。陈后主、李煜、宋徽宗这样的，都是艺术家，你说他人性有多坏，那也不见得。只不过他们恰巧当了皇上，所以遗患无穷。再说那元顺帝和天起帝，这俩是多单纯的人，每天彰显的都是大国工匠精神，手艺活干得非常棒。很不幸他们的身份是皇帝，所以成了坏人。

明末思想家黄宗羲总结得最到位，人性就是自私的，皇上这个位置，谁上去谁是坏人，跟人没关系，就跟制度有关。没人监管的权力，靠自觉是压制不住这股洪荒之力的。一个人自私危害不大，一个皇帝自私，那可是贻害无穷。

出 处

有生之初，人各自私也，人各自利也；天下有公利而莫或兴之，有公害而莫或除之。有人者出，不以一己之利为利，而使天下受其利；不以一己之害为害，而使天下释其害；此其人之勤劳必千万于天下之人。夫以千万倍之勤劳而己又不享其利，必非天下之人情所欲居也。——《明夷待访录·原君》

我们今天日常生活中的特性，诸如晒车、晒房、晒女友，或者羡慕别人晒车、晒房、晒女友，都是人之天性，但是如果放到皇帝的位置上，就是昏君的基本素质。人的私欲会随着位置的变化而不断变化，当一个人可以肆无忌惮地挥洒自己的私欲，那他就一定是撒旦。

汉武帝这样一个介于少年和青年之间的年纪，在没什么事可干的时候，能做的也是挥洒自己的私欲。要论玩，能跟汉武帝有一拼的，也就是明武宗朱厚照，他俩相隔了一千五百年的时间，但是志趣相投，都爱玩角色扮演。

建元三年，大汉帝国各方面都很平静。匈奴帝国十分安稳，百越各族也各取所需。太皇太后派丞相许昌代替自己听政，群臣气氛和谐。这样一来，搞得汉武帝十分空虚。

明武宗曾经封自己为镇国公朱寿，而汉武帝更直接，自称是自己的姐夫平阳侯曹寿。汉武帝每每纠集一帮狐朋狗友，改换装束，在晚上悄悄出宫，然后四面八方地去微服游玩。就长安城周围，池阳县（今陕西省泾阳县和三原县之间）、长杨宫（今陕西省周至县）、黄山宫（今陕西省兴平市）、宜春宫（今陕西省西安市雁塔区）都有汉武帝玩“真人 CS”的足迹。当然，打猎嘛，汉武帝最喜欢去的，还是城南神秘莫测的终南山，可惜的是那时候没有小龙女跟他偶遇。

皇上嘛，本来打个猎不是什么大毛病，微服打猎理论上也不算什么过失。但是，皇上他老人家策马奔腾的时候，根本不管哪里有路哪里没路，走哪都是一阵狂风。看上去这跟《水浒传》里的小旋风柴进有一拼，但是汉武帝跟人家柴进不一样，这个叛逆少年郎专捡农田飙马。他爷爷跟他爸爸一再强调农业是天下的根本，汉武帝就这样肆意践踏着天下的根本。所以往往有汉武帝出没的地方，转过天来就有老百姓发自肺腑的骂街。

汉朝虽然谈不上法制，但是农业为本既然是基本国策，踏坏农田这种事可比杀人放火严重得多。官府接到群众举报之后，马上派出警力部署蹲点，一举抓获了这批破坏国家根本的不法分子。县令抓了皇上，这就尴尬了。汉武帝怎么说也是要脸的，要说皇上出来踏坏农田，丢不起这人啊。所以，他们拿出皇帝的符节，以平阳侯的身份脱身。没来由的，平阳侯多打了很多喷嚏，大家都骂平阳侯踏坏农田。这平阳侯英年早逝，会不会是老百姓给骂死的啊？

出 处

上始为微行，北至池阳，西至黄山，南猎长杨，东游宜春，与左右能骑射者期诸殿门。常以夜出，自称平阳侯；旦明，入南山下，射鹿、豕、狐、兔，驰骛禾稼之地，民皆号呼骂詈。杜令欲执之，示以乘舆物，乃得免。——《资治通鉴·汉纪九》

不过这次被抓并没有让汉武帝收敛，反而变着法玩得更嗨了。这一回汉武帝去了柏谷，也就是今天的河南省灵宝市。柏谷这个地方在历史上大大的有名，当年晋文公重耳还当公子的时候，逃离晋国经过柏谷，就在这里进行占卜，测算到底逃到哪里才好。

这回汉武帝一行人在柏谷玩到深夜，才发现没订宾馆。他们找啊找啊，见到了一个打了烊的旅店。你想吧，皇上身边的人，当然不知道民间的礼节。这票人咣咣咣敲门，把店主吓了一跳。结果一开门店主惊呆了，一帮彪形大汉，还都挎着弓箭，带着环首刀，穿一身名牌，门口停一排宝马。

店主觉得这就奇怪了，你说他们是商人吧，不可能。因为我大汉自有法度在，商人再有钱，都不能穿名牌、骑宝马、带武器。你说是人民公仆吧，也不可能，官府的人不是这个嚣张路数。要说是王族子弟吧，也不可能，除非他们疯了，要不大晚上跑河南来干啥？那么，只有一个可能，这票人是山贼，不知道这是刚抢了谁家来这里。

在宋朝之前，中国人的精神风貌还是很剽悍的。宋朝以后，老百姓看见这样一票山贼，得吓死。而宋朝之前的中国人非常尚武，而且朝廷不禁武器，所以这个店主第一反应是弄死这帮山贼。

“山贼”们咋咋呼呼到了店里，找店主要酒喝。俗话说不是光棍不开店，店主也横，告诉他们，没有酒，要喝的话只有尿。说完，店主就去了后院叫人。不就是动手嘛，冷兵器时代，菜刀跟环首刀的差距，用人数就能弥补。主场作战的店主信心满满，这要是全歼山贼，天亮就能到官府去请赏。

这要是汉武帝交待在这个小旅馆里，中国历史就改变了，店主别说请赏了，直接商量五马分尸还是诛九族的问题吧。就在店主召集人手安排战术的时候，店主的媳妇在门口悄悄观察店内的情况。这个女人的看法跟店主截然不同。第一，这帮人目空一切的态度，跟四处寻觅猎物的山贼大大不同。第二，就凭刚才店主要给他们喝尿的态度，这帮人已经开始警觉，有几个大汉已经各就各位，进入了战斗状态。这种情况下，店主没有胜算。也就是说，店主无论打赢或者打输，都是死路一条。唯一生还的可能，就是和平。

但是店主决心已定，战前动员都做好了，范儿都起来了，这时候收手，那绝对不行。女人一看劝不了，就进行智取，劝丈夫动手前喝顿壮行酒。小酒一喝，店主大醉。女人绑了自己的丈夫，遣散院子里的打手。然后杀鸡备饭，热情款待汉武帝一行人。说刚才店主喝醉了，跟大家开玩笑呢。汉武帝准备战斗的心也放了下来，见店主原来是好诙谐，那就算了吧。转过天来，汉武帝赐老板娘千金，封店主为羽林郎。酒醒后店主目瞪口呆，稀里糊涂地就当官了。

出 处

（汉武帝）又尝夜至柏谷，投逆旅宿，就逆旅主人求浆，主人翁曰：“无浆，正有溺耳！”且疑上为奸盗，聚少年欲攻之；主人妪睹上状貌而异之，止其翁曰：“客非常人也；且又有备，不可图也。”翁不听，妪饮翁以酒，醉而缚之。少年皆散走，妪乃杀鸡为食以谢客。明日，上归，召妪，赐金千斤，拜其夫为羽林郎。——《资治通鉴·汉纪九》

但是这件事也吓了汉武帝一跳，万一店主不是诙谐呢？所以，汉武帝开起了满世界大规模建行宫的先例。但是这样依然不能让汉武帝放心，行宫离老百姓太近，不靠谱。所以，汉武帝提出了史上最大胆的一个想法，把终南山以北，阿房宫东南，宜春宫以西的广大地区进行大规模的拆迁，把土地划进上林苑，给自己建一个史上最大的游乐场。拆迁办公室的总指挥就是太中大夫吾丘寿王，长安中尉带兵协助，并让左右内史准备拆迁户的安置补偿。

这时候，天佑关中百姓，汉朝的“相声演员”勇敢地站出来替百姓们说了个不。这个人就是汉代名臣东方朔。

据传说他还没出生的时候，父亲就去世了。他母亲生下他三天后，也去世了。等于这个可怜的娃娃是被哥嫂养大的。他出生的时候正值东方天亮，所以哥哥给他取名：东方朔。

东方朔自幼聪颖，文武双全。在宋代以前，基本上中国士大夫阶层都是文武双全，可以“上马击狂胡，下马草军书”。东方朔不比世家子弟，他十三岁才开蒙学文化。但是架不住他有天赋啊，三年下来他的学问就高于常人。十五岁那年，东方朔习剑，十六岁就能背诵《尚书》《诗经》，成年后的东方朔人高马大、相貌堂堂，文能提笔安天下，武能上马定乾坤。不过，虽然他是个“段子手”，但出身不行就混不出来。

但是东方朔命好，赶上了汉武帝继位后第一年的公务员考试，而东方朔恰巧年轻那会儿学的是儒家经典，所以他不仅参加了考试，还取得了很好的成绩，成功入仕。但是，在前边的章节里我曾经说过，那次考试虽然选上来很多人，但汉武帝最重用的却是庄助和特招生赵绾、王臧。东方朔的第一个官职是公车令，掌管宫里的精锐侍卫所骑的马，换句话说，他就是个“弼马温”。

东方朔自命不凡，给汉武帝的简历足足写了三千多片竹简。说让他在宫里掌管马匹和车辆，简直是奇耻大辱。尤其是宫里养马的杂役，是一帮侏儒。东方朔为了引起汉武帝的注意，于是吓唬那些侏儒，说皇上嫌他们文不能安邦，武不能定国，还不能种地，所以要杀掉他们省粮食，想要活命的话，赶紧去找皇帝求情。侏儒们魂飞魄散，赶紧去找汉武帝求情。汉武帝不知道咋回事，招来东方朔问问吧。东方朔说侏儒身高不满三尺，他东方帅哥身高九尺，却和侏儒们俸禄一样，与其这样在京里浪费粮食，还不如回家种地。汉武帝见东方朔这么聪明，于是让他待诏金马门，他得到了和汉武帝亲密接触的机会。不久，东方朔升为常侍郎，可以正式参与朝政。

出 处

久之，朔绐驺朱儒，曰："上以若曹无益于县官，耕田力作固不及人，临众处官不能治民，从军击虏不任兵事，无益于国用，徒索衣食，今欲尽杀若曹。"朱儒大恐，啼泣。朔教曰："上即过，叩头请罪。"居有顷，闻上过，朱儒皆号泣顿首。上问："何为？"对曰："东方朔言上欲尽诛臣等。"上知朔多端，召问朔："何恐朱儒为？"对曰："臣朔生亦言，死亦言。朱儒长三尺余，奉一囊粟，钱二百四十。臣朔长九尺余，亦奉一囊粟，钱二百四十。朱儒饱欲死，臣朔饥欲死。臣言可用，幸异其礼；不可用，罢之，无令但索长安米。"上大笑，因使待诏金马门，稍得亲近。——《汉书·东方朔传》

但是，几次朝会之后，汉武帝发现东方朔就是个说相声的。东方朔善于逗哏，而那次考试提拔上来的枚皋善于捧哏，他俩在一起，好好的朝会就能变相声专场。

为啥呢，因为这俩人极不严肃，一言不合就讲段子，常常把会议主题带沟里。比如说汉武帝召集大家开会讨论如何尊师重道，那东方朔和枚皋在场必然是把话题带跑偏。模拟一下情景：

汉武帝：下面咱们来讨论一下在全国开展尊师重道的活动。

东方朔：对，必须要尊师重道，没有师承，你再优秀，都不是干这个的。

枚皋：没错，尊师重道是咱们的传统美德。

东方朔：说到这尊师重道，有句俗话说得好：吃水不忘挖井人。

枚皋：这是老话。

东方朔：挖井啊，分两种。一种是人工，一种是机械，咱先说说这人工……

枚皋：您等一会儿，你就是个挖井的吧。

东方朔：谁是挖井的，咱不是聊尊师重道吗？

枚皋：是啊，聊尊师重道你提什么挖井啊？咱得说说这吃水的事。

群臣：噫！

老这样插科打诨，所以在东方朔和枚皋的职业生涯，大多数情况下，汉武帝都把他们当作艺人看待，从不敢指望他们能解决国家大事。东方朔和枚皋都善于写汉赋，他们也赶上好时候了。他们“出道”的时候，汉赋大家贾谊早死了，而汉赋成就最高的扬雄还没出生，所以他们还能以文学家自居。可就是这门学问，真论到国家正经事的时候，汉武帝御用的汉赋作者，得是人家司马相如。

玩角色扮演玩疯了的汉武帝，决定划出大面积的土地扩建上林苑，然后把该区域内的居民强行迁到外地，另用荒地对拆迁户进行补偿。拆迁总指挥吾丘寿王上奏拆迁计划书之后，汉武帝龙颜大悦，准备下诏执行。满朝文武没一个站出来为百姓说一句话，“人民艺术家”东方朔挺身而出，他说关中之地物产丰富，是关中之民赖以生存的家园，强行把他们迁出关中，必然导致国家财政税收下降。虽然扩大了动物的生存空间，却破坏了人的家园和坟墓，让儿童毁掉童年，让老人失去故土。再者说了，关中地区地形复杂，皇上千金之躯老去打猎，万一出个三长两短，国家就完了。当年商纣王兴建了内有九市的宫殿导致诸侯背叛，楚灵王筑起章华台而导致楚国百姓四散逃走，秦始皇兴造阿房宫而导致天下大乱。

汉武帝听懂了东方朔的意思，一琢磨这东方朔也是为他好，于是升东方朔为太中大夫，赐一百斤黄金。

这本来是个魏征劝谏唐太宗式的故事，随着汉武帝的第二道旨意颁布，佳话碎了一地。汉武帝下诏，说东方朔说得好啊，朕很赞赏。但是，吾丘寿王听令，继续执行拆迁的命令。

关中百姓从当年汉王刘邦约法三章开始，到汉武帝拆迁为止，也就过了不到七十年的好日子，皇上想打个猎，数十万百姓流离失所，广大耕地变成了野地。实话实讲，忽必烈那么爱打猎的主，都没在中原把耕地变狩猎场。

“相声大师”东方朔不能阻止汉武帝，文学大家司马相如挺身而出，他要阻止汉武帝倒行逆施。最起码在汉代，文人的风骨，比政治家硬得多。司马相如从汉武帝的角度出发，说人分三六九等，肉分五花三层。人类当中，有的力量极大，比如当年秦武王的宠臣乌获；有的动作迅速，如吴国公子庆忌；有的武功高强，如齐国孟贲和卫国夏育。其实不光人如此，动物也是一样。万一皇上遇见猛兽界的孟贲、夏育，纵使皇上身边有力大无穷的乌获和百步穿杨的逄蒙也来不及护驾。这种情况，就相当于匈奴、百越、羌族、夷人突然出现在皇上身边，那得多危险？即便是没有猛兽，遇上车坏了、马惊了，也是很危险的。当皇上的要防患于未然，而不是心存侥幸。家中有千金的人都不坐在屋檐底下，生怕万一掉下一片瓦丢了性命。这虽然是小事，但是放在皇上身上，就是大事了。

汉武帝给司马相如点赞，说得非常好，但是朕不改，一切照旧。当皇帝，有时候真得看命。汉武帝由着性子折腾，还真没出过意外。明武宗学人家撒网，结果就掉水里淹了个半死。汉武帝身边好歹有一帮耿直大臣，而明武宗身边重用的是“八虎”。汉武帝建造上林苑可比明武宗的豹房规模大多了，危害也大多了。但是史学界对汉武帝的评价跟对明武宗的评价可谓是天壤之别，除了汉武帝开疆拓土的功绩以外，最重要的原因就是明武宗荒唐到死，而汉武帝晚年积极反思。中国人最讲究朝闻夕死，道理就在这儿。

当皇帝，无非是赈灾、平叛、抗胡、集权、生孩子几件事。导致汉武帝开始收心的主要事件，是建元四年六月的一场大旱。汉武帝有事干了——赈灾。就在这一年，有一个老寿星死了，此人就是南越武王赵佗。

赵佗太能活了，秦始皇在位的时候，赵佗是秦朝大将。秦二世在位的时候，赵佗是秦朝地方官。项羽称霸的时候，赵佗独立为王。刘邦当皇帝的时候，赵佗称臣。汉惠帝在位的时候，赵佗称臣。吕后称制的时候，赵佗反叛。汉文帝在位的时候，赵佗称臣。汉景帝在位的时候，赵佗称臣。汉武帝继位的时候，赵佗称臣。老赵这辈子值了，跟中国九位元首打过交道，终于在建元四年（前 137 年）驾鹤西行。他儿子都没熬过他，继位的是赵佗的孙子赵胡。

建元五年，地方上反馈上来一个消息，说三铢钱发行后，由于三铢钱很轻，所以造假的成本就很低，民间假币横行。所以，汉武帝下令，废三铢钱，铸造半两钱。这就要尴尬了，三铢钱就重三铢，而半两钱讲道理应该重十二铢，但是政府发行的半两钱重四铢，这就让造假的摸不着头脑了。五月，汉朝发生大规模蝗灾。一件事接着一件事，丞相许昌又是个光传话不干活的人，所以汉武帝不得不回到未央宫，亲自处理政务。

汉武帝觉得当皇帝一点意思都没有，过去是丞相干活，皇帝监督。现在是皇帝干活，丞相监督，真不如去打猎来得痛快。但是到了建元六年，汉武帝突然觉得这皇帝当得有点意思了。从此，汉武帝不再对打猎、盖宫殿这样的小事用太多的精力去折腾了，他终于可以把精力用在大事的折腾上了。而一个皇帝折腾的是小事还是大事，正是昏君和明君的分界线。

第四章 Chapter Four

『二世』变『始皇』

对于汉武帝来说，建元六年（前135年）的五月份，注定是他人生的转折点。这个转折点决定了汉武帝从二世变成了始皇。

导致这一神奇现象的出现，是因为建元六年五月二十六日，太皇太后窦氏驾崩。窦氏集团的男人们比当年吕氏集团的男人们还不中用，所以窦氏集团倒台，窦太主失势，汉武帝自此乾纲独断。

窦氏集团倒台，首先倒霉的就是大丞相许昌。在汉朝历史上，汉文帝任用陶青为相，开起了弱势丞相的先河。自从汉景帝废了周亚夫，汉朝丞相一个个比着尸位素餐。好不容易汉武帝起用了能干事的窦婴，他老人家还被田蚡当枪使，背了黑锅。而许昌任相期间，开起了丞相监视皇帝执政的先例。太皇太后都没了，汉武帝也不客气了。虽然在国丧期间，汉武帝毅然决然废了许昌，让他回家抱孩子。

这会儿汉武帝不用看任何人的脸色，不用考虑任何人的感受，不用平衡任何人的关系，就任性地立田蚡为相，谁敢不服？到这时候，田蚡也觉得“只有我最摇摆”，开开心心地去当丞相，这回他可不提让位给窦婴了。对于汉武帝来说，窦婴没有了一毛钱的利用价值。这就是窦婴的悲剧人生，性格太耿直，事事拎不清，处处被人当枪使，最后无人问津，连门客都跳槽到了田蚡那里。窦婴只剩下了一个朋友灌夫，但是说实话这个朋友虽然仗义，但也没有啥用。

除了丞相这个位置外，御史大夫这个重要职位也得调整。御史大夫庄青翟是个单纯的人，简单说，这是个右派人物，太温和，不被汉武帝看好。所以汉武帝免了庄青翟的御史大夫之职，御史大夫的位置就这样空出来了。

很明显，汉武帝亲自组建的第一个御用班底是个鹰派政府，这就意味着指不定周边哪家的流氓就要倒霉了。

先别担心邻居家的流氓了，汉武帝突然发现自己家先出了一个流氓。丞相田蚡虽然刚刚任相，但是他的势力可不是一天两天形成的。早在当年被太皇太后罢免太尉之职以后，由于汉武帝宠着田蚡，长安城那些想混饭吃的士人们纷纷投靠田蚡。

这是当年长安城的一景，一群官员跟在一个老百姓屁股后面去未央宫开会，田蚡不说话，百官就不知道今天朝会的风向标。汉武帝天天骂田蚡，但是还得采纳田蚡的意见。所以，那些政治嗅觉极其灵敏的士人们纷纷投靠这个老百姓田蚡，一直熬到田蚡任相，这些田蚡的门客也算是熬出来了。

每当有政治中心转移的时候，必然伴随着官场的严打。汉武帝好不容易大权独揽，再也不用像以前那样偷偷摸摸起用自己人，他准备了一个长长的名单，想要把这些人安插在朝中的重要位置上。但是汉武帝没想到，也就抽支烟的功夫，丞相田蚡把自己家门客玩命地往两千石以上的重要岗位上狂塞。

汉武帝忍不了了，赶紧提醒这位舅舅，差不多得了，还有完没完？也给朕留几个好位置啊。田蚡在官场上消停一点之后，开始琢磨房地产的事。每个城市所谓的黄金地段就那几处，在汉朝，这些黄金地段肯定要被朝廷圈走，建立各种办公单位。田蚡看上了这地方，于是打算对官府进行拆迁，好空出来地段建设自己的府邸。这要是田蚡带上综合执法去官府拆迁，那乐子可就大了。汉武帝赶紧叫停这场闹剧，问田蚡想闹哪样？要不要把军火库也给拆迁了？田蚡一看皇帝大外甥出面了，那就算了吧。军火库不稀罕，因为田蚡每天都派人去各地采办武器。这倒不是因为田蚡想造反，他就是想装一装， 让人看看别人不敢买的他敢买。就他那个境界，也就到这里了。

这也是土豪的一种常见状态，当花钱不足以显示自己尊贵的时候，就以敢违法乱纪来证明自己是人中龙凤。

在那时候，长安城除了未央、长乐二宫，最豪华的庄园就是田蚡的相府。哪怕在王氏集团内部，田蚡都不把大哥盖侯王信放在眼里，尾巴天天翘到天上。

不过，汉武帝依然信任田蚡。无论是当年还是现在，汉武帝总是骂田蚡，但不改变田蚡的权势和威望，骂人也是骂给别人听的。

建元六年，汉武帝重组政府之后，面临的第一个问题就是闽越又闹事了。闽越人自从上次东瓯事件之后，尝到甜头了。你看他们打东瓯，东瓯人从浙江搬到了江苏，大好河山就留给闽越了，朝廷也没当真管一管。现在闽越人又瞄上了广东，企图把广东这个人杰地灵的地方也抢过来，于是他们发兵攻打南越。

南越国本来是百越霸主，南越武王赵佗那是霸气十足，无人不服。也就是他一直窝在南越不出来，要不然无论是楚汉之争时期还是文景之治时期，包括韩信在内，未必有哪些将领的水平能在赵佗之上。在秦始皇时代，除了南任嚣北蒙恬，军界三号人物就是赵佗。赵佗带兵打仗的时候，章邯还是个会计呢。

出 处

秦已破灭，佗即击并桂林、象郡，自立为南越武王……自尉佗初王后，五世九十三岁而国亡焉。——《史记·南越列传》

一般情况下，老子霸气威武，儿子就会性格相对软弱。赵佗的儿子太软了，软到死在了赵佗前头，所以接班的是赵佗的孙子赵胡。赵胡比起他爷爷，也是个软骨头。堂堂百越霸主，居然怕了小小的闽越。不过赵胡倒也不傻，他上书汉武帝，请示中央要不要对闽越动武。

百越过去虽然是汉朝的藩属，但是他们从来都是独立行政，不受汉朝管辖。这一回南越国主动请示中央，那就是认同了大汉臣子的身份，这让汉武帝非常满意。你看人家南越给面儿，汉朝就得也给人家面子。汉武帝派出专管少数民族事务的大行令王恢和财政部长大农令韩安国兵分两路南下，攻打不安分的闽越。同时派出大臣庄助出使南越，去安抚赵胡那颗七上八下的心。

闽越王没想到汉军真的大兵压境，于是不再进攻南越，而是进入战略防守，希望可以阻止汉军的进攻。

但是区区闽越，再有主场优势，优势也没大到可以秒天秒地秒宇宙的地步。再狠的狮子狗，在狮子面前也会腿抖。上回打东瓯的时候，闽越就被汉朝给吓走了。这次中央军亲自来战，闽越上下没有不害怕的。闽越王的弟弟馀善跟闽越大臣们商量，冤有头债有主，祸是闽越王惹出来的，不能大家一起跟着陪葬。不管怎么说，闽越王罪不容诛。不如先私下杀掉闽越王跟朝廷认个错，当一回污点证人。如果朝廷赦免了他们，他们就效忠朝廷。如果朝廷不赦免他们，他们就象征性地抵抗一下汉朝。万一汉朝厉害，那就逃亡海上。大家一琢磨，有道理。于是可怜的闽越王被自己的弟弟馀善杀死，闽越大臣们带着闽越王的人头向王恢请降。

王恢大喜过望，这哪说理去？莫非这就是传说中的不战而屈人之兵？王恢安抚闽越，然后派人知会韩安国停止进攻，另派人把闽越王的人头送往朝廷，请汉武帝定夺。

汉武帝多聪明，当即下令招抚闽越，并把册封新一届闽越王的诏书发往前线。新任闽越王是谁？馀善反正都做好王袍了，那还用问吗？是他馀善杀掉了朝廷心腹大患，功劳极大。而且他卖兄求荣，使闽越人民免于战火，闽越人民也支持馀善做王。但是汉朝使者宣读诏书之后，大家都傻了，汉武帝册封原闽越王的孙子驺丑为越繇王。越繇王毫无威望，尤其是在馀善面前毫无威望。大家都觉得馀善是闽越人民大救星，所以都支持馀善自行称王。等到馀善自立为王，就没人再去听越繇王的指挥。越繇王很不爽，赶紧上书汉武帝，问皇上管不管，馀善要造反。

汉武帝接到越繇王的上书之后，决定不管。总不能为了越繇王，去跟馀善打一仗吧，不值当的。于是，汉武帝再下诏，封馀善为东越王，晓谕东越王要和越繇王和平相处。汉武帝才不关心谁当闽越的王呢，谁都行，只要不闹事。汉武帝这顿骚操作，把闽越一分为二，那闽越的实力自然也一分为二，顿时消停不少。

闽越安稳下来之后，庄助也得到了南越的热情接待。南越王赵胡热泪盈眶，朝廷太给力，没想到还真派兵收拾了闽越。庄助表达了汉武帝对南越的亲切问候和关心，希望早日能见到南越王赵胡共诉衷肠。南越王很激动，没想到自己一个番邦小国的国君，能让天朝上国的大皇帝这么惦记。干脆把太子爷赵婴齐送往长安当侍卫，保护大皇帝的安全。庄助临走的时候，不仅带走了南越太子赵婴齐，还得到了南越王的承诺，过几天就亲赴长安去朝见大汉皇帝。

汉武帝解决了两越打架的事，升作战有功的韩安国为御史大夫。没多久，事情发生了变故。庄助前脚刚从南越走，南越大臣们就拉住南越王求开会。他们说老王爷在世的时候说过，跟汉朝交往，面子上过得去就行了，太子现在去了长安，大王如果也去长安，万一朝廷扣住你们爷儿俩，南越国也就扑街了。南越王觉得有理，干脆打消了去长安的想法。

与此同时，番阳县令唐蒙进京述职，报告了南越国的秘密，再加上南越王赵胡称病不来长安，让汉武帝对南越有了新的认识。本来汉武帝起用武将韩安国做御史大夫，是因为韩安国文能治国，武能带兵，正好弥补了丞相田蚡的不足，朝中也好多年没有过能干实事的三公高官了。百越再怎么闹腾，在汉武帝看来都是疥癣之疾。汉武帝升韩安国这个武将当御史大夫的真正目的就是要对匈奴动手，因为张骞自从离开长安踏上西游之路，就再也没有了消息。汉武帝上位后能用的大将并不多，李广并非帅才，程不识是个守城将军。所以，老成持重的韩安国被汉武帝寄予厚望。

可是正因为唐蒙的报告，让汉武帝打消了对匈奴采取措施的想法，接受了军臣单于认㞞求和亲的请求，开始专门对南越下黑手。到底唐蒙查到了南越哪些秘密呢？

这是个忧伤的故事，南越王赵胡刚继位，就遇到了闽越王的挑战。南越王报警之后，汉武帝迅速派出王恢、韩安国兵分两路攻打闽越，另派庄助前往南越安抚赵胡。但是，等着庄助从西安赶到广州安抚，黄花菜都凉了。所以，在庄助没到南越之前，朝廷派快马通知离南越最近的番阳县令唐蒙先一步到南越，告知南越王朝廷已经对闽越动手了，让南越王配合。

南越王热泪盈眶，大摆宴席热情款待唐蒙。什么深井烧鹅、白云猪手、白切鸡、叉烧肉、龙虎斗统统都没有，那个年头粤菜还没形成。所以，为了能让天朝使者吃点新鲜的，南越王请出来一碟美食：枸酱（有的书里写作蒟酱）。

枸酱跟枸杞没有一毛钱的关系，它是老四川特产。用今天的话说，就是用枸树的果实做成的酱，酸甜口，开胃。

吃饭本身没什么，但是在中国，政治家吃饭从来都不是那么简单。唐蒙吃完枸酱之后，就问南越人，这玩意儿这么好吃，哪来的？南越人告诉唐蒙，枸酱不是本地货，是走水路从牂柯江（今珠江支流北盘江）

运到番禺城的。

唐蒙心说废话，我还不知道这不是本地货，枸酱明明是大汉朝的四川特产，而汉朝跟南越的贸易项目里没有枸酱，那么四川特产怎么沿着牂柯江来到南越了？这里面一定有问题。

唐蒙不动声色，回长安述职的时候顺便找了几个四川商人聊聊枸酱，问问四川一带有没有人把枸酱走私到南越？四川几位能把生意做到长安来的商业巨子告诉唐蒙，走私这种事确实有，但是从四川走私到南越的事没有。像枸酱这种产品，倒是有不少人把这宝贝走私到夜郎国。

唐蒙恍然大悟，赶紧回去上书汉武帝，祸事了，南越要造反。

出 处

建元六年，大行王恢击东越，东越杀王郢以报。恢因兵威使番阳令唐蒙风指晓南越。南越食蒙蜀枸酱，蒙问所从来，曰："道西北牂柯，牂柯江广数里，出番禺城下。"蒙归至长安，问蜀贾人，贾人曰："独蜀出枸酱，多持窃出市夜郎。夜郎者，临牂柯江，江广百余步，足以行船。南越以财物役属夜郎，西至同师，然亦不能臣使也。"蒙乃上书说上曰："南越王黄屋左纛，地东西万余里，名为外臣，实一州主也。今以长沙、豫章往，水道多绝，难行。窃闻夜郎所有精兵，可得十余万，浮船牂柯江，出其不意，此制越一奇也。诚以汉之强，巴蜀之饶，通夜郎道，为置吏，易甚。"——《史记·西南夷列传》

那么说唐蒙有根据吗？还真有。作为一个长期在长沙国番阳县工作的唐蒙，实际上就是在汉和南越的边境上活动。如果说庄助出使南越是以一个外交家的身份去，那么唐蒙就是以特工的身份去南越。庄助能哄得南越王把儿子送到长安，而唐蒙所察觉到的是南越的战略意图。就在唐蒙去南越的这一路上，他发现道路崎岖一路荆棘，水路淤塞，不能走大船。这就意味着，如果朝廷对南越用兵，则不具备通行条件。但是当年秦始皇在这一带修过高速公路，开凿过运河。造成交通如此不便，必然是南越刻意为之，不是造反是啥？再者，唐蒙出使南越的时候，用他那双善于发现的眼睛，看到了南越王宫存有大量皇帝才能用的僭越之物，这是不臣之心的体现。最重要的是，唐蒙发现南越的实力，断然不会孱弱到连小小的闽越都打不过。与其说南越王上奏朝廷是表忠心，不如说南越王是在试探朝廷的虚实。

那么说南越真像唐蒙说的有不臣之心，而南越王赵胡是个“心机boy”吗？这话其实两说，当年南越武王赵佗在位的时候，确实没什么臣服之心。但是南越武王毁掉交通，是怕汉朝大军压境的自保行为。当年吕后称制的时候，朝廷先对南越动手，实行经济制裁。之后才有的赵佗造反，自称南越武帝。僭越之物，都是那时候留下来的。而赵胡确确实实不是个“心机 boy”，他是个单纯的人，胆小怕事而已。他害怕打仗，所以求朝廷保护。他见朝廷仗义，不惜把儿子送到长安，还想亲自去朝见汉武帝，这样的人，断然不会造反的。如果赵胡是个政治家，他绝不会用枸酱款待唐蒙。

政治家都很忌讳这些，比如说宋朝，在宋徽宗以前，辽国使臣如果要出使大宋，从北京到开封这一路南下，经过华北平原，那是一马平川。但是大宋的接待专员绝不带辽国使臣走这条线，必然从北京出来先奔山西，各种绕路之后才去开封，生怕辽使当中有间谍暗中画地图。到了开封之后，接待辽使的宴席必然是小吃的水平，目的就是让辽国知道大宋不富饶，没事别惦记来抢劫。后来宋徽宗继位，跟金人海上之盟以后，宋朝专员带着金使狂走华北平原，让人家知道了北京到开封这条路这么好走。用金器宴请这帮从山里来的土人，那他们不琢磨抢大宋还等啥呢？

南越王赵胡就是这样不懂政治，一碟枸酱就引发了巨大危机。唐蒙上奏汉武帝，牂柯江很宽，能走大船。如果南越闹事，汉军从夜郎国顺江而下，一路可达南越都城番禺。咱们现在去招抚夜郎国，把夜郎国改成汉朝的郡县，一来拓展西南，二来能制约南越。汉武帝觉得唐蒙果然是社稷之臣，于是封唐蒙为中郎将，出使夜郎国。

唐蒙这次玩大了，汉武帝批给他一千士兵，从长安出发，前往中原人从来都没去过的云贵地区。要去云贵，得走巴蜀。蜀道难，难于上青天。要保证这一千大军的顺利通过，负责伺候这一千大军的后勤人员是一万多人。

夜郎国的风俗习惯、政治结构跟大汉完全不同。夜郎的最高统治者称侯，唐蒙见到的这位夜郎侯，叫多同。

唐蒙开始了跟夜郎侯尬聊。你说这话怎么说？您好，侯爷。我是汉朝使者，到这来是想跟您商量一下，让您的夜郎国变成大汉的一个郡，您以后就不是侯爷了，当太守吧。

这话没法说啊，咱们虽然用夜郎自大这个成语来笑话夜郎，但是夜郎国之所以自大，那是因为人家是西南第一大国，拥兵十万，还是有一定资本的。凭什么人家从君主变成太守？闽越、东瓯、西越这小部落还能称王，让人家西南第一强国的老大当太守，这可得好好组织语言。

唐蒙不能晓之以理，只能晓之以“礼”。唐蒙说了，他是天朝上国来的使者，到此来赏赐夜郎国。夜郎侯很纳闷，哪来这么一个傻子？什么跟什么啊就天朝上国？不过礼物不错，先收下再说，真是“汉朝自大”的一帮人，不知道我大夜郎十万精兵的厉害。

这样一搞，双方的“尬聊”就变得融洽了。夜郎跟大汉不一样，什么气节、威严、礼法都不存在，天下攘攘皆为利往，不把唐蒙带来的这些礼物骗光，简直天理不容。双方讨论的焦点就是汉朝要在夜郎国设立郡县，由汉朝委派官员管理。夜郎侯不管那些，就问怎么着才能把礼物全部留下。不就是侯爷改太守吗？无所谓。想实行郡县制是吧？也可以，让本侯爷的儿子们去当县令行不行？

唐蒙跟夜郎侯也是聊得一脑袋汗，只要能完成任务，其他都不重要了。最后唐蒙跟夜郎侯约定，夜郎国改郡县，由夜郎侯的儿子们当县令。至于唐蒙带来的礼物，全部都给夜郎国留下。

唐蒙开心极了，不费一兵一卒就把大汉的领土扩张到了贵州，赶紧回京报信。

夜郎侯也很开心，他觉得汉朝这个国家的人都缺心眼，我说臣服就臣服了啊，要不是看在丝绸的面子上，都不搭理你们这些小国来的人。自此，汉朝在贵州设立犍为郡。

对于汉朝来说，最重要的是赶紧修通一条从四川直通牂柯江的高速公路。万一南越有事，汉军可以从四川直扑牂柯江，然后顺江而下，直捣番禺。

唐蒙回来主持修高速公路，可把四川一带的老百姓坑苦了。今天在云贵高原施工都很难，别说那时候了。唐蒙征集了十多万四川百姓修高速，这一闹比秦始皇修长城死的人还多。所以四川百姓逃亡的很多，工程一度停滞不前。唐蒙一看这样不行，就发明了《军兴法》来制约逃亡事件。唐蒙一定读过法家著作，才搞出这样一出。《军兴法》规定，民工分为若干小队，各队由队长统一管理。无论哪个小队有人出逃，不必去追，直接杀队长。

这太恐怖了，民工之间相互监视，不仅队长盯着队员，队员也盯着队员。因为队长被杀不叫个事，但是队长被杀之后，队员中指不定谁就当队长了。所以，为了保护自己的安全，队员们自发地盯住队友，保护队长不下台。唐蒙还得说，不是我让你们互相监视的吧，是你们自发地互相监视。谁要说这样不好，那也怪不得我，这就是民族的劣根性。

玩人，唐蒙是认真的。这样干自然让百姓怨声载道，汉武帝眼看工程完毕，赶紧派司马相如去四川做演讲，说唐蒙这孙子自作主张，这不是朝廷的意思，皇上是慈祥的，他爱百姓，只不过唐蒙这个混蛋念错了经。

你看，这舆论导向多好。工程也完成了，皇上也趁机伟大正确了，但是唐蒙可没受到任何的处罚。工程完事之后，唐蒙庄严地向百姓们宣布，我错了，自今日起，废除《军兴法》，然后唐蒙被调走，司马相如被封为中郎将。人们高呼皇上万岁，瞬间忘记了唐蒙带来的灾难。

但这条路对于汉武帝的战略意义很大，关键时刻，这就是运兵的高速公路。

自从夜郎侯改犍为郡太守，夜郎的邻居们不仅不笑话他掉价，反而到处打听怎么才能和汉朝攀上关系，在他们眼里，汉朝就是个钱多人傻的国家，能在汉朝当个县令，基本上就是诈骗行为。

借着这条路的威慑，司马相如很快收服了邛、筰、冉駹、斯榆等小国，仿照夜郎在此设立郡县。邛、筰、冉駹、斯榆等首领拿了汉朝的财物很开心，汉朝顺带在这里设立都尉驻军，控制了贵州地区的西南夷。

因为一碟枸酱，吃出了西南百姓的大祸，也吃出了南越国覆灭的基础。南越人这哪是“吃货”啊，分明是“吃祸”。不过截至汉武帝建元六年，好歹南方趋于稳定，大汉朝后院无事。这就意味着，汉武帝要跟朝思暮想的匈奴掰掰腕子了。但是这次较量并不顺利，无论国内国外，都是阻力重重。

其实从地缘政治的角度讲，老天爷还是挺爱咱们中国人的。历史上那些赫赫威名的文明古国，无一例外都是处在四战之地而没有流传下来。而我们中国面朝大海，背靠高原，南邻蛮夷，皆无强敌能让我们处于亡国的边缘，只有北方能出现强大的敌人可以成为中原的心腹大患。所以我们面对着世界上最大的海洋却没有被称为海洋民族，却修建了一条让世界为之惊叹的长城。

在上古时代，中原华夏民族是大东亚地区的唯一文明，周边几乎都是野人。这就形成了早期的天朝思想，我们拥有最美好的词汇“华夏”，而周边都是东夷、西戎、北狄、南蛮。历经尧、舜、禹、夏、商、周，我们天朝对世界的看法就是除了我们炎黄子孙之外，周围都是野兽，是亡灵天灾，是燃烧军团，我们跟野兽们打仗，可以高举保卫文明的旗号。所以在孔圣人眼里，保卫华夏文明的管仲是人民的大救星。

到了秦朝，中国的君主叫皇帝，周边的能称王就算不错了，天朝看谁不爽就能大肆征伐，天朝就是世界的中心，皇帝陛下就是威武雄壮，没毛病。结果到了汉朝之后就出了意外，大汉皇帝让人家匈奴单于给围了，差点就要了命。从此，天朝概念发生了变化。天上只有一个太阳，地上也就只能有一个天朝。匈奴自称天之骄子，自然以天朝自居。而汉初历代君主不跟这帮老粗一般见识，尤其是季布当年说过，宁跟明白人打一架，不跟这种人多废话。所以到了汉武帝时代，匈奴总以天朝自居，而汉朝却没有这个具体的天朝观念。

汉景帝中元二年，匈奴背信弃义入侵燕国，汉景帝一怒之下断绝了跟匈奴的和亲，两国正式断交，时而冷战，时而热战。这就有意思了，汉朝在晁错的建议下，搞了多年的经济建设。再加上汉朝不间断的文化入侵，匈奴是一天不如一天。咱们简单捋一捋，汉高帝时代，匈奴可以兵围白登山，差点活捉汉高帝。汉惠帝和吕后称制时代，汉朝对匈奴曲意逢迎，汉朝加速了经济建设的脚步。到了汉文帝时代，汉朝经济建设和文化入侵初见成效，在汉奸中行说的提醒下，匈奴才发现事情的严重，那时候匈奴如果抢劫汉朝，甚至一度能抢到长安城下。到了汉景帝时代，匈奴已经很难过去长城了，即便是能过来，也是负多胜少。汉景帝时代的狂人李广时不时地不按套路出牌，让匈奴头疼不已。程不识在边关一坐，匈奴看不出他哪里厉害，但就是占不着便宜。赶上匈奴命苦的时候，刚出门就碰上了郅都，能让郅都追到匈奴家里揍一顿。到了汉景帝时代，匈奴已经不能在汉朝面前装大尾巴狼了，他们祈祷汉朝再也别出郅都这样的人，祈祷李广千万别“开挂”，这真受不了。

在这个态势下，汉景帝跟匈奴断交，意味着匈奴的经济支柱倒了。现在啥都没有了，抢了几次还是损兵折将，所以到了建元六年，军臣单于终于撑不住了，跟汉武帝认㞞，求和亲。军臣单于非常在意和亲的嫁妆。

汉武帝当时刚处理完闽越和东瓯打架的事，于是召集群臣开会商讨，这事该怎么处理。尤其是刚刚立有战功的大行令王恢和御史大夫韩安国，得发表一下高见。这王恢是燕国人，他当然对匈奴恨之入骨。当初汉朝跟匈奴断交，就是因为匈奴兵犯燕国。所以王恢提议，不答应和亲，那帮孙子没底线，简直是：“今天装孙子，明天就上天。”你看，在匈奴事件上，王恢是个坚决的鹰派大臣。

御史大夫韩安国表达了不一样的观点，你说这匈奴，自古以来在咱们眼里就不是人类，只不过是一帮逐水草而居的野兽而已，咱们就算是去打他，他连个城市都没有，上哪找他们去？所以不如给点钱和亲，这才是上策。你看，韩安国虽然是武将出身，却是个鸽派大臣。

鹰、鸽相斗，鹰派总能占据道义的制高点，高举爱国旗帜，以精神胜利法攻击鸽派㞞，甚至是去做汉奸。

恰巧赶上了唐蒙奉旨招抚西南夷的大事，所以汉武帝忍了一把，同意和亲。但是这事可没完，汉武帝自己不是个鸽派。

元光元年，也就是公元前 134 年。年初，汉武帝接受了董仲舒的建议，首次制度化地打破世卿世禄制度。你看过去，从上古时代开始，官员都是世袭的，咱们叫世卿世禄制度。虽然偶尔有从民间选拔人才的行为，但是从来都没有制度化执行，每次都是偶然。这回行了，虽然汉朝官制主体上还是世卿世禄制度，但已开始推行察举孝廉制。也就是地方官要从各自的辖区选出最孝顺、廉洁、口碑好的一个人出来，由中央来任命官职。这个制度能让寒门子弟改变命运走捷径吗？说几个咱们熟悉的例子吧，东汉末年，“官 N 代”曹操、袁绍、王允、杨彪等都是举孝廉出身，诸葛亮那么孝廉，怎么不举呢？不对，是诸葛亮怎么不能举孝廉呢？道理就在于举孝廉没个标准，上头说谁孝廉谁就孝廉，那你说谁孝廉？这不明摆着的。老师选班长都不能客观公正地看学习成绩和思想品德，那就别提汉朝选孝廉了。举孝廉，就是中央制约士族门阀的一种手段。过去汉武帝提拔赵绾，还得绞尽脑汁利用窦婴。现在不用了，想用谁，谁就孝廉。

在这之后，汉武帝把负责未央宫警卫工作的李广升为骁骑将军，调往云中郡驻守。升长安中尉程不识为车骑将军，调往雁门郡驻守。这事放在任何一个时代，都是危险的信号。匈奴也认为这是来自汉朝的威胁，于是也在边境集结兵力，那双方的小摩擦就不断。匈奴人经过缜密的审视，还是不要招惹程不识的好，李广也不是天天开挂，要打还是挑李广打。

一时间，边境硝烟四起，虽然没有大规模的战争，但是小范围冲突此起彼伏。但是汉武帝此时还没有准备妥当，于是撤了李广的骁骑将军职位，改封云中太守。同样，汉武帝也撤了程不识的车骑将军，改封雁门太守，匈奴没话说了吧。

匈奴是没话说了，王恢可有话说了。和平是王恢最不愿意看见的，他就想跟匈奴打仗。自从李广、程不识变成了太守，汉武帝就开始忙别的。元光元年（公元前 134 年）五月，各地的孝廉云集长安，汉武帝忙着亲自出题考他们。元光二年，汉武帝开始巡游，到处祭祀。最狠的是秦始皇最宠爱的术士阶层迎来了春天，汉武帝开始跟这些“神仙”们接触，祭祀太一神。所以这种情况下，王恢打算给汉武帝提个醒，是时候打仗了。

王恢买通了雁门大侠聂壹，说白了就是雁门江湖头子聂壹，让他以爱国老百姓的身份去见汉武帝，说匈奴和亲之后斗志低落，不如假意赏赐他们财物，把这帮人骗来，然后对他们突然袭击，可以击败匈奴。这聂大侠可能很多人不熟悉，但是说起他的一个后代来，大家一定都知道，聂壹的一个后人，就是三国名将张辽。

出 处

雁门马邑豪聂壹，因大行王恢言：“匈奴初和亲，亲信边，可诱以利致之，伏兵袭击，必破之道也。”上召问公卿。王恢曰：“臣闻全代之时，北有强胡之敌，内连中国之兵，然尚得养老、长幼，种树以时，仓廪常实，匈奴不轻侵也。今以陛下之威，海内为一；然匈奴侵盗不已者，无他，以不恐之故耳。臣窃以为击之便。”——《资治通鉴·汉纪十》

汉武帝赶紧召集群臣开会，商讨爱国老百姓聂壹的话靠不靠谱。人是王恢带来的，王恢肯定说靠谱，这事要是干了，那是功在当代，利在千秋，必须动手。

韩安国依然持不同意见，鹰鸽大战的第二回合又开始了。韩安国的话直戳王恢的心窝子，他说王恢之所以建议打匈奴，那是他跟匈奴之间的私仇。圣人都有包容天下的心，高皇帝被困白登山七天，都没有愤怒成这个样子，还派刘敬去和亲。不能以私仇来让整个国家跟着垫背，高皇帝都不这么干，你王恢更没资格这么干。

王恢一听，当然不能说刘邦是因为尿才不敢打匈奴。他说高皇帝是因为打了几十年的仗，想让百姓休息，所以不动手。现在不一样了，应该对匈奴动手。

韩安国觉得这是胡扯，从业务的角度说对付匈奴就该拖死他。你非要打仗，那么汉军如果长驱直入，则孤军奋战，容易被包围。如果排成横队齐头并进，则会后勤不足。行军速度过快，粮食跟不上。行军速度过慢，贻误战机。你说怎么打？

王恢说你那都是废话，人家聂大侠不是说了吗？引诱匈奴来领钱，然后突然袭击即可，你扯那些孤军深入，齐头并进，速度快慢都没用。

老韩刚想再反驳，领导发话了。汉武帝觉得王恢说得好，就得揍匈奴一顿，别的目的没有，就要让汉朝升级为天朝。于是，汉武帝下令，升韩安国为护军将军，李广为骁骑将军，公孙贺为轻车将军，王恢为屯将军，李息为材官将军，聂壹为间谍，打响了汉朝正式进攻匈奴的第一战。

这一年是公元前 133 年，汉元光二年的六月份。六十八年前，也就是汉六年，汉朝跟匈奴的恩怨是从马邑县（今山西朔州）开始的，汉武帝也想在马邑县做个了结。当年韩王信被冒顿单于围在马邑县，投降了匈奴，如今汉朝三十万大军埋伏在马邑县周围，间谍聂大侠去匈奴引诱军臣单于来马邑。

计划是这样，韩安国、李息、公孙贺这三位军事水平很高，韩安国久经战阵，李息科班出身，公孙贺是汉化的义渠人，都是狠角色，所以让他们带三十万人在马邑县周边埋伏。王恢呢，则从代国出发，袭击匈奴的后勤部队。

计划停当，聂壹出使匈奴，说他聂大侠早就恨透了马邑的狗官，他能杀掉县长，请军臣单于来主持公道，顺便把马邑县的钱财全部给匈奴。军臣单于一听，那敢情好啊，就这么办。于是，匈奴的特工天天在城外监视，终于有一天，他们看到了聂壹在城头挂上了几个人头，号称团灭了县政府。

军臣单于大喜过望，带领大军就直扑马邑。这十多万精锐骑兵是军臣单于的家底，这要是全折在马邑，那世界史都得改写。

军臣单于来到离马邑约百里的地方，根据他多年放羊的经验，他觉得这里边有诈。为啥呢？因为这里太安静，漫山遍野的牛羊，却没有一个牧民放牧，这不科学。简单说，是有杀气！

军臣单于的节操虽然不怎么样，但是脑子不是秀逗的。老家伙秘密派人调转马头，奇袭了雁门关的一个汉军据点，俘虏了一个汉军军官。军臣单于亲自审讯，汉军军官㞞了，把汉朝的计划，以及马邑周边有多少埋伏知无不言言无不尽。军臣单于汗流浃背，因为此时的匈奴已经一只脚进入了汉军的埋伏圈。

军臣单于传令全军，用最快的速度，撤！那头韩安国、李息、公孙贺还等着全歼匈奴呢，结果匈奴撤了，这仨人带兵赶紧追。步兵当然跑不过骑兵，汉军追到国界线，撤军回国。

另一边王恢还优哉游哉准备袭击匈奴的后勤部队，王恢的斥候兵回报，说匈奴后队人员齐备，齐装满员，人数众多。王恢纳闷，不应该啊。那当然了，因为王恢的侦察兵看到的是匈奴的先头部队。再一打听，马邑那边没动手，王恢当然也不敢以卵击石，撤军回国。

这一回，事大了。汉军三十三万大军北上南下地这么折腾，钱花得多了去了，但是却没达到目的。韩安国、李息、公孙贺表示这锅不背，尤其是韩安国，他一直反对这么干，所以，这事赖王恢。你王恢说的军臣单于会上当，结果判断失误，敌人没上当，汉朝白白花费这么多军费。而且你王恢如果偷袭一下匈奴，打完就走，也能鼓舞士气，当天的新闻也好播。结果你不战而退，不背锅是不行了。

鹰派官员最怕的就是这个，主战能打赢还好，打不赢就完蛋了。大清约架十三国那回，被人家八国联军撵到了西安，主战派的除了慈禧之外全给杀了，喊口号容易，得能打赢才行。

当年汉朝还是以鸽派为主，鹰派基本上就是汉武帝和王恢两个人。汉武帝当然不背锅，所以满朝文武对王恢口诛笔伐。对了，还有那聂大侠，现在知道他的后人为啥姓张了吧。

王恢不想死啊，他想到了一个人能救他的命。自从汉景帝时代的直臣周亚夫死了以后，文帝以来不许外戚干政的祖训成了一纸空话。到了汉武帝时代，基本上外戚是朝中最有权势的一派。王恢行贿丞相田蚡，希望国舅爷能替自己说几句好话。田蚡不敢去找气头上的汉武帝，于是去找姐姐王太后说情，说王恢不能杀。

王太后多聪明，她告诉汉武帝，田蚡来求情了。这时候就有意思了，田蚡收了王恢的钱，当然要有经营者的诚信，但是他又怕跟着背锅，于是去找王太后，这就算是田蚡收钱之后替王恢办事了，其他的他不管。

亲弟弟来甩锅，王太后把话转达给汉武帝，这算姐姐够意思吧，没说不管你吧。但是后边汉武帝说了，这事主谋是王恢，如今给国家造成这么大的损失，总得有个人来背锅。王太后派人把话递给了王恢，王恢一琢磨，老老实实背起来这口锅吧，再挣扎没准灭族了。王恢自杀。

这就是汉朝第一次对匈作战的始末，史称马邑之战。此战以后，汉匈两国不仅仅是绝交，而且成了仇敌，双方边境不安，小规模战斗此起彼伏。不过有一点很独特，虽然两国互为仇敌，但是贸易照旧。匈奴的经济已经患上了汉朝依赖综合征，不贸易会疯。汉朝全指望贸易可以约束匈奴，如果完全断绝贸易，双方就得死斗，而且汉朝还指望通过贸易对匈奴进行文化侵略。所以，历史上罕见的一幕就这样出现在了汉武帝时代，交战国双方的贸易依然如火如荼。

此战之后，汉武帝决定重新考虑对匈关系。接下来汉武帝陷入了一场内部斗争当中，而这场斗争，让大汉朝两个举足轻重的人物都死了。

第五章 Chapter Five

两顿饭的代价

要想吃得开，到哪都离不开一个“混”字。混的基本要素，就得察言观色，审时度势，寻觅一切对自己有利的人当朋友，这种人巧言令色，工于心计，可以在一定程度上混得风生水起，被周遭的人奉为偶像。因为这样的人表面上很风光，有人脉、有银子、有路子，俗称“社会人”。

社会人每天出入各种酒场，满世界都是好兄弟，但是，没朋友。因谈利而建立的友谊，是停留在术的层面上，因为这种交往目的性极强。假如没有目的，俩人是因为精神上有契合点而能聊些形而上的东西，这样的友谊就是上升到道的层面。所谓朋友之间的交心，就是道。

“道人”不会理解“术人”明明很讨厌这个人，居然还能和他勾肩搭背把酒言欢，不能理解“术人”明明没有这个爱好，却因为他有这个爱好而把自己包装成内行人。同样，“术人”也不会理解钟子期摔琴、管宁割席、管鲍之交、嵇康与山涛绝交而山涛却养育嵇康后人。

这就是道不同不相为谋，这两条线几乎是平行的，很难有交点。道和术谈不上对错，只不过是一个人对生活态度的选择而已。只不过从经世致用的角度讲，选择术，更容易让自己的物质文明更发达。而选择道，更容易让自己的精神文明更发达。以术成功的人，往往爱跟人讲道。而守道之人如果坚守不住，也会摔碎自尊去讲术。所以，在一些扭曲的时代，以术成功的人讲的道会被奉为真理，因为大多数人也想像他们那样先完成一个小目标。而守道的人要么暗度陈仓去做假学问，要么曲意逢迎去宣传假真相，最终丢失了自己的道。在没有道的时代里，各行各业的祖师爷也就不再供奉了。祖师爷不让做有毒的食品，所以祖师爷您走吧。

具体到汉武帝时代，窦婴和田蚡所表现出来的精神面貌，就完美地解释了什么叫道，什么叫术。窦婴是个真正的大儒，他跟董仲舒、晁错、贾谊等这种人是完全不一样的。在窦婴眼里，道大于天。姓窦，那是老天爷的选择。而道，是他自己的选择。

所以，当窦太后和汉景帝都说要立梁王刘武为皇太弟的时候，跟这事没一毛钱利害关系的窦婴站出来反对，坚决维护父死子继的权力交接制度。

窦婴就这样被窦太后逐出皇宫，革除窦氏族籍，要不是因为七国之乱朝廷实在没人可用，窦婴的政治生命在汉景帝三年就结束了。七国之乱以后，朝中红得发紫的两大高官就是周亚夫和窦婴，而周亚夫和窦婴主政的时候，是朝廷最讲原则的时代。然而正是在这个讲原则的时代，汉景帝不讲原则的废太子刘荣，导致了汉朝最耿直的周亚夫死于非命，窦婴再度下台。

从那以后，虽然窦婴人还活着，也有魏其侯的爵位，但是他的政治生命却画上了句号。汉景帝曾明确地跟窦太后说过，绝不用窦婴这样的人，因为窦婴这个人永远活在自己的世界里，他认的是道，而不是主子。所以，汉景帝后期起用的是毫无建树的卫绾。虽然说汉武帝时代曾起用窦婴当丞相，但是也是被用来当枪使，替汉武帝背了黑锅。

田蚡则是另一种情况，他姐姐王娡出道的时候，还是周亚夫和窦婴主政的时候。那个年代，外戚是贵族圈里的弱势群体，得俩钱花花就不错了，想出将入相封爵任事根本不可能。除非像窦婴这样为宗族所不容且才华横溢的，才有可能当个官。太后的亲弟弟窦长君和窦少君都不能封侯，更何况别人呢？况且即便是王氏外戚有机会出头，那也得是王娡的同父哥哥王信，同母弟弟田氏兄弟怎么说都远一层。

田蚡是王氏外戚中最丑的一个，但也是最“社会”的一个。田蚡不傻，想跟着周亚夫混，他不够资格，因为周亚夫不喜欢他这种人。田蚡现学兵法、武功来不及了。所以，田蚡选了一个容易蒙的学问，假扮儒家爱好者去结交窦婴。窦婴倒是有一代宗师的风范，田蚡学问差没关系，关键是有这份心就好。所以，田蚡依附着窦婴，踏上了仕途，当了个郎官。

下面咱们捋一捋这个辈分，窦婴是窦太后的侄子，汉武帝的表叔。田蚡是王太后的弟弟，汉武帝的舅舅。也就是说田蚡跟窦婴是平辈，但是田蚡却在窦府端茶倒水擦桌子扫地，并把拍马屁拍到了极致。等到废太子事件之后，窦婴失宠。梁王出事之后，窦家和王家结成了联盟。周亚夫冤死之后，无人制约的外戚载歌载舞，迎来了春天。王娡的亲哥哥王信被封盖侯，田蚡也官拜太中大夫。

汉武帝继位后，王娡升为太后。王太后为了替年轻气盛的汉武帝找个好背锅侠，让田蚡出面请窦婴当丞相，而汉武帝封田蚡为太尉。自此，从窦婴的角度看，他跟田蚡的这份兄弟情发展到了顶峰。

明堂事件之后，窦婴和田蚡都被罢官，但是田蚡是假罢官，窦婴是真罢官。窦婴家的门客都投奔了田蚡，尤其是窦太皇太后死后，田蚡担任丞相，而窦婴的朋友，只剩下了灌夫一人。当年的大儒窦婴，还是那个大儒。而当年的儒家“票友”田蚡，早就把孔圣人抛到了脑后。田蚡的张扬跋扈，在前边都写过。如果说这些事还都是他们贵族圈之间的斗争，但是有些事就不再是贵族之间的故事了。

元光三年（前132），黄河决堤，黄河下游南岸一片汪洋。巨野县在这次洪灾中也被淹没。朝廷准备抢险救灾的时候，由于武安侯田蚡的封地在武安（今河北武安）一带，正是在黄河以北，没有受到水灾。而且如果朝廷抢险救灾，则田蚡的封地就是抗洪抢险的前线，想不出血都难。所以，田蚡不顾天下苍生，力阻治河，良心大大地坏了。就是这样一个早就跟窦婴不是一路的人，终于在吃过两顿饭之后，吃出了人命。先说第一顿饭。

窦婴赋闲在家，非常凄凉。昔日门庭若市的侯府，如今门可罗雀。而窦婴唯一的好兄弟灌夫犯错丢官，成立了颍川郡最大的江湖组织。灌夫这人，家在长安。赶上家里亲人过世，回长安服丧的灌夫去探望了好友窦婴，这一去不要紧，灌夫的眼泪差点儿掉出来。这位当年权倾朝野的魏其侯窦婴，从没有因为位高权重而轻视自己，如今侯爷如此凄凉，昔日那些好兄弟都另攀高枝，让灌夫怒不可遏。

混江湖的，就讲究个面子。哪怕是岁数大了的大哥隐退江湖，他在道上说句话，后辈们也得给个面子。官场不比江湖，官场讲究的是人走茶凉，不讲辈分，但是灌夫不信这个邪，不让窦婴东山再起，他灌夫都觉得没面子。

那么怎么才能让窦婴东山再起？官场可不比江湖，不是撒点钱斗个狠就能搞定的。灌夫不管，他就要用江湖的法则办官场的事。当年那些势利小人不是不给窦婴面子嘛？但田蚡的面子谁敢不给？所以，灌夫打算拉虎皮做大旗，用田蚡的名头帮助窦婴找回面子。

就这样，穿着孝、带着江湖大哥的气势的灌夫去见了大汉丞相，以田蚡的老熟人自居。因为当年灌夫在魏其侯府当座上宾的时候，田蚡还在那伏低做小呢。灌夫得问田蚡啊，多久没见侯爷了？田蚡这官话自然张嘴就来，忙啊。灌夫接着问，明天一起去看侯爷，去不去？我服丧之身本来不能赴宴，但是为了陪你，我当回不孝子。话都说到这份上了，田蚡张嘴就来，好，明天就去。

江湖人讲究一诺千金，既然田蚡答应了，灌夫就告辞了。灌夫离开相府，就回了侯府，告诉窦婴明儿丞相来吃饭。窦婴高兴坏了，魏其侯府上下那是锣鼓喧天鞭炮齐鸣地操练起来，收拾房间、准备食材、列好菜谱、挑选演员、排练节目。那个年头没有冰箱，要摆大宴，都得提前备好食材。而且根据宾客的等级不同，表演的节目也不同。汉朝的乐府诗，都是官家等级的象征。

可惜的是，转过天来，窦婴和灌夫从早晨等到了下午，肚子也饿过了劲，田蚡也没来。窦婴倒也无所谓，他早就看透了这些人性层面的东西。他知道灌夫好面子，昨儿打包票说田蚡能来，结果今天田蚡没来，脸上最难看的就是灌夫。为了安抚灌夫，窦婴劝他没事，丞相可能事多忘了。虽然这是宽慰的话，但灌夫感觉比骂他都难受。灌夫是茅坑拉屎脸朝外（指性格耿直，说话算数）的汉子，是可忍，孰不可忍，他当场冲出侯府，一路风风火火杀到了相府。到那一看，人家田蚡睡午觉呢。灌夫把田蚡叫起来，说他不顾服丧之身，愿意陪田蚡喝酒。而侯爷什么身份？他老人家为了等你，大半天没吃饭，你老田好意思吗？

田蚡揉着惺忪的眼睛，说昨儿喝多了，忘了说的啥了。灌夫怒发冲冠，目眦俱裂，就问你老田现在去不去？老田虚了，纵有千军万马在手，现在也没带在身边。灌夫又是个动手会死人的主，他连长乐宫卫尉都敢打，揍他田蚡也是分分钟的事。田蚡一看不就是吃饭嘛，那就吃。

田蚡驾车前往魏其侯府，路上一直压着油门，走得非常慢，灌夫心里就憋着火。等到了侯府喝酒，灌夫请田蚡跳个舞，田蚡不给面子，灌夫又憋着一肚子火。几股火凑一块，灌夫爆发了，虽然没有动手，但是嘴里开始编排田蚡。窦婴一看事态要变，就派人把灌夫拉走，窦婴说灌夫醉了，然后正式向田蚡赔罪。也就是这次赔罪，窦婴彻底矮了田蚡一头。也就是说，灌夫精心安排的给窦婴找回面子的活动，整段垮掉，还适得其反，窦婴在田蚡面前一点面子也没了。就这样，窦婴和田蚡的兄弟之情断了。这顿饭之后，双方结仇。

出 处

灌夫亦倚魏其而通列侯宗室为名高。两人相为引重，其游如父子然，相得欢甚，无厌，恨相知晚也。灌夫有服，过丞相。丞相从容曰："吾欲与仲孺过魏其侯，会仲孺有服。"灌夫曰："将军乃肯幸临况魏其侯，夫安敢以服为解！请语魏其侯帐具，将军旦日蚤临！"武安许诺。灌夫俱语魏其侯，如所谓武安侯。魏其与其夫人益市牛酒，夜洒埽，早帐具至旦。平明，令门下候视。至日中，丞相不来。魏其谓灌夫曰："丞相岂忘之哉？"灌夫不怿曰："夫以服请，宜往。"乃驾，自往迎丞相。丞相特前戏许灌夫，殊无意往。及夫至门，丞相尚卧。于是夫入见，曰："将军昨日幸许过魏其，魏其夫妻治具，自旦至今，未敢尝食。"武安鄂谢，曰："吾昨日醉，忽忘与仲孺言。"乃驾往，又徐行。灌夫愈益怒。及饮酒酣，夫起舞属丞相，丞相不起。夫从坐上语侵之。魏其乃扶灌夫去，谢丞相。丞相卒饮至夜，极欢而去。——《史记·魏其武安侯列传》

汉高祖时期，赵王张敖家里有个铁骨铮铮的门客叫贯高。贯高身上很多的特性，跟灌夫如出一辙。他们秉承了中国古代武士精神原则——主辱臣死。但是这俩人也有本质的区别，贯高熬受各种酷刑就是不死，那是因为他怕自己死了赵王解释不清楚行刺的事，而灌夫不管时间地点场合，只要有人敢对窦婴无理，他就得出来论个是非曲直，丝毫没考虑到窦婴是否难做。

出 处

贯高怨家知其谋，上变告之。于是上逮捕赵王及诸反者。赵午等十馀人皆争自刭；贯高独怒骂曰："谁令公为之？今王实无谋，而并捕王。公等皆死，谁白王不反者？"乃轞车胶致，与王诣长安。高对狱曰："独吾属为之，王实不知。"吏治，搒笞数千，刺剟，身无可击者，终不复言。——《资治通鉴·汉纪四》

灌夫生拉硬拽让田蚡去窦婴家里吃饭，结果适得其反，让窦婴和田蚡原本面子上的关系都没有了，还让田蚡恨上了窦婴。那你想田蚡是何等人物？他是个敢去衙门拆迁的主儿，也就汉武帝和王太后能简单约束一下他。这回灌夫在酒席上骂他，田蚡觉得这是窦婴主使的，一定是窦婴利用灌夫来折自己的面子。所以，田蚡得报复。

田蚡的死党和门人当中，很大一部分都是当年窦婴的人，只不过窦婴失势，这帮人才依附了田蚡。田蚡选了其中一个叫籍福的人，去长安城南征地，征地的目标，就是窦婴家里的地。

如今的籍福官拜将军，让他去老上级家里征地，他还真下不了手。籍福不是个势利小人，他希望窦婴和田蚡的矛盾不要恶化，还像当年一样是兄弟。他不敢违抗田蚡，也不想欺负窦婴，只能象征性地去了趟城南，简单宣布了一下自己征地的任务。窦婴的家丁赶紧汇报，祸事来了。窦婴怒不可遏，赶紧赶往城南。灌夫听闻这事，也叫上一帮兄弟冲向了城南。

籍福先问问窦婴，说丞相看上了这块地，您老能不能让出来大事化小。窦婴坚决不给，看着籍福将军背后的军队，窦婴说他现在虽然落魄，而籍福虽然显赫，但是你籍福真能做出仗势欺人暴力征地的事吗？

另一头，灌夫骂骂咧咧也来了，当众骂籍福翻脸不认人，不是个东西。籍福无话可说，他不是个因为执行命令就能无情拿起秤砣砸向窦婴的人，既然窦婴不愿意让地，籍福就收队回去复命。他没有说是因为窦婴和灌夫不给地而完不成任务，籍福是劝田蚡再等等，说窦婴岁数大了，看样子也快不行了，等他死了再要这块地吧。田蚡一看籍福这么说，也就罢了，不跟窦婴一般计较。但是就有那些一脚能踹翻小三轮的莽夫进谗言，说籍福完不成任务，是因为窦婴坚决不给，灌夫叫人暴力抗法。

这回田蚡不干了，怎么哪儿都有灌夫掺和？当年窦婴的儿子杀人获罪，还是他田蚡托关系给放出来的，如今窦婴既然仗着一个江湖头子跟自己叫板，那就比画比画吧。

就这样，一场大汉丞相和颍川郡最大的江湖头子之间的斗争就此激烈上演。这种较量一般没有悬念，田丞相化身正义的使者，誓与江湖不共戴天。

田蚡上奏汉武帝，说颍川郡的江湖势力活动猖獗，大佬灌夫横行一方，严重影响地方治安和老百姓的安宁，是时候来一场雷厉风行的打黑除恶行动了。汉武帝表示这点屁事丞相自己看着办，又不是打匈奴的大事，打个江湖还用皇帝亲自裁决吗？

于是田蚡下令深挖灌夫的犯罪事实，你想啊，灌夫作为一个江湖组织的头子，在颍川郡口碑也不好，挖他的犯罪事实，肯定是一挖一麻袋。田蚡正准备指挥收网的时候，灌夫的人也找上门来了。他们提醒田相爷，还记不记得一些往事？田蚡当然不愿回忆以前跟灌夫在侯府的往事，以为这些人是来打感情牌。没想到这帮人跟田蚡聊的是另一件事，八年前，淮南王刘安入京朝见汉武帝。根据当时的规定，太尉田蚡先去接待淮南王，还安排淮南王先入明堂聊聊。也不知道是哪位风流倜傥的仁兄提议淮南王当储君来着？淮南王是当今皇上的叔叔，叔叔继承侄子的皇位，是不是得采用一些手段呢？那到底是要扎小人还是动刀？留给皇上发散思维吧。

田蚡一听，汗流浃背。他当时为了骗淮南王的钱，张嘴就说淮南王该当下一任皇帝，这么机密的事，居然被灌夫这个江湖组织的头子知道了。可见天下没有不透风的墙，江湖势力无孔不入，良心大大地坏了。

但是堂堂的丞相，总不能认㞞吧。最后，在当年那帮老哥们的劝解下，灌夫和田蚡达成了表面和谐，灌夫不去揭发田蚡，田蚡也放弃了打黑除恶，这场斗争，总的来说还是灌夫压了田蚡一头。

在灌夫和田蚡的这场斗争中，窦婴觉得特别对不起灌夫，为了他的事，灌夫和当朝丞相杠上了，这样不是个事啊。还是籍福说得对，冤家宜解不宜结，大家当年都是兄弟，何必搞得这么剑拔弩张的？自己又不想当丞相，跟田蚡没有利益冲突。他当他的大丞相，灌夫当他的江湖大哥，原本井水不犯河水，干吗搞得这么僵呢。

不过这才过了半年，下半年还有第二顿饭等着考验昔日这些兄弟们的关系。那年夏天，在王太后的主持下，丞相田蚡迎娶燕王郡主，太后要求在京的皇亲贵胄和有爵位的显贵们都去喝喜酒，给足了田蚡面子。魏其侯窦婴理所当然地收到了请柬，窦婴琢磨着，这是个能让灌夫和田蚡冰释前嫌的好机会。

咱们中国人讲究个面子，尤其是红白两事，可以化解仇怨，也可以把仇恨扩大化。窦婴要拉着灌夫去喝喜酒，灌夫宁死不愿去给田蚡这个面子。最后窦婴生拉硬拽，把灌夫拉到了相府喝喜酒。

那个年头喝酒，大家都是跪在席子上，屁股坐在脚后跟上，面前搁一个小桌。所以，根据当时的规矩，敬酒的人得站起来举杯，被敬的也得站起来喝酒。在这场大宴上，田蚡举杯带个酒，显贵们都起身举杯喝酒。窦婴举杯带个酒，除了当年类似籍福这样有点良心的老部下，其他人要么起身意思意思，要么假装没看见。

灌夫觉得这是大臣们不给窦婴面子，实际上这事跟窦婴关系不大，无论是他们起身喝田蚡的敬酒，还是坐在那不喝窦婴的敬酒，都是在给田蚡面子。都知道最近俩月窦婴和田蚡结了梁子，这场酒又是田蚡的主场，所以不能瞎站队，必须坚决地围绕在田蚡周围。

灌夫觉得大家不讲江湖规矩，既然魏其侯敬酒大家不喝，那就教教这帮大臣什么叫“规矩”。灌夫拿起酒碗忽然离席，从身边人开始，挨个敬酒，倒要看看谁敢不喝他敬的酒。在座的各位都是上流社会的显贵，他们不见得怕窦婴，但是怕这个连丞相都没弄死的灌夫。更何况灌夫连长乐宫卫尉都敢打，还有什么事干不出来？所以，灌夫敬酒，一个个地都心不甘情不愿地喝了。终于，灌夫敬到了田蚡，田蚡就不给灌夫面子，你能咋办？灌夫怒发冲冠，气血上涌！算了，不给面子就下一位。灌夫虽然猛，但是如果去惹田蚡，那他也得掂量掂量。

往下走，灌夫就忍不了了。因为下一位是开国老将军灌婴的孙子灌贤。

前边咱们曾聊过，灌夫原本姓张，其父张孟是灌婴的老部下，因为作战有功，被灌婴赐姓灌，从此这边张氏一脉改姓灌。灌孟跟灌婴称兄道弟，灌夫自然拿灌婴当大爷敬着。在灌贤面前，灌夫就摆足长辈的谱，他给大侄子敬酒，灌贤假装没看到，就在一旁跟程不识窃窃私语，把灌夫晾在一边。

灌夫大怒，田蚡不给面子就算了，你小子也敢不给我面子。于是灌夫当即发怒，说灌贤你平时总说程不识不值一文，如今你跟他咬耳朵，连长辈的敬酒都晾在一边，是何道理？

灌夫这一嚷嚷，田蚡、窦婴、灌贤、程不识面上都不好看。谁家喝酒都是这样，就怕有这样闹酒的。这可是田蚡的喜酒啊，所以田蚡不想把事态闹大。就算在今天，在人家婚礼上闹事，也是非常邪恶的表现。田蚡出来打打圆场，说灌夫你平时最敬重李广将军，而程不识将军和李将军齐名，你不给程将军面子，就是不给李将军面子啊。

灌夫借酒发挥，说他这回豁出去了，命都能不要了，还管什么李将军、程将军。

这话一出，就挑明是来闹事了。田蚡忍无可忍，下令卫兵上殿拘捕灌夫。籍福赶紧出来给田蚡道歉，一边摁着灌夫的脖子让他赶紧跪下给田蚡赔礼，灌夫咆哮当场，就不道歉。

这样一闹，喝喜酒的宾客们不是称肚子疼就是尿急，纷纷离席退出这个是非之地。好好的喜酒，被灌夫成功地搅和了。

总之田蚡下令拘捕灌夫，然后派人迅速袭击灌夫的组织，打散了灌夫的社团，逮捕了灌夫的家人，同时严密防范有闲杂人等接近汉武帝，以免告黑状。这回，谁也阻挡不了田蚡打黑除恶的决心。

出处

灌夫不悦。起行酒，至武安，武安膝席曰："不能满觞。"夫怒，因嘻笑曰："将军贵人也，属之！"时武安不肯。行酒次至临汝侯，临汝侯方与程不识耳语，又不避席。夫无所发怒，乃骂临汝侯曰："生平毁程不识不直一钱，今日长者为寿，乃效女儿呫嗫耳语！"武安谓灌夫曰："程、李俱东西宫卫尉，今众辱程将军，仲孺独不为李将军地乎？"灌夫曰："今日斩头陷胸，何知程、李乎！"坐乃起更衣，稍稍去。魏其侯去，麾灌夫出。武安遂怒曰："此吾骄灌夫罪。"乃令骑留灌夫。灌夫欲出不得。籍福起为谢，案灌夫项令谢。夫愈怒，不肯谢。武安乃麾骑缚夫置传舍，召长史曰："今日召宗室，有诏。"劾灌夫骂坐不敬，系居室，遂按其前事，遣吏分曹逐捕灌氏支属，皆得弃市罪。魏其侯大愧，为资使宾客请，莫能解。武安吏皆为耳目，诸灌氏皆亡匿。夫系，遂不得告言武安阴事。——《史记·魏其武安侯列传》

窦婴感到非常的难受，人家灌夫原本不愿意来，是他强行把灌夫拉来，结果灌夫闹事，危在旦夕。窦婴出钱，请类似籍福这样的昔日朋友去求田蚡高抬贵手，但是田蚡吃了秤砣铁了心，谁劝都没用。

窦婴一看这样，决定亲自面圣，去跟汉武帝解释清楚。当时窦婴的媳妇不同意，说别为了灌夫得罪田蚡，如今窦家就剩这个侯爵了，再被剥夺侯爵，那就啥都没了。

窦婴说他的爵位不是继承祖上，而是靠军功挣来的。如今为了救兄弟，区区一个爵位就当从来没有过。汉武帝本来正在宫里谋划大事，因为那段时间汉武帝对长生不老很感兴趣，又有一帮术士陪着，不大愿意管这类小事。窦婴亲自面圣，说灌夫是皇上器重的将军，他父子两代有军功，将来对匈作战也用得着这样的猛人。再说了，老爷们喝点酒撒个酒疯很正常，犯不着就因为这点事杀人吧。汉武帝请窦婴吃饭，说没事，吃完饭叫来丞相和大臣们问问，到底是怎么回事，干吗因为这点事杀人呢？

汉武帝召集大臣开会，窦婴坚持灌夫醉酒闹事，这是小事，最多行政拘留，犯不着杀头。而田蚡一口咬定灌夫是江湖组织头目，有颠覆政权的可能，必须处死，这是大事，不是小事。

随着田蚡把这事一再拔高，窦婴彻底怒了。他怒斥田蚡，意思是说你干啥啥不行，吃啥啥不剩，当年在我府上当个保洁还洗不干净抹布，你除了会陪着皇上玩，懂得什么国家大事？你懂业务吗？

田蚡当场也怒了，说我是啥也不会，我最多是个艺人，当然不配讨论国家大事。哪像侯爷您和灌夫啊，养了一帮打手，天天秘密讨论大事。

此言一出，双方在朝上就骂开街了。汉武帝赶紧叫停，你俩都消停点，下面大家议议，魏其侯和武安侯谁说得对？

说魏其侯正确的，举手！

御史大夫韩安国、主爵都尉汲黯、内史郑当举手。

韩安国官位最高，当年跟灌孟是战友。于是说灌夫父子两代从军，勇猛无比，有军功是不争的事实。喝点小酒不是什么大事，他觉得魏其侯说得对。丞相说灌夫是颍川江湖大佬，危害社会治安，这也不是瞎说。判死刑倒是不至于，具体的还得看皇上圣裁。

汲黯历来耿直，就说窦婴说得对。

汉武帝下令，认为武安侯说得对的举手。

满朝文武纷纷举手支持田蚡，这时候汉武帝怒了，那个谁，郑当！你刚才不是说魏其侯说得对吗？怎么现在又支持武安侯？你到底哪头的？

郑当瑟瑟发抖，说俩人说得都对啊。

汉武帝大怒，说你郑当平时天天议论魏其侯和武安侯的长处和短处，现在却不敢说话了，朕先杀了你这个首鼠两端的混蛋。

汉武帝拂袖而去，回到了后宫。汉武帝多聪明，这事很明显人心向着窦婴，但是都碍于田蚡的威势不敢说真话。照这情形看，田蚡的势力也太大了吧，他的危害可比窦婴、灌夫大多了。再说了，堂堂丞相，在朝堂上跟窦婴对骂，丢人现眼啊。汉武帝觉得这事不是小事，于是去找王太后说明情况。王太后当然不允许有人动她王家的人，要求汉武帝坚决要保田蚡。汉武帝满口答应，然后，心中有了对付田蚡的计策，这个计策，还得请窦婴出来被利用一次，汉武帝保证这是最后一次利用窦婴，因为这次之后，窦婴必死。

出 处

魏其之东朝，盛推灌夫之善，言其醉饱得过，乃丞相以他事诬罪之。武安又盛毁灌夫所为横恣，罪逆不道。魏其度不可奈何，因言丞相短。武安曰：“天下幸而安乐无事，蚡得为肺腑，所好音乐狗马田宅。蚡所爱倡优巧匠之属，不如魏其、灌夫日夜招聚天下豪杰壮士与论议，腹诽而心谤，不仰视天而俯画地，辟倪两宫间，幸天下有变，而欲有大功。臣乃不知魏其等所为。”……（汉武帝）即罢起入，上食太后（王太后）。太后亦已使人候伺，具以告太后。太后怒，不食，曰：“今我在也，而人皆藉吾弟，令我百岁后，皆鱼肉之矣。且帝宁能为石人邪！此特帝在，即录录，设百岁后，是属宁有可信者乎！”上谢曰：“俱宗室外家，故廷辩之。不然，此一狱吏所决耳。”——《史记·魏其武安侯列传》

历史上很容易忽略汉武帝在这个事件上的驭人之术，但是当朝御史大夫韩安国在朝堂上就意识到了汉武帝要偷偷拔刀。朝堂上散会之后。田蚡拉住韩安国开始埋怨，问韩安国为啥不站在他那边。韩安国沉默不言，和田蚡同坐一车，当丞相专车驶出皇宫之后，韩安国说，丞相你永远都抓不到重点，窦婴骂你可以，而你作为丞相居然跟窦婴对骂，多丢人。如果当着皇上的面，在窦婴骂街后，丞相能大度地跟窦婴认错，并以退为进请求辞去丞相的职务，窦婴必然羞愧难当，以他的脾气回去就得自杀。而皇上会认为丞相识大体，有容人之心，必然更加信任丞相。田蚡恍然大悟，才知道自己惹祸了。

汉武帝亲自调查灌夫的卷宗，借口窦婴为灌夫开脱的言语跟卷宗有不符之处，窦婴欺君下狱。表面上看，皇上站在田蚡这边，对灌夫和窦婴下手了。田蚡大获全胜。

接下来，厉害了。窦婴可不是汉武帝说杀就杀的，因为窦婴家里有低配版的免死金牌。当年汉景帝临终前，给窦婴留了一卷遗诏，说一旦到了情况紧急的时候，凭遗诏可以进宫面圣讲道理，当面把话说清楚。这是遗诏，不是密诏，文武群臣都知道。但是现在汉武帝以雷霆之怒逮捕窦婴，谁也不敢提先帝遗诏的事。

窦婴的侄子上书汉武帝，说当年先帝有这样一封遗诏，请皇上把魏其侯召进宫中，听他当面解释。汉武帝说宫里档案局里没有这封遗诏的原稿，说明遗诏不存在。皇上都说了，谁敢说俺们当年都知道遗诏的事。但是窦家人把遗诏的真迹呈给汉武帝，这是证据确凿吧。汉武帝大怒，说窦婴可以啊，还敢伪造先帝遗诏，死罪一条。

汉武帝族灭了灌夫，却没有杀窦婴。这让群臣难以理解，汉武帝给窦婴安上了伪造遗诏的大罪，却没有杀他。之后，大街小巷，茶楼酒肆，到处都有匿名帖子说窦婴种种不法。你说窦婴要是去申辩，那是不打自招。不去申辩，外边传得有鼻子有眼。最终，因为舆论上的事，在元光四年（前 131）的最后一天，汉武帝将窦婴斩首！

之后，风向标却转了方向，似乎都隐晦地指向田蚡。田蚡别的不怕，就怕他跟淮南王的事被人捅出来。田蚡每天都在恐惧当中，因为窦婴就是死在流言里。汉景帝罩不住窦婴，王太后也罩不住田蚡。田蚡在惊恐中精神崩溃，整个人就疯了。当时的汉武帝正和术士打得火热，田家人就请了个术士来给田蚡看看。这个不知名、不知来历的术士看了之后，说没事，只不过是田蚡床边站着窦婴和灌夫，他俩要杀相爷。这话一出，没几天田蚡就被活活吓死。

元光四年的最后一天，窦婴被斩首。元光五年三月，田蚡死。韩安国代行相权，汉武帝一朝的历史，又进入了一个新的时代。

在这场因喝酒骂街引发的事件当中，无权的窦婴、江湖头子灌夫、大丞相田蚡都死了，汉武帝又成了最大赢家。如果汉武帝想要对付窦婴和灌夫的话，很容易，但是这事居然搭上了一个丞相，能说汉武帝的目标是针对窦婴和灌夫吗？

总之，田蚡如果不是把内史郑当吓得毫无原则，也暴露不了他权倾朝野的本质。而窦婴，活活被人利用了一辈子，最后汉武帝用他的死，吓死了田蚡。这就是一代雄主的基本素质，这样杀田蚡，王太后都没话说。

出 处

其春，武安侯病，专呼服谢罪。使巫视鬼者视之，见魏其、灌夫共守，欲杀之。竟死。——《史记·魏其武安侯列传》

历史终究会进入新的时代，田蚡确实也不是个合格丞相。然而一场交通意外，改变了朝廷的大政方针，让汉武帝不得不重新洗牌，确定新的班子。

第六章 Chapter Six

权力大洗牌

丞相田蚡的病亡，标志着一个时代的终结。在汉武帝时代，历史并没有给汉武帝多少现成的例子，去教育他该用什么样的丞相来打理一个国家。在那个没有一个稳定选官制度的时代，找到伊尹那样的人当丞相算意淫，找到姜尚那样的人当丞相算老天爷给的奖赏。那都可遇而不可求，所以汉朝初期的丞相只能从开国功臣里面选，汉景帝开起了废物为相的先例，汉武帝走了条任人唯亲的老路，目测效果都不怎么好。

根据汉初的惯例，御史大夫是预备丞相。田蚡一死，御史大夫韩安国代行相权，理论上能做下一任的丞相。韩安国的水平不敢说比萧何、曹参、陈平、张苍高，最起码比什么刘舍、卫绾、许昌之流强得多吧，再不济也得是陶青、申屠嘉这个水平的。把国家交给稳重的韩安国，怎么着也比交给晁错那类人强。大汉朝一个崭新且稳健的时代即将到来。

然而，风云突变。元光四年三月，田蚡死，韩安国代行相权。

四月，韩安国出车祸摔成重伤。

五月二日，开国功臣广平侯薛欧的孙子薛泽任相，韩安国一撸到底，回家疗养。

九月，张欧任御史大夫，韩安国病愈，任中尉。

出处

《史记》中对张欧任御史大夫的时间记载前后矛盾，根据事实分析，可以确定张欧任御史大夫的时间是元光四年九月，所以司马光在写《资治通鉴》的时候，确定了这个时间。

这一连串的人事任命，到底暗含着什么密码呢？我们先来了解一下这几个人。首先说新任丞相薛泽，想当年刘邦起兵关中，王陵救出了刘邦的父母送往关中，而去接应王陵的，就是后来被封为广平侯的薛欧。薛泽是薛欧的孙子，除了年龄适合当丞相以外，其他都不符合丞相的要求。不过有一点，在那个时代，能做到高官的人，分为两类。一类是朱买臣、主父偃这类底层出身，老子本来就是赤条条地来，讲究折腾一把过完瘾就死，所以，他们死了。还一类就是刘舍、卫绾、薛泽这类人，兄弟我是有爵位的人，再往上升为公爵、王爵既不现实也不安全，当个侯爷应该是一个人的至高追求，所以保住侯爵是最重要的，绝不能有一点纰漏，所以他们不求有功，但求无过。成为萧何能怎样？不一样被下大狱？当卫绾才是王道。

所以汉武帝用薛泽当丞相，也就是个占位符，根本不指望薛泽解决问题。眼下汉武帝最关心两件事，一件是北伐，一件是修仙。至于官场上的烂事，汉武帝不愿意多管。既然薛泽是个占位符，那御史大夫就容易把持朝政。新任御史大夫，汉武帝选的是时任中尉的张欧。

张欧是开国元勋安丘侯张说之子，自幼学习法家学说，后跟晁错一起追随时任太子的汉景帝。都是法家传人，晁错激进刻薄，而张欧则宽厚待人。所以晁错当了御史大夫折腾一番被腰斩，而张欧则稳扎稳打，以老好人的身份熬上了御史大夫。

韩安国的意外车祸疑点重重，而韩安国刚受伤，薛泽就任相，显然是汉武帝早就挑好的人选。摔伤五个月就能复出，可见伤的并没有那么严重。既然韩安国复出了，汉武帝还任命张欧为御史大夫，而韩安国只能当中尉。

薛泽和张欧最大的特点是稳，这对组合很像卫绾和直不疑的组合。但是这种稳和韩安国的稳不一样，他俩是个人的稳，而韩安国是自己不稳，力求国家稳。那么是不是汉武帝刻意制造了车祸，为的就是把人缘、能力、功劳、资历都没问题，但是屡屡跟汉武帝意见相左的韩安国排挤出权力中心呢？我们没有任何证据这样说，但是薛泽和张欧的上位，却为下一年的人事任命做好了准备。

元光五年（前 130），汉武帝任命张汤为太中大夫，赵禹为中大夫。这俩人的上位，标志着汉武帝掌握了汉景帝执政的精髓。简单说，汉武帝时代的薛泽、张欧、张汤、赵禹的官员配置，简直是汉景帝时代卫绾、直不疑、郅都、宁成组合的翻版。朝廷核心位置用老实人，低级别位置用酷吏。老实人不敢掠酷吏的锋芒，酷吏可以为所欲为。即便是酷吏做到了头，皇帝可以让酷吏分分钟变临时工，斩之以谢天下。

那么皇帝为什么不用酷吏为相呢？这就是政治。丞相这个角色代表朝廷，尽量得保持和蔼可亲伟大正确的形象。处决丞相太难了，舆论也不好压制。小官就好办了，他们再坏，都不影响朝廷的伟大，还能体现朝廷打老虎的决心。汉武帝玩这一手，比汉景帝还厉害。

张汤自幼就有当酷吏的天赋，小时候家里的肉被老鼠拖走以后，张汤能挖开鼠洞，对老鼠严刑拷打，拿出吃剩下的肉作为证据，零口供定下老鼠的罪状。然后少年张汤能根据法律写出结案状，判处老鼠凌迟。

张汤的爸爸是长安丞，也是整天跟案件打交道。当他看到张汤审判老鼠的文书时惊呆了，这判决书写得这么不讲理，还都有法律依据，成了精的老酷吏，也无非就是这个水平。后来张汤接班做了长安丞，又在宁成手下做事多年，经过专业酷吏宁成的调教，张汤成长为一个合格的酷吏，手法跟当年的郅都一脉相承。张汤能给老鼠零口供定罪，意味着人到了张汤手里，也就跟老鼠一样，任张汤摆布而已。

赵禹也是有天赋的酷吏，本来他没打算干这行，当年他是跟着耿直帝周亚夫当秘书。周亚夫有很多秘书，他最烦的就是赵禹。因为耿直帝周亚夫最恨的就是这种做事不磊落，内心极其阴毒的人。

张汤和赵禹搭档，那是百官的噩梦。要说过去，长安的官员们恨郅都、宁成，那都恨得流于表面。再看现在，官员们宁愿生活在郅都、宁成的时代。为啥呢？郅都和宁成在长安的时候，当官的大不了违背官场原则，老子遵纪守法，你拿我没辙吧。张汤和赵禹一来，哥俩写了部《见知法》，颁行全朝。什么叫《见知法》？简单说就是让官员们互相风闻言事，相互揭发，这样可以有力地遏制官员结党，也闹得官不聊生。过去商鞅用这种办法对付老百姓，让老百姓互相揭发，老百姓就好控制。现在官员互相揭发，那事就大了。谁也不干净，谁都怕揭发，官官都有短，日子没法过。当时垄断知识的官员们多有想象力，那互相揭发起来就没个下限了。这就没法弄了，官不聊生的时代，让官员们决定釜底抽薪。

张汤这人油盐不进是出了名的，再一个他主子是周阳侯田胜。田胜是田蚡的亲弟弟，也是王太后的异父弟弟，求他放官员一马不太可能。赵禹这人表面上可谦和了，也就周亚夫这个“真相帝”说赵禹阴毒，别人都觉得这人还不错。于是大家组团去探望赵禹，希望赵大夫废掉《见知法》，大家都是当朝为官，何必互相伤害呢。

赵禹不像张汤那么铁面无私，他老人家热情接待到访官员，跟大家从三皇五帝聊到海外三山，从伏羲画卦聊到夸父追日，就是一点正事都没有。官员们一看，赵大夫这不是聊天，是脱口秀专场，得嘞，不看了，走人。

官员们前脚走，后边赵家人就追出来，把他们的礼物奉还。少来这套，这要是收了礼，废除了《见知法》，那赵禹就没有存在的意义了。如果收了礼不废除《见知法》，这帮孙子出门就根据《见知法》给皇上上折子弹劾。所以，这节骨眼上，不收礼与清廉无关，主要是怕被人阴了。

这样一来，过去汉武帝说事，还有个韩安国提反对意见。现在行了，官员们自顾不暇，谁还吃饱了撑的反对皇上啊。用酷吏，那就是简单粗暴见效快，他们没那么多条条框框，下手就是黑，人性就是次。别看官位不高，但是权力范围模棱两可，啥事都管。他弄死你，你白死。你弄死他，皇上就弄死你。哪天皇上不想用他们了，再杀也不迟。所以这类没有明确权力范围的人，是最不好惹的。但是对于皇帝来说，这类人是最好用的。有酷吏这样的快餐，谁还吃大餐啊。

张汤和赵禹的上位，不光是做个《见知法》那么简单，他们还有个大案子要办。这个案子换成其他人不能办也不敢办，只有张汤、赵禹出马，能办得让汉武帝满意，客观上也为汉人日后打败匈奴做出了贡献。

自从无神论以来，我们把上至宗教信仰下到地摊算命的都混为一谈，统统扫进了历史的垃圾堆，结果就搞出了很多不能说的问题，至今都很尴尬。改革开放以后，我们开始正视宗教信仰和江湖骗术的区别，但是至今仍有很多人不能正视宗教，认为信教的脑子有问题。当然了，信教的也会觉得这类人心理有问题。

但是宗教作为人类社会发展必然会出现的一种意识形态，谁也不能无视宗教的存在。如果不正视宗教的存在，必然会导致邪教的崛起。毕竟人类对宇宙的已知太少了，孤寂的心灵无处安放。那么怎么区别宗教和邪教呢？记住了，宗教劝人向善，邪教劝人杀人！这就是区别。

很多民族的起源，都伴随着原始宗教的发展。那么最早中国人信什么？其实就是信祖宗。这就是中国最原始的宗教。你看当时的世界，文明古国们都有自然崇拜。像什么埃及、巴比伦、希腊都祭祀的是太阳、天空之类的。

再看咱们中国，商朝庙里祭祀的是他们子姓一族的祖宗。商周大战的时候，微子从庙里偷走的，就是祖宗牌位和祭祀礼器。而周朝一统寰宇以后，最让天下收心的举动就是不绝夏朝和商朝的祭祀，这些祭祀，拜的都是祖宗。

其实不同的祭祀，衍生不同的宗教，从根子上讲，跟各民族的经济生活有着巨大的关系。胡人靠天吃饭，得祭祀天神，比如匈奴。我们农耕民族所有的生产经验都来自祖辈的口口相传，所以我们祭祀祖宗。海边的渔民祭祀阿波罗没啥用，所以他们祭祀波塞冬或者妈祖。

然后问题就来了，海神也好，天神也罢，谁也没见过，那都是神奇到不能再神奇的神仙。谁也不敢否认宙斯有着无敌的神秘力量，都觉得这个海皇波塞冬和妈祖甚至是龙王爷有保证海上风平浪静的能力。我们中国人信祖宗，每家都说自己的祖宗多么神奇。往根上一算，大家都是黄帝后裔。黄帝神力无敌，却衍生出咱们这些平凡的后人。求黄帝改变命运，那不靠谱啊，他老人家顾不过来。所以，我们会滋生出很多乱七八糟的信仰，再经过骗子的加工，很容易变成迷信，也就让民间有了种类繁多的神。

在秦汉时代，我们急需一个神力无敌光芒万丈的神仙来解决祖宗解决不了的问题。这时候，术士这个职业骗子阶层蓬勃发展，专业骗钱几十年。

比如我们耳熟能详的徐市、卢生、侯生把秦始皇忽悠得比范厨师都惨。到了汉朝，刘邦开起了祭祀孔子的先河，之后汉文帝时代开始祭祀五帝神，但是不管孔子还是五帝，原型都是人。是人就有局限性，所以到了汉武帝时代，不是人的神仙出现了，而这个神仙的塑造者，就是比徐市还能忽悠的李少君。

李少君是山东人氏，是中国古代坑蒙拐骗的集大成者。比起秦始皇身边那帮骗完钱就跑路的术士，李少君粗通医术，擅长以心理暗示治病。比起大忽悠新垣平，李少君擅长魔术，不像新垣平变个戏法漏洞百出。哪怕是比起宋朝第一大忽悠林灵素，李少君都比他忽悠得长远。我们一般提起骗子，都觉得他们是跳梁小丑。其实在这个行业内，不怕骗子胆子大，就怕骗子有文化。李少君善始善终地行骗，都是因为这人有文化。

李少君自称长生不老，四处游走于各大王侯世家，到哪都能挣钱。有一回李少君在田蚡家里喝酒，席上有个九十多岁的老头。那个年头九十多岁的老人都能放在博物馆展览了，所以这位老人家成了席上焦点，都跟老爷子聊天。李少君就在那默默地听，当他收集到一定量的信息后，突然对老头说，我认识你爷爷，当年我们哥俩还在一起在哪哪哪游玩过。老头惊呆了，没错，我小时候也跟我爷爷去过那里。在座的嘉宾也惊呆了，老头九十多了，他爷爷要是活着，最起码也得一百四了吧，那这李少君还能长生?

其实这个骗术一点技术含量都没有，非常不经典。老头九十多了，本身就糊涂。李少君则利用这一特点，将老头话中透露的信息重新组合，暗示人们自己已经一百有四了。这样一来，很容易吓大家一跳。具体当时的对话怎样，史书上都没写，我们不好判断老头哪些话会被李少君抓住了突破点，我讲个我生活中的小事，就跟这个有些类似。

那年我一个好朋友家里养了一条仰光蟒，邀我参观。我朋友问我生物学懂不懂?我轻蔑一笑，说这种出自缅甸的蟒蛇虽然体型不小，但是性格温顺。养这种蛇要保证全年温度不要低于二十度，因为它不会冬眠。

我朋友当时也惊呆了，说没错，这个确实是缅甸的品种，没想到你连生物学都懂，厉害啊。

我微微一笑说，我哪知道这是什么玩意儿，你说的这叫仰光蟒。仰光蟒可不就是来自仰光呗，仰光是缅甸的首都，这蛇当然来自缅甸。仰光在缅甸最南边，属于典型的热带季风气候，当地温度从来不低于二十度，你说这蛇怎么冬眠?而且能当宠物养，肯定温顺啊。

之后就是我朋友一脸的黑线……

你看吧，其实中学的地理知识经过重新排列组合，注意一下语气和神态，就能在特定的场合跨界冒充动物专家。李少君那个就更简单了，比方说李少君听说老头是巨野人，他就能马上拍案而起，说当年和老头的爷爷游览过巨野县城北打靶台。老头回忆情怀很激动，没错，我小时候也跟爷爷去过打靶台。在座的贵人们不一定知道巨野县在哪，更别提打靶台。这样就会觉得李少君很神奇。

还有一个事是李少君的加分项，说他见到汉武帝书桌上的一个青铜器，非说那个器皿是当年齐桓公的心爱之物，他亲眼见过齐桓公在床头把玩此物。汉武帝拿过来那个器皿翻过一看，落款确实是齐桓公年代的东西。李少君见过齐桓公，你说他多大岁数了？不过这个更没技术含量，汉武帝年轻小伙子一枚，不会在意身边的器物是什么年代，反正从小就见这玩意儿在那放着，一点也不神奇。皇宫里没假货，有点文化认出器型是齐国风格，非常正常。再说了，齐桓公也不至于财迷成那样，对个青铜器如此青睐。周朝贵族家里的青铜器，跟咱们家里的瓷碗、玻璃杯没区别，就是生活用品。

总之从李少君元光二年（前 133）面圣开始，汉武帝就在宠信术士的道路上撒腿狂奔了起来。李少君告诉汉武帝，他曾见过安期生，那是老神仙，长生不老。李少君还说了，安期生那里的枣跟甜瓜一样大。厉害了，那请问安期生那里的甜瓜有多大？不重要了，李少君要教汉武帝该去祭祀一个什么样的具体神仙。

中国历史上皇帝祭祀的第一个非真人原型的神仙，就是灶王爷。后来李少君也琢磨灶王爷虽然下得了厨房，却上不得厅堂，于是又改造了过去楚地祭祀的东皇太一，请汉武帝祭祀太一神。

祭祀得建庙吧，有工程就能赚钱。工程款挣完了以后，李少君沿着前辈们的脚步，开始了挣炼丹、出海找神仙这两块项目的钱。可惜的是这人在跑路之前死在了汉武帝前边，这好尴尬，所以汉武帝只好说有的人死了，却升仙了。

不过李少君死了，谁也拦不住汉武帝继续宠信各种各样的术士。所谓上行下效，当时贵族圈里掀起了一阵迷信风，开始了各种祭祀。你看基督教徒去了教堂，那是去忏悔。佛教徒拜佛也是求开悟。那时的人求神仙办的，一般是两件事。一件是帮我怎么怎么好，一件是帮他怎么怎么死。

贵族求神仙帮自己弄死谁，甭问，肯定是这位贵族惹不起对方。咱这回说的这事，就是汉武帝的原配夫人陈皇后，求神仙弄死那个讨厌的小妖精卫子夫。自从太皇太后撒手去了，窦氏一门就轰然垮台。所谓窦氏集团的核心人物陈皇后，当初就不受宠，现在更是个边缘人。什么金屋藏娇，那都是写小说的瞎编，汉武帝从来都不喜欢陈阿娇。

陈阿娇搞巫蛊，被汉武帝发现了。这其实是皇帝后宫的家事，谁敢过问？这时候，就显出酷吏的重要性了。汉武帝把案子交给张汤，张汤不负圣望，结案文书上证据确凿，皇后罪不容赦。从犯三百余人，包括巫师楚服在内，统统斩于闹市。

出 处

元光五年，上遂穷治之，女子楚服等坐为皇后巫蛊祠祭祝诅，大逆无道，相连及诛者三百余人，楚服枭首于市。使有司赐皇后策曰："皇后失序，惑于巫祝，不可以承天命。其上玺绶，罢退居长门宫。"——《汉书·外戚传》

汉武帝没有赶尽杀绝，而是废陈皇后尊号，迁之长门宫，保留皇后的俸禄和待遇。当年不可一世的窦太主也自此不再参与政治，一年后，陈皇后的父亲堂邑侯陈午薨，窦太主寡居期间除了养小白脸，再也不干别的了。

这是汉武帝时代第一场巫蛊案，虽然杀了三百多人，却是汉武帝时代杀人最少的一次巫蛊案，而且也没杀什么重要人物。不过这次巫蛊案意义非凡，从根本上拔除了窦氏的势力，也为卫子夫上位铺平了道路，同样也就意味着卫氏外戚可以堂而皇之地走入朝堂封官拜爵。也就是说，卫青同学不用再憋屈地任个闲职，是时候出来展示展示了。

在古代，要想看清楚皇帝是什么样的人，就得看他重用什么人。最典型的就是秦朝，朝中重臣从王绾、李斯、蒙恬变成赵高，就现实地演绎出了秦二世和秦始皇的不同。

汉武帝的特点最接近秦始皇，他身边除了废物和酷吏之外，是有能人的。没有这些能人的辅佐帮助，汉武帝的赫赫功绩也无从谈起。在汉武帝时代，有一个现象级的人物一直特立独行。无论谁当丞相，这哥们都是谁的面子都不买，比当年的"苍鹰"郅都还硬，比灌夫还横。但他是个职业政治家，总能从一片纷扰中领悟到事情的重点。汉武帝虽然不喜欢他，但是依然要用他。

这个人叫汲黯，汉景帝时任太子洗马，负责教汉武帝学习政治。汉武帝继位后，升汲黯为谒者，可以说汉武帝能成长为一个威震天下的君主，受汲黯的影响非常大，是汲黯教会了汉武帝如何去做一个职业皇帝。在培养皇帝这方面，无论是诸葛亮还是翁同龢，跟汲黯比都相差太远了。

建元三年（前 138）的时候，东越和闽越打起来了。在王恢和韩安国出兵之前，汉武帝先派汲黯去现场考察。汲黯没走到浙江，到苏州就回来了。汲黯告诉汉武帝，越人天天打架，不值得天子派使臣去过问，那是给他们脸了，打死谁都少个祸害。之后才有了东越迁往江苏，闽越占据东越旧地。

河内郡发生火灾，绵延一千多户人家都遭受了火灾。年轻的汉武帝极为关心，马上派汲黯去调查火灾的事。今天河南省的北部属于河内郡，洛阳一带是河南郡。汲黯到河南走了一圈，回奏说："河内郡火灾不叫个事，属于偶然事件。倒是河南郡的水灾很厉害，难民何止千户。臣自作主张，以钦差的身份假传圣旨开仓放粮。"

汉武帝听完，心里很不高兴。这国家是谁的？你说开仓就开仓？但作为一个皇帝，怎么都不能说赈灾不对。汲黯已经吊儿郎当地站在道德的制高点上了，汉武帝只能微笑着说汲黯做得对。为了表彰汲黯，汉武帝封汲黯为荥阳县令。

县令属于外官，升迁的机会渺茫。对于一个京官来说，汲黯认为这是奇耻大辱。所以这位大爷一怒之下，不干了。

汉武帝一看汲黯老师撂挑子了，这事说出去人家不得说汉武帝是昏君啊。出去打猎踩了老百姓的农田，汉武帝还能自称平阳侯。这把为民赈灾的大好人汲黯给气得辞职了，说出去不好听啊。汉武帝只好升汲黯为中大夫，秩比二千石。但是汲黯无论到哪，都是这个脾气，于是汉武帝又给汲黯升了半级，但是调出了中央，任东海太守。

出 处

河内失火，延烧千馀家，上使黯往视之。还报曰："家人失火，屋比延烧，不足忧也。臣过河南，河南贫人伤水旱万馀家，或父子相食，臣谨以便宜，持节发河南仓粟以振贫民。臣请归节，伏矫制之罪。”上贤而释之，迁为荥阳令。黯耻为令，病归田里。上闻，乃召拜为中大夫。以数切谏，不得久留内，迁为东海太守。——《史记·汲郑列传》

汲黯在地方上活干得太漂亮，汉武帝不得不把汲黯调回中央，封主爵都尉，享受九卿待遇。那时候田蚡圣眷正隆，京中九卿以上官员，只有汲黯一人不给田蚡面子。田蚡是多小心眼的人啊，就凭他非得跟窦婴、灌夫斗个你死我活的精神，汲黯敢对他无理，理论上田蚡也得弄死汲黯。但是田蚡没有，他也不敢，那是因为汲黯不仅不给他面子，连皇上的面子都不给。

建元六年（前 135 年）的时候，汉武帝召集一帮儒生开会，声称要做一个尧舜之君，希望各位儒学大家给提提意见，看怎么才能做一个像尧、舜那样的皇帝。这场面就很简单了，你想吧，汉武帝可以分分钟决定在场各位大臣的生死，那这场提意见大会，形式就很透明了。

这个说，皇上，我对您有意见，您总是忙朝政，一点都不注意休息，这分明是置国家安危于不顾。那个道，皇上，您太过分了，后宫才几个妃子？您这不为国家广散子嗣，也太自私了。皇上，您为什么不坚持炼仙丹？人民离不开您，需要您长生不老。

话轮到汲黯说了，汲黯厌恶汉武帝的虚伪。他直截了当地说，皇上是个外儒内法的人，还说什么效法尧、舜？汉武帝勃然大怒，扭脸拂袖而去。儒生们都捏了一把汗，纷纷琢磨在汲黯的葬礼上，如何献上一副挽联。

汉武帝回到后宫很生气，对周边的人说汲黯太过分了。而群臣也都纷纷数落汲黯，这时候汲黯表现得大义凛然，说：“皇帝设置公卿大臣不是用来唱赞歌的，你们觉得歌颂皇帝伟大是聪明的表现，事实上却把皇帝置于一个非常丢人的境地。”

别管皇帝丢不丢人了，总之这事一出，汲黯很危险了。这时候，汲黯告病，自称病入膏肓，请求病休。汉武帝又心疼了，毕竟从当太子那时起，汉武帝就跟汲黯朝夕相处，他从汲黯身上获益良多。所以汉武帝准许了汲黯的病假，还对他嘘寒问暖。汉武帝甚至对大臣庄助说，汲黯是真正的社稷之臣。后来汲黯再度为官，无论大小，都是朝中重要的一员。

也正是因为如此，在那个局势不明朗的时代，想要上位的儒生们不知道该追随丞相薛泽还是太中大夫张汤的时候，纷纷站队汲黯。而追随汲黯的这些儒生里边，最重要的一位，叫公孙弘。

早在建元元年（前 140 年），公孙弘就以优异的成绩考入中央。公孙弘岁数大了，到了元光五年（前 130 年）的时候，都快七十岁了。老头虽然六十岁才出道，但是早就修炼成精，他对汲黯的追随，那是拿捏得恰到好处。公孙弘从来没说过他跟汲黯是一党，汲黯却是公孙弘的政治风向标。朝中议事，汲黯不发话，公孙弘就不发话。汲黯只要发话了，公孙弘一定跟着补充。遇到问题，汲黯常常面折廷争，而公孙弘从来都不会。在汉武帝眼里，公孙弘既有汲黯的水平，又比汲黯会做人，这是个人才。

日子一长，汲黯也看出来了，公孙弘这是占自己的便宜。汲黯最烦这种政治投机者。比如大家一起商量好一个提案，如果到了朝上发现汉武帝脸色不对，公孙弘一定会叛变，去迎合汉武帝的想法。于是，汲黯直接找汉武帝告了公孙弘一状，说山东人（崤山以东的人）大多阴险狡诈，公孙弘这种人不忠。汉武帝发现汲黯居然变成了地域黑，但是，汉武帝依然在表示汲黯说得对的前提下，更加宠信公孙弘。这也就是为什么后来公孙弘在朝中的位置比汲黯更稳固。

当然朝中不光有汲黯这样的耿直汉和公孙弘这样的投机者，也有恃才傲物外加怀才不遇的可怜人。比如一代“相声大师”东方朔，他本来打算“学成文武艺，货与帝王家”，可没想到就是因为他爱说段子的嘴，汉武帝不用他处理军国大事，而是安排他到“曲协”任职。

元光六年（前 129），也是陈皇后被废一年后，陈皇后的父亲堂邑侯陈午驾鹤西行，陈皇后的母亲窦太主寡居。窦太主她老人家掌控朝局多年，自从权势被削弱，她也没了涉足政治的野心。为了弥补自己空虚寂寞冷的内心，窦太主养了一个小白脸叫董偃，对外就说这小鲜肉是做珠宝生意的。对于窦太主这种变化，汉武帝是喜闻乐见的。

对于董偃这种小奶狗，汉武帝给予极大的礼遇。这多好啊，极大地腐蚀了窦太主的进取之心。汉武帝除了不喊董偃姑父之外，完全拿董偃当亲戚待。董偃甚至可以自由出入皇宫，没事看个球赛啊，马赛啊，鸡赛啊，都没人管。有一次汉武帝在正殿宴请窦太主，董偃又堂而皇之地奔未央宫而去。东方朔当时的任务是戍卫宫廷，他看见董偃就来气，于是这哥们脾气一上来，抡起大戟拦住了董偃的去路，就是不放他进去。汉武帝得问问啊，朕的客人，你为啥不让进？

东方朔声称董偃有三条死罪，其一，董偃私通大长公主，死罪；其二，董偃在皇家伤风败俗，死罪；其三，董偃不劝皇上读《六经》，反而劝皇上热衷声色犬马，死罪。

汉武帝沉默，东方朔句句话都戳中了要害。汉武帝说不出哪儿不对，于是告诉东方朔，就这一次，下不为例。东方朔说不行，正殿是皇帝办公的地方，哪能纵容小白脸到此淫乱，就不让进！汉武帝没办法，只好在后宫设宴，让董偃从后门进宫。另外，汉武帝赐给东方朔三十斤黄金，求安静。

出 处

当是时，董君（董偃）见尊不名，称为“主人翁”，饮大欢乐。主乃请赐将军、列侯、从官金钱杂缯各有数。于是董君贵宠，天下莫不闻。郡国狗马蹴鞠剑客辐凑董氏。常从游戏北宫，驰逐平乐，观鸡鞠之会，角狗马之足，上大欢乐之。于是上为窦太主置酒宣室，使谒者引内董君。是时，朔陛戟殿下，辟戟而前曰：“董偃有斩罪三，安得入乎？”上曰：“何谓也？”朔曰：“偃以人臣私侍公主，其罪一也。败男女之化，而乱婚姻之礼，伤王制，其罪二也。陛下富于春秋，方积思于《六经》，留神于王事，驰骛于唐、虞，折节于三代，偃不遵经劝学，反以靡丽为右，奢侈为务，尽狗马之乐，极耳目之欲，行邪枉之道，径淫辟之路，是乃国家之大贼，人主之大蜮。偃为淫首，其罪三也。昔伯姬燔而诸侯惮，奈何乎陛下？”上默然不应良久，曰：“吾业以设饮，后而自改。”朔曰：“不可。夫宣室者，先帝之正处也，非法度之政不得入焉。故淫乱之渐，其变为篡，是以竖貂为淫而易牙作患，庆父死而鲁国全，管、蔡诛而周室安。”上曰：“善。”有诏止，更置酒北宫，引董君从东司马门。东司马门更名东交门。赐朔黄金三十斤。——《汉书·东方朔传》

至此，后田蚡时代汉武帝文职御用班底基本组成了，论政有汲黯、公孙弘、庄助等人参与；监察有张汤、赵禹、东方朔把关；最关键的一个群体，咱还没说，那就是武将群体。

在汉武帝废掉陈皇后之后，卫氏集团也算是熬出头了。卫青再也不用担心有人要杀他了，元光五年（前130），汉武帝封卫青为车骑将军，当年救过卫青性命的大内侍卫公孙敖被封为骑将军。除此之外，义渠人公孙贺任轻车将军，名将李广任骁骑将军。程不识退休后，韩安国也接替程不识从中尉升到了卫尉，李息也在边关担任将军。

这样一个武将班底，才是汉武帝最为看重的。在汉武帝的内心，最希望的还是用这个班底跟匈奴死磕一场。那么这个班底的战斗力如何呢？在汉武帝还没准备好的情况下，突然就接收到了考卷。

时间到了元光六年，这一年的汉武帝跟当年的毛头小伙不同，如今的汉武帝不再那么激进，做事逐渐地趋于理性。这一年对于大汉王朝来说，最重要的并不是战争，而是一项国家工程。

大司农郑当上奏，说目前往关中运粮太困难，从函谷关以东运送的粮食，如果经过渭河运输到长安，时间太长，粮食大多变质，不如重开一条运河，从长安直接连接到黄河，这样既能缩短运粮的时间，又能灌溉沿途良田，两全其美。汉武帝龙颜大悦，下令开凿这条惠及关中的运河。

这条运河被称为漕渠，耗时三年完成，一直到唐朝才退出历史舞台。本来元光六年的主要课题就是开运河，谁知道这一年匈奴按捺不住饥饿的胃，大举进攻上谷。汉武帝时代跟匈奴的第二场大战，就在这种情况下突然爆发。

上谷在今天的河北省怀来县一带，李广曾经在此地驻守。在没有李广的日子里，上谷郡没能经受住匈奴的考验，匈奴侵入上谷杀人越货，把坏事做绝。这时候汉武帝迅速做出反应，遣车骑将军卫青出上谷，骑将军公孙敖出代，轻车将军公孙贺出云中，骁骑将军李广出雁门，各带一万骑兵，首要进攻目标就是汉匈贸易中心附近的匈奴。

在当时来说，这四位将军当中，名声最大的是李广，另外三个，就是靠关系上位的了。卫青不用讲，毫无作战经验，只不过因为姐姐是卫子夫，所以才当上了车骑将军。公孙敖是卫青的兄弟，他好歹是侍卫出身，武功应该不错。公孙贺是义渠人，但他却是卫青和卫子夫的姐夫，圣眷正隆。

理论上讲，李广专业出身，又有多年对战匈奴的作战经验，怎么着都得比这仨靠关系上位的新兵强吧。不管别人怎么想，最起码李广是这么想的。李广在边关浴血奋战这么多年，混得居然不如那仨靠关系的，所以他心里不服，他要用一场巨捷来证明自己是靠能力吃饭的，不是靠裙带关系上位的那些人能比的。

李广铆足了劲，带领一万铁骑杀出雁门，心说这一战最起码也得打出当年郅都镇守雁门关的气势吧。跟李广判断得差不多，靠关系上位的队友们普遍不给力。比如说公孙敖的一万大军和匈奴交手后，带了三千人仓皇而逃。公孙贺出门溜达溜达，见情况不妙，掉头回家。不过，李广比他俩更惨，由于轻敌冒进，李广落入了匈奴的埋伏。一万汉军全军覆没，李广本人被匈奴生擒。

李广可是个令胡人吃尽了苦头的人物，如今匈奴人活捉李广，那是开心到爆。李广被匈奴困在网中，这个大网拴在两匹战马中间。战马跟着匈奴大军缓缓地朝营地走去。李广见势不妙，只好装死。匈奴人大惊，因为这不是一般的战俘，而是当年神一样的李广。活捉李广的意义比攻下汉朝一座城池都大，赶紧解开网，看能不能抢救一下。就在大网掀开后，李广飞身跃起，把一名匈奴骑兵推下马去。紧接着，李广抢夺了匈奴人的弓箭，策马往南狂奔。讲道理，在众目睽睽下李广就这么跑了，匈奴人不是没有去追。那个时代虽然没有小李飞刀的传说，不过追上去的匈奴骑兵都被李广射死了。就这样，李广一路回到了雁门关。

这一战，让汉武帝大为光火，大汉朝的脸面全让这三位给丢尽了。公孙贺的罪过，骂一顿就完事了。但是公孙敖和李广，一个阵亡三分之二的士兵，一个全军覆没，论罪当诛，想活命也可以，掏钱可以赎罪。这二位掏了钱，被贬为平民。

出 处

后四岁，广以卫尉为将军，出雁门击匈奴。匈奴兵多，破广军，生得广。单于素闻广贤，令曰：“得李广必生致之。”胡骑得广，广时伤，置两马间。络而盛卧。行十余里，广阳死，睨其傍有一儿骑善马，暂腾而上胡儿马，因抱儿鞭马南驰数十里，得其余军。匈奴骑数百追之，广行取儿弓射杀追骑，以故得脱。于是至汉，汉下广吏。吏当广亡失多，为虏所生得，当斩，赎为庶人。——《汉书·李广苏建传》

这一战让李广非常窝囊。原本是军界传奇的他，在三个生瓜蛋子面前居然倒数第一。公孙贺胆小如鼠，居然没有免职。公孙敖要不是跑得快，也得全军覆没，他自己也未必逃得出来。但是，令李广最窝心的是那个第一次打仗的卫青，这货不仅没有损失，反而一直打到匈奴祭天的龙城，斩首七百余级，这是汉朝开国以来对匈奴作战取得的最大胜利。这哪说理去？卫青这样一个外行，头一次带兵打匈奴，成绩居然如此傲人，还一战被封为关内侯。就算上网黑他是靠着裙带关系上位，但是人家的成绩足以说明一切。卫青不光自身战斗素质过硬，而且善于指挥，战略也是一流。李广每次打仗，都得把胜负的一半交给老天爷。而卫青打仗，仿佛总是胸有成竹。李广恨啊，既生广，何生青啊。

此战之后，卫青达到了汉朝将军们从来都没有达到过的高度，但不可否认的是仅凭卫青斩的这七百余首级的战绩，不足以弥补李广、公孙敖战死一万七千人的损失。汉武帝很欣慰，在没有程不识的日子里，李广再不靠谱也无所谓了，卫青俨然就是将星临凡，有他在，何惧匈奴！

这场战争之后，对于匈奴来说，极大地鼓舞了信心。你大汉不牛啦，给你机会你也不中用啊。那这样的话，甭客气，磕吧。程不识退休，李广被贬，匈奴再无对手。卫青一个毛头小子，就是巧了才让他嘚瑟一会儿，下次就弄死他。李广当初那么牛，不一样被活捉一次啊。可见匈奴确实是天之骄子，有苍天庇护。

在这种心理优势下，匈奴开始频繁地进攻汉朝边关。这一打不要紧，匈奴总结出规律来了。只要攻打卫青的防区，那是必败无疑。卫青虽然年轻，但他的手段不亚于当年的郅都，简直是状态稳定版的李广。那既然如此，算啦，往东走，打北京！

当时的大汉军界，人才凋零。公孙敖和公孙贺并不是不可以用，而是汉武帝不信任他们了。李息也是可用之才，可是汉武帝不太敢放心使用年轻人。思来想去，嘴上没毛，办事不牢。论老成持重，还得是韩安国。老韩被封为材官将军，镇守渔阳郡，这才暂时稳定住了边境的局势。但是，只是暂时。

转过年来，是元朔元年。这一年的汉武帝，还是不想把治国的重点放在匈奴身上。他不知道，失联多年的张骞逃出了匈奴，继续西行通往西域。而且当时的汉武帝没有足够的实力再战匈奴，关键是没有合适的人才可用。如果说卫青打了几场胜仗，汉武帝就把他当作对匈奴作战的依靠，那说明汉武帝还停留在十七八岁的水平。当了十多年皇帝了，汉武帝成长了很多。他完全不是当年那个指望搞个明堂就能收回大权的汉武帝了，当然也不指望马邑埋伏一次就能全歼匈奴。不着急，慢慢玩，看谁笑到最后。

元朔元年，汉武帝按部就班地开始使用孝廉制度从民间选材。这一年，汉武帝的长子刘据出生。而刘据的亲妈就是卫子夫，这让汉武帝欣喜若狂，他有了足够的理由封卫子夫为皇后。卫子夫或许不是汉武帝最爱的女人，但刘据绝对是汉武帝最爱的儿子。

汉武帝还没从得到儿子的喜悦中走出来，匈奴又来搞事情了。以前匈奴来抢一把就走，这回搞大了，辽西太守一个不留神战死，匈奴顺势就侵入了内地。材官将军韩安国仓促带病迎战，往东退守右北平郡。几个月后，韩安国没能战死，却病死了。一代名将韩安国，自从那次莫名其妙的车祸之后，一直仕途不顺，如今病死前线，令人唏嘘不已。

本来汉武帝起用韩安国来镇守东线就是不得已而为之，现在韩安国死了，谁来顶替这个缺，又让汉武帝好一番头疼。真没人选了，汉武帝不得不起用赋闲在家的李广。那么说李广现在干吗呢？根据惯例，大汉的官员一旦被罢免，尤其是武将，很容易从白道转到江湖。比如打黑出身的宁成，被罢免后成了江湖大佬。再比如灌夫，被罢免那些年组织了颍川郡最大的江湖社团。

李广下野也没闲着，每天和灌婴的嫡孙颍阴侯灌强满世界游玩。有一次李广和灌强打完猎夜走霸陵亭，当年有严格的宵禁政策，所以霸陵尉不让李广过去。人家颍阴侯灌强不敢以身犯险，不敢报自己名号。但是李广却很嚣张，他的随从高呼前任李将军到此，赶紧放行。霸陵尉说就算是现任李将军都不能放行，更别提前任的了。李广很没面子地在关下宿营了一宿。现在汉武帝起用李广为右北平太守，李广走马上任之前带走了霸陵尉，到了军中公报私仇杀了霸陵尉。

随着李广的走马上任，匈奴人不得不重新掂量这场战争了。他们完全不知道现在要面对的李广，到底是那个战无不败的飞将军，还是那个勇而无谋的李广？李广是个什么样的李广，已经不重要了。因为卫青已经杀出了雁门关，李息也带兵杀出了代郡，直捣匈奴的大后方。卫青斩杀匈奴千人，大获全胜。

匈奴退走，汉武帝时代和匈奴的第二场大战正式结束。这场战争从第一阶段的汉军三路战败，到第二阶段的卫青、李息反击。匈奴占尽了便宜，除了卫青作战的亮点之外，汉朝完败。也正是这场战争，让匈奴抛弃了所有的谨小慎微，也为日后玩了命的作死奠定了基础。汉武帝把这笔账记下了，他不动声色，就等着将来和匈奴拉清单。

按下匈奴的事不表，汉武帝要把精力放在内政上了。在接下来的汉朝历史中，又有新面孔出来折腾。而这几位大爷，皆是披着儒家外衣的法家酷吏。

第七章 Chapter Seven

皇上找了个好『打手』

有的时候，治国跟踢球是一样的，得把握好节奏。跟胡人玩，得让胡人跟着中原的节奏玩，这样才有的打。如果让中原强行跟随胡人的节奏，那么结果就是灭亡。具体这个节奏是怎么回事呢？你看在汉武帝前期，汉朝想打匈奴，匈奴想打汉朝。理论上没毛病，大家诉求一致，快乐地打一场不就好了。但这里边就有个谁把握节奏的问题。同样是打仗，是匈奴跟着汉朝的思路打，还是汉朝跟着匈奴的思路打？结果完全不一样。

比如说马邑之战，如果军臣单于跟着汉朝的节奏走，就在马邑跟汉朝死磕，那匈奴早就败亡了。所以在元光年间的汉匈大战，匈奴便开始控制节奏，他说什么时候打，汉朝就什么时候打；他说打哪，汉朝就打哪。老跟在匈奴的屁股后边被动迎战，让汉朝损失很大。到了元朔元年，卫青遏制住匈奴的攻势以后，汉武帝决定控制一下节奏。你们匈奴不是现在想打吗？我偏不打。等什么时候匈奴不想打的时候，汉武帝再出手。

汉朝打算控制一下节奏，缓一缓局势，也跟后院不稳有关。比如说汉武帝当初派唐蒙镇抚西南夷，那帮蛮夷就是来骗钱的。等到他们真成了汉朝的郡县，朝廷开的工资也就那么点儿，跟他们想象的完全不一样，于是他们总闹事。对于汉朝这边来说，要控制好那一带，就得玩了命地修路。今天从四川往云贵去的路都不多，更何况那个时候了。施工难度太大，汉朝的士兵也老闹事。有事就得解决，汉武帝派公孙弘视察一圈，公孙弘的结论方案是：反正我也不知道怎么解决，就把西南夷放弃吧。这一手的妙处，就好比交通阻塞。反正我也懒得治理堵车问题，不让开车就完了呗。

汉武帝当然舍不得放弃西南夷，花了那么多钱，死了那么多人才搞定的西南夷，决不放弃。西南夷的条件好商量，不就是要钱吗？适当地给一些不就完了。汉朝玩了命地这么干，惊动了一个东北人。这个东北人叫南闾，是濊貊族的族长。

咱再简单捋一下东北亚的民族问题，截止到汉武帝时代，东北还没有国家出现，都是大部落。大东北地区有三大民族，最北边的是肃慎，活动在今天黑龙江地区，他们是今天满族的祖先。往南是东胡，活动区从吉林一直延伸到辽宁地区。他们也就是今天蒙古族的祖先。从吉林再往东到今天延吉一带，便是濊貊的地盘。古代的东北跟今天的有一点很像，出了山海关都是老乡，东北少数民族的风俗习惯差距都不是很大。所以在漫长的历史中，濊貊就悄无声息地融入肃慎、东胡、高句丽等东北出现过的少数民族中。

在元朔元年的时候，整个大东北亚地区，只有一个国家，其余的都是部落。这里唯一的强国，位置在今天的朝鲜半岛北部。咱们史书上管他叫卫氏朝鲜，其开国君主是汉朝初年燕王卢绾的部将卫满，简单说跟南越的赵氏政权一样。

卫氏朝鲜长久以来都是汉朝的属国。由于大东北亚的特殊性，汉朝的手伸不到这里来，卫氏朝鲜便成为大东北亚地区唯一的霸主。这就有问题了，卫氏朝鲜作为大汉的藩属，收了大汉朝的好处，关起门来过自己的小日子就行了。但是卫氏朝鲜第二任国君继位后，情况发生了变化。卫氏朝鲜靠武力收服周边部落，却没有让这些周边部落心服。再一个，东北的少数民族日子过得不舒坦。所以濊貊首领南闾率二十八万族人向汉武帝表态，愿意加入大汉，成为汉朝的郡县。汉武帝大喜，看看，这叫不战而屈人之兵，收了。汉武帝在今天延吉市一带建立了苍海郡，这一地区成了汉朝国土的飞地。这也是中原王朝第一次把领土延伸到了吉林一带。等会儿，南闾提条件了。他说他上网查了，政府给西南夷的好处可不少。他们认为朝廷针对少数民族的政策应该一致，给他们就得给我们。汉武帝当然不含糊，从河北、山东调集了大量物资送往吉林，对他们好得不得了。把粮食都给濊貊了，燕国、齐国的百姓就骂街了，一时间华北震动，民怨沸腾。

出 处

东夷薉君南闾等口二十八万人降，为苍海郡。——《汉书·武帝纪》

在这种情况下，西南不稳、华北不稳，汉武帝绝不会向匈奴开战。都知道汉武帝是个鹰派皇帝，这话不能让皇帝去说。过去爱说这话的韩安国还死了，一位叫主父偃的同学就在这个契机中开始崭露头角。

主父偃复姓主父，是周朝赵国王室的后人。那么久远的事就不提了，因为现实中的主父偃，是草根出身。关于主父偃这个人，传统历史给予的评价几乎都是负面的。

那都不重要了，重要的是主父偃的归类不好划分。讲道理的话，主父偃是个地地道道的法家传人，汉武帝外儒内法以后，主父偃以儒生自居。他觉得这行好蒙，毕竟他学过《周易》和《春秋》。按说他的学问足够用了，可惜他是齐人，具体点说他还是临淄人。那地方有稷下学宫的遗风，当地的知识分子极多且水平高，主父偃在那混儒家，总被人揭穿。

主父偃恨啊，这什么世道？一帮傻子还以为皇上好儒，在那研究学问，混得风生水起。我主父偃深知为政的精髓是法家，反而混不上一口饭吃。此处不留爷，自有留爷处。处处不留爷，老子走远路。结果现实很残酷，主父偃游历北方诸侯国，发现诸侯王们个个醉生梦死，一点儿野心都没有，他更找不到工作了。那时候的王爷们跟汉初不同喽，手里没权，天天被监视，要政治人才有啥用？主父偃但凡会扫地，都有可能留在王府做保洁。你说你经天纬地，好走，不送！

主父偃怀揣着满腹的悲愤，踏上了远方的道路，这一路便走到了长安。这段经历让主父偃对诸侯王怀揣着刻骨的“羡慕嫉妒恨”，这帮膏粱子弟让人看着忒眼红，呸，是忒可恶。

那个年头皇帝设立专门的机构来了解民情，主父偃一封奏章递了上去。那时候，敢以平民身份给皇帝上书的，都有两把刷子。官员们不敢懈怠，于是把主父偃的奏章递了上去。奏章写了什么，我们不得而知。当时的人也不知道主父偃写了什么。对于汉武帝来说，这块敲门砖好用，合着主父偃这小子这么阴险，哦不，是个人才啊，这人得用。

主父偃早晨递上奏章，晚上就得到了汉武帝召见。这经历，得让康有为非常羡慕。

这次会晤很融洽，主父偃所言九事，汉武帝大为赞赏。所谓的九事汉武帝只关心一件：主父偃主张和匈奴休战，不打了。

汉武帝需要这个，好比刚想睡觉就有人送枕头。汉武帝借此机会，起用了主父偃、严安、徐乐三个鸽派，尤其主父偃，一路上升，一年之内就坐上了中大夫的位置。

这就很扯了，昨天还吃不饱，今天成了中大夫。幸福来得太快，主父偃完全驾驭不了自己迅速得来的一切，为人飘飘然，丢失了自我。他的榜样，是活活把自己作死的晁错，主父偃沿着晁错通往地狱的道路上策马奔腾，根本停不下来。

也有不少人提醒主父偃，做人别太横。你看主父偃为官，比张汤、赵禹都狠，受贿比田蚡还贪，任谁看这都是作死。但是主父偃不在乎，他的座右铭就是："吾生不五鼎食，死即五鼎烹耳！"这种无所畏惧的人，是最可怕的。因为他没底线，所以什么事都干得出来。

主父偃上位，给了汉武帝一个台阶，让汉武帝在吃了亏的前提下，对跟匈奴休战这件事有了合理的解释。做官不能做一次性的官，主父偃得折腾点事，用来弥补汉武帝因休战而空虚的心灵。

主父偃这种人上位，那是千万人的灾难。主父偃的位置没那么高，去年还找不到饭辙呢，今年升到了中大夫的位置，这意味着指不定谁就是他报复的对象。

你说主父偃最恨谁？他最恨的就是贵族。主父偃当年在华北大地上游历各个诸侯国，想混口饭吃而不可得。他不会去想诸侯王们每天被国相监视的痛苦，不会去想诸侯王如履薄冰的心情和薄如蝉翼的未来。他想的是凭什么你们姓刘的生而锦衣鼎食，而我一肚子能耐却食不果腹？不把你们弄穷了，难消我心头之恨！

那么说主父偃的穷和诸侯王的富有因果关系吗？完全没有啊。诸侯王再富，也没吃主父偃家里的大米啊。主父偃这种发自肺腑的恨意，说白了就是仇富。这不当了中大夫嘛，这个官虽然比不过三公九卿，但是三公九卿未必不怕这些中大夫、太中大夫们。张汤、赵禹、主父偃这类人，个个吃人不吐骨头，令官员闻风丧胆。

主父偃上位第一刀，就砍向了诸侯王。他制定了一部在中国历史上地位非凡的政策叫"推恩令"，这个政策，那是大大有名。在我印象中，"推恩令"被选入了中学历史课本，说是大大加强了汉朝的中央集权，解决了诸侯王叛乱的问题。

那么这个“推恩令”到底是怎么回事呢？扔掉课本，看看《汉书》吧。“推恩令”规定，诸侯王要把自己封国的土地分给自己的兄弟子侄，表面上是让姓刘的都得到恩惠，所以叫“推恩令”。实际上这个法令的作用是把诸侯国做了进一步拆分，只要国王的孩子越来越多，那么他的封国就会越传越小，而其后人的地位就会越来越低，最后低到织履贩席摆小摊。

客观来讲，“推恩令”够阴损，其目的根本不是解决诸侯王的叛乱问题，只是瓦解诸侯王的财富而已。拜一些电视剧所赐，老说汉武帝继位之初诸侯王多么强横，背地里多么阴险，尤其淮南王刘安，甚至要举兵谋反。幸好有了“推恩令”，诸侯王才反不起来了。其实呢，有没有“推恩令”，诸侯王都掀不起多大浪来。为啥呢？早在汉景帝时代，朝廷就收了诸侯国的人事、经济、军事、司法四大权力。也就是说，封国并非王爷们所有，只不过他们享受这一国的赋税而已。汉武帝时代，他们不能发行货币，没有财权；自然资源都归国有，他们不能冶铁和煮盐，也不能任免两千石以上的官吏。也就是说王爷们和国相、中尉不是一条心。地方案件要上报中央复议，地方上也搞不了猫腻。时不时地，刺史还来各国转悠一圈，为的是吹毛求疵。在这种情况下，诸侯王想造反，比李自成造反都难。甚至封国的官员们没事还勒索诸侯王，你说他们怎么造反？

是，我们不排除有淮南王刘安这个个案。淮南王后来的谋反案恰恰反映出了中央夺了封国的人事权力，才让淮南王造反不成。而不是因为有“推恩令”，淮南王才造反不成。

也就是说，真正解决诸侯国造反问题的政策是朝廷收了地方的四大权力，而不是靠“推恩令”。再者说了，“推恩令”的那几招也不是主父偃原创，那是人家汉文帝先用的。强大的齐国、赵国都是这样被分裂的。“推恩令”分的并不是诸侯王的权力，因为诸侯王没有权力。这条政策最大的作用是分诸侯国丞相的权利，多分几国，就多设几个丞相，为的就是加强中央集权。

主父偃知道，推行“推恩令”压根没什么用，但不折腾点事，显得自己没存在感。你看人家曹参，他老人家当丞相知道维护法律，而不是新官上任三把火。主父偃境界差得太远，他得折腾。汉武帝最关心的是匈奴问题，这个根本不是秘密。眼下汉武帝不想跟匈奴开战，主父偃就这个问题，决定玩票大的。既然不打，那咱就拖。对付匈奴的大政方针，当年晁错已经做好了。从汉文帝时代开始，汉朝加强边疆建设，对匈奴采取文化入侵政策，让匈奴人不断偷渡到汉朝，以瓦解匈奴的凝聚力。几十年过去了，效果非常好。匈奴越来越穷，有能力的匈奴人纷纷加入汉朝国籍。当年匈奴有骑兵四十万，过了这几十年，匈奴能养十万骑兵就不错了。再看汉朝，当年皇帝出门得坐牛车。如今边疆在归化匈奴人的参与下，攒下了十四万匹战马。此消彼长，大汉什么都不做，都能拖死匈奴。毕竟大汉不是北宋，匈奴那个文明程度也不是金朝。

主父偃为了折腾，决定把晁错制定的这个政策快进，以一种急功近利的方式加速运转。元朔二年（前 127）的时候，汉朝和匈奴之间发生了一次不大不小的战争。匈奴入侵上谷、渔阳。按说东线的防务，归李广管。但是缺少程不识、郅都这样的名将，上谷防线没守住，损失军民千余人。汉朝少壮派将军的代表卫青、李息从西线出兵反击匈奴。这是汉朝防守反击最漂亮的一仗，卫青的突袭令匈奴措手不及。卫大将军击溃匈奴的帮凶楼烦王和白羊王，顺势攻打匈奴侵略军的后方。匈奴骑兵闻风丧胆，仓皇北遁。卫青收复被匈奴占据多年的河套地区，歼敌数千。

这什么概念呢？当年大秦帝国最强盛的时候，蒙恬带兵三十万攻打被月氏和东胡打颓废的匈奴头曼单于，取得的最大战果就是收复河套地区。再看卫青，以区区数万汉军，迅速扫荡匈奴，那场面绝对“金戈铁马，气吞万里如虎”。你看过去胡人和中原人打仗，争夺的焦点就是河套地区。对于不能种地的地方，我们没兴趣。河套地区在今天也号称是塞上江南，那是既能种地又能放牧的地方，咱们得夺。

匈奴在河套地区经营久了，被卫青突然打跑，河套地区的牛羊可来不及带走了。我第一次看《汉书》的时候，上面记载卫青的战利品是一百多万只牛羊，吓得我都不敢相信。再对照《史记》和《资治通鉴》，原来匈奴真的丢下了一百多万只牛羊跑路了。那没得说，这次卫青带领李息的绝地反击，绝对是一场巨捷。匈奴本来就穷，这回家底都没了，军臣单于受不了这个打击，几个月后就挂了。这场巨捷之后，汉武帝封卫青为长平侯，当之无愧吧。然后轮到主父偃说话了，他老人家说了，当年蒙恬在这里筑城，用以防守匈奴，现在咱们也得这么干。

这回就厉害了，你想吧，汉代几乎没有城市，只有城。城是军事单位，市是经济单位。城是花钱的，市是赚钱的。汉朝的商品经济极不发达，只有长安这样的大城，会附带有限的市的作用。在遥远的北方筑新城，就等于修长城，得花钱吧？关键是城修好了谁去住？没人去住，因为周围随时可能是战场，不具备经济价值。这就意味着这座新城的市民只能是军人，还得靠内地供养。蒙恬修城拖垮了秦朝的经济，到了汉朝还这么干，那就是脑子进水了。汉武帝召开朝会，让大臣们议议该不该建这样一座城。所有大臣都说，不能这么干。可汉武帝信了主父偃的邪，非得去远方建造一座朔方城。

那个年头，从内地往长安运粮食都不便利，更别提往塞外运粮了。卫青不愿干这个事，所以汉武帝让卫青的部将，刚刚在战斗中立功的平陵侯苏建征发十万民夫建造朔方城。这样干的结果就是，往朔方城押运的粮食绝大多数在路上被民夫吃掉了。最后朝廷一算账，国库里七十多年来存下的上百亿的钱被花光了。这样一搞，朝廷捉襟见肘，只好把上谷郡和匈奴接壤的从斗辟县到造阳的土地都给了匈奴，这样才修好了朔方城。然而空城一座，没啥用处，所以主父偃又强行从关中迁到朔方十万人。

出 处

主父偃言："河南地肥饶，外阻河，蒙恬城之以逐匈奴，内省转输戍漕，广中国，灭胡之本也。"上下公卿议；皆言不便。上竟用偃计，立朔方郡，使苏建兴十余万人筑朔方城，复缮故秦时蒙恬所为塞，因河为固。转漕甚远，自山东咸被其劳，费数十百巨万，府库并虚；汉亦弃上谷之斗辟县造阳地以予胡。——《资治通鉴·汉纪十》

这些事一写，很简单。但对于当时的人民来说，可谓梦回大秦，重温人间炼狱。文景时代的边境建设，地方招募人民群众来边关，朝廷给钱给地。现在是强行建城迁人，那可以说是一寸山河一寸血。主父偃不会考虑人民的死活，他要的是自己的政绩。这样一来，社会动荡不安，民间惨剧不断。

主父偃心心念念的朔方城建好了，朔方郡也成立了。但是，国库没钱了，关中虚弱了，上谷郡北方的土地放弃了。老百姓被他折腾完了，主父偃政策所捅的娄子也显现出来了。他当然不会认错，主父偃为了掩盖他上位以来的错误，开始把魔爪伸向了中产以上阶级。别管是谁，主父偃都得让他们知道什么叫水深火热。

主父偃强行搞了一拨建设，让大汉朝七十多年的基业毁于一旦。卫青断了匈奴财路之后，本来汉朝对战匈奴具有压倒性优势。现在经过主父偃的努力，汉朝的经济也到了崩溃边缘，汉朝和匈奴又回到了同一起跑线上。

大汉朝穷了不仅难以维持军队的供养，还容易激起民变。此时主父偃脑后滴下一滴冷汗，决定迅速让国库充盈起来。

关键是怎么才能让国库迅速充盈起来？这是地球上的永恒话题。主父偃不是索罗斯，让他玩经济那是够呛。但是玩人，主父偃还是颇有心得。汉朝的“中产阶级们”，这票我玩砸了的后果，得你们来买单！

古代的皇帝，从继位那天起，就开始修陵，皇帝不死，工程不能结束。完工不像话，皇帝又不等着住。所以有皇陵的地方，就有新的城邑出现。汉武帝的陵叫茂陵，这附近的城邑，就叫茂陵邑。茂陵邑的主人都是贵族，主要工作就是看坟。

主父偃上奏汉武帝，说茂陵邑人口太少，应该征调地方人口迁往茂陵邑，这样长安周围人口多，地方上人口少，这叫强干弱枝，利于统治。

上次迁人去朔方，就把国库糟践了。这次还迁人，主父偃不怕亡国吗？不怕，这次迁的是资产在三百万钱以上的富户，那你想结果能一样吗？很明显这是一场赤裸裸的抢劫。主父偃的错误，就由这些家产三百万钱以上的人来买单。

上流社会的人主父偃暂时动不起，中产阶级他还是能动的。然而在这场强行抢劫的运动中，惹恼了一位大侠，这哥们不是一般人，他是大侠中的大侠，传说中的郭解——“郭巨侠”，是汉文帝御用相士许负的外孙。论江湖的势力，灌夫、宁成这样的，见了郭巨侠也得规规矩矩地叫大哥。

但是，郭巨侠不敢带小弟反抗，而是打算花钱了事。能治官府的只有官府，能治主父偃的只有比主父偃更厉害的人物。那年头，丞相、御史大夫都不好使，好使的是张汤和赵禹。张汤是出了名的收钱不办事，而赵禹是每年过节不收礼。不过，有个人现在炙手可热，找他一定靠谱。这个人就是刚被封为长平侯的卫青，卫大将军。

卫青那时候还年轻，打仗的经验足，当官的经验还不足。卫青收了钱，马上上奏汉武帝，说郭解这个人很穷，家产不足三百万，不应该被迁徙，求皇上明察。汉武帝虽说指挥军队不如卫青，但是玩政治已经老练得成了精。汉武帝查也没查，说能让长平侯来说情，足以证明郭解不穷，迁。

本来郭解这样的小人物，入不了汉武帝的法眼。就因为这次郭解买通卫青的事，让汉武帝对这个人重视了起来。汉武帝对郭解立案调查，发现这哥们势力庞大，已成尾大不掉之势。这一查，发现郭解及其小弟的双手都沾满了人民的鲜血，郭解能因为“你瞅啥”这样的小事就动手杀人。所以汉武帝把郭解迁走之后，没多久就把郭解灭族。所以，也千万不要以为被称为侠的都是好人。

出 处

及徙豪富茂陵也，（郭）解家贫，不中訾，吏恐，不敢不徙。卫将军为言：“郭解家贫不中徙。”上曰：“布衣权至使将军为言，此其家不贫。”解家遂徙。——《史记·游侠列传》

总之呢，连郭解这样的人物都被迁走杀了，那你想其他人呢，只能被乖乖地掠夺，跪好了，阵型不能乱。这一回，国库的钱，回来了。

穷人和中产都完蛋了，轮也该轮到上流社会了吧。毕竟对于主父偃来说，最恨的还是王爷们。区区一个“推恩令”，那毁的是王爷们的后人。当朝这些王爷们，是时候挨整了。

首先倒霉的，是燕王刘定国。简单捋一捋吧，汉武帝时代的燕国，首代燕王是在诸吕之乱时浑水摸鱼的高手刘泽。刘泽跟刘邦是一辈，刘定国是刘泽的孙子，按辈分是汉武帝的叔叔。作为一个王爷，刘定国没有任何的政治理想，反而屡次做出乱伦之事。

因未知原因，燕王刘定国和肥如县令郢人产生了极大矛盾。倒退些年，这都是笑话。堂堂一国王爷，居然跟其治下一个小小的县令产生了矛盾，县令还能跟王爷叫板。刘定国能用的，就是王府里的私人杀手。肥如县令上告朝廷，状告刘定国种种不堪。

刘定国有违道德，并不违法。不过案子犯到主父偃手里，性质就变了，上升到了判死刑还是灭族的高度了。刘定国情知不妙，自杀身亡，汉武帝趁机除了燕国。

此案一出，天下震动。那时候刘氏诸王多多少少都有乱伦的事情发生，燕王刘定国被迫自杀，其他王爷人人自危。尤其是赵王，家里不仅有事，当年还拒绝过主父偃的求职，这回麻烦了。在赵王之前，先倒霉的却是齐王。

当时的齐王叫刘次昌，刘次昌是齐国首代齐王刘肥的重孙子，论辈分是汉武帝的侄子。刘次昌家里不干净，这把柄落在主父偃手里了，是要倒霉的节奏。不过，齐国可是主父偃的家乡。与其弄死齐王，主父偃有更好的方式报复过去在临淄的失意。

齐国这摊子烂事其实很有意思。齐王刘次昌的母亲是纪太后，在齐国这一亩三分地，纪太后为了让纪氏家族昌盛，愣把自己的亲侄女嫁给了亲儿子刘次昌。也就是说，齐王刘次昌娶了自己的亲表妹。这种婚姻在古代也正常，但是下面的故事就不正常。齐王不待见他表妹，所以不跟他表妹同房。纪太后看在眼里，急在心上。纪太后劝不了，就让女儿去劝劝齐王。亲姐姐劝弟弟跟弟媳恩爱，也没毛病。可是劝着劝着，齐王跟王后的关系没搞好，这对亲姐弟却劝到一个被窝里了。这哪说理去？纪太后没法说没法道，憋屈得不要不要的。

按下齐国，再说长安。王太后有个干女儿被封为修成君，修成君有个女儿叫娥。什么娥我不知道，反正不是嫦娥，咱们姑且叫她小娥。王太后岁数大了，身体也不好，很不放心这个小娥。王太后为了给小娥一个好归宿，于是打算把小娥嫁给刘氏宗室。巧了，王太后身边有个太监叫徐甲。徐甲是齐国人，他建议把小娥嫁给齐王刘次昌，没听说这位齐王有王后的事。徐甲奉命到齐国赐婚，走之前，主父偃找来了。他的如意算盘是顺带把自己的闺女也送到齐王宫加个塞，到时候主父偃成了齐王老丈人，在齐国多露脸。哪天退休之后，回去也有面子。

徐甲带着这两门亲事去了齐国，纪太后不同意了。她侄女的问题还没解决，如果再来一个皇太后的人加酷吏主父偃的女儿，那纪氏家族在齐国没法混了。于是，纪太后拿出齐王的“结婚证”，说齐王已经有了王后，不适合委屈了皇太后的外甥女。再说了，主父偃何等人物？当年在临淄就是个碎催，他闺女凭什么嫁到王府来？

徐甲大窘，回到长安告诉王太后，说齐王本来答应了这门婚事，但是呢，刚发现齐王家里也不干净，跟燕王是一路人。王太后自此断绝了把小娥交给齐王的念头。

但是，主父偃可不会放过齐王，他见齐王不给面子，于是上奏汉武帝，说齐王乱伦，而且齐王系跟皇族的关系疏远，早该换人了，如今齐王有造反的嫌疑。

汉武帝宁可信其有，派主父偃为齐相，主查齐王谋反事宜。由于燕王的事对诸王影响极大，再加上主父偃刚到齐国就逮捕伺候过齐王及其姐姐的太监、宫女，齐王刘次昌见势不妙，饮鸩自杀。

出 处

子厉王次昌嗣。其母曰纪太后。太后取其弟纪氏女为王后，王不爱。纪太后欲其家重宠，令其长女纪翁主入王宫正其后宫无令得近王，欲令爱纪氏女。王因与其姊翁主奸。齐有宦者徐甲，入事汉皇太后。皇太后有爱女曰修成君，修成君非刘氏子，太后怜之。修成君有女娥，太后欲嫁之于诸侯。宦者甲乃请使齐，必令王上书请娥。皇太后大喜，使甲之齐。时主父偃知甲之使齐以取后事，亦因谓甲："即事成，幸言偃女愿得充王后宫。"甲至齐，风以此事。纪太后怒曰："王有后，后宫备具。且甲，齐贫人，及为宦者入事汉，初无补益，乃欲乱吾王家！且主父偃何为者？乃欲以女充后宫！"甲大穷，还报皇太后曰："王已愿尚娥，然事有所害，恐如燕王。"燕王者，与其子昆弟奸，坐死。故以燕感太后。太后曰："毋复言嫁女齐事！"事浸淫闻于上。——《汉书·高五王传》

这就尴尬了，这要是审出来齐王谋反，齐王再死，主父偃没事。这回还没审呢，齐王就自杀了，主父偃说不清了。你看啊，主父偃来齐国，主要任务是调查齐王谋反案。可是主父偃到了齐国先调查的齐王乱伦案，导致了齐王自杀。这对于当时的诸王来说，太可怕了。尤其是赵王，他儿子也有乱伦的事，还得罪过主父偃。不用问，主父偃搞死了燕王、齐王，下一个就是他。

当时的赵王是刘彭祖，他跟燕王、齐王不同。燕王跟汉武帝是出了五服的亲戚，压根就不亲。齐王的曾祖跟汉武帝的爷爷是兄弟，论着也不近了。但是这位赵王殿下，是汉武帝的亲哥哥，他误认为主父偃就是针对王族进行的挑拨离间，于是先下手为强，一封奏折送往长安，弹劾主父偃贪污受贿，陷害诸侯。

赵王的奏章很有威力，汉武帝无论如何都不能不顾及亲哥哥的感受。再加上主父偃在齐国的事办得不漂亮，齐王这样不明不白地自杀了，天下人怎么想？是主父偃要杀齐王，还是汉武帝容不下诸王？所以汉武帝下令，逮捕主父偃，听候发落。

主父偃的榜样是晁错，可是主父偃在官场上没能达到晁错的高度。不过主父偃的人缘和晁错有一拼。主父偃被下狱，大臣们拍手称赞，载歌载舞，晚餐都得多加一道菜。大家都认为，像主父偃这么“好”的人，入狱太晚了。

关键是主父偃该怎么处理，汉武帝拿不准。问谁呢？公孙弘，你老成持重，说说吧。公孙弘本来上升得够快的了，没想到中途杀出来一个主父偃，差点让他截和。这个机会公孙弘不会放弃，他要成为汉武帝身边最有价值的人，于是建议汉武帝杀掉主父偃，给天下人一个交代。

汉武帝无所谓啊，主父偃还有啥利用价值吗？没了，从朔方到茂陵邑，那么多恶事，总不能让老百姓骂朝廷、骂皇上吧。那个时候，从皇族到中产再到平民，都满怀怒火。桀、纣以来，能把人得罪那么匀实的君主，不多见啊。不好意思，主父偃，这个替主背锅的忠臣，你必须当！

元朔二年秋季，主父偃被灭族，公孙弘回到了朝中一哥的位置。

主父偃视人命如草芥，无所畏惧，没他怕的人，没他怕的事。正所谓强弓必断，主父偃永远不踩刹车，车技再好都会撞车的。

这也是酷吏的标配下场，既然是替君主作恶，就得替君主背锅。

主父偃死后，朝廷自然要从一个打鸡血的激进状态回归理性。但这个看似理性的时代，却并不平静。

第八章 Chapter Eight

新官上任三把火

元朔二年（前 127）秋季，主父偃全族从地球上除名。关于朝廷这一年多来做的种种天怒人怨，随着主父偃的灭族就不许再提了。如果主父偃有微博，那么他发出的最后一条微博一定是：皇上圣明，臣罪当诛。如此，汉武帝成了铲除害民贼主父偃的人民救星，下一步，他要摆出一副圣君的姿态往回找找民心。

老百姓总是很朴实的，他们对皇帝的评价，主要看皇帝用什么样的大臣。皇帝宠信海瑞，那就是明君；宠信严嵩，那就是昏君。就是这么简单。所以，汉武帝在诛杀主父偃之后，又罢免了没啥用的御史大夫张欧。那么用谁呢？汉武帝召见了人缘极好的大学问家孔臧，想要封之为御史大夫。

孔臧是当时的大儒，论辈分是孔子的十世孙。他跟董仲舒、主父偃、朱买臣、公孙弘这样的伪儒家不同，孔臧一般不参与政治斗争，而是一心做学问，致力于对秦始皇焚书以来的文化断层进行抢救性的整理。这样的人，在当时与世无争，凭借着学问立足于朝廷，算是个另类。汉武帝起用孔臧，也不仅仅是为了做做样子。毕竟这是御史大夫的职位，不能马虎。汉武帝用孔臧还有一方面的原因就是他根红苗正，是开国功臣蓼侯孔藂之子。孔藂跟刘邦是沛县老乡，也是刘邦斩白蛇起义的首批革命家。这样老的资历，被刘邦派去长期在韩信手下任副将，可见刘邦对他不是一般地信任。垓下一战的时候，汉军分为前、后、左、右四部攻击项羽，左翼大将军就是孔藂。刘氏一族对孔藂非常信任，孔藂的儿子，自然是根红苗正的红二代。

可是孔臧不愿意担任御史大夫参与政治，他就想做学问。于是奏请汉武帝说不愿意担任御史大夫，想要当九卿之首的太常，与其堂弟孔安国一起研究学问。孔安国在历史上也是大大有名，他的弟子就是司马迁。汉武帝答应了孔臧的要求，封孔臧为太常，享受三公待遇。

这里边就有问题了，汉武帝为表诚意，先罢免了张欧，又提拔了孔臧。可是孔臧坚决不当御史大夫，而张欧已经被罢免了。这就导致御史大夫高位空悬，汉武帝不得不马上做出新的人事安排。真儒孔臧不愿意干的活，只能交给假儒公孙弘了。在张欧被罢免之后，“朝中一哥”公孙弘虽然没有升迁，但基本上开始署理御史大夫的工作了。

前边咱们说过，卫青在元朔二年重创匈奴，让汉朝对匈奴取得了压倒性优势。后来主父偃执意修建朔方城，令汉朝的家底挥霍殆尽，结果又让匈奴占据了优势。最后主父偃没办法，掠夺了国内家产三百万钱以上的中产阶级，这才给汉武帝交了差，让汉朝和匈奴又回到了势均力敌的状态。

这种状态下，汉匈两国都不想再起争端，都想先控制一下节奏，回头再聊。元朔三年初，汉朝人民喜大普奔，匈奴君主军臣单于驾崩，这个从汉文帝时代熬到汉武帝时代的老单于终于撒手去了。军臣单于一死，匈奴对汉朝的威胁就大大减弱。很快，又有一个振奋人心的消息传来，军臣单于的太子於单被其叔左谷蠡王伊稚斜篡位。汉武帝觉得这事汉朝必须干预一下。汉朝政府收留了於单，封之为涉安侯，并强烈谴责伊稚斜的篡位举动，不承认伊稚斜政府的合法性。

这个事情，是汉、匈两国争天朝地位的重要事件。汉武帝一点儿也不让步，坚决反对伊稚斜单于。之后，汉武帝正式册封公孙弘为御史大夫，讨论怎么处理跟伊稚斜伪政府的关系。公孙弘是标准的鸽派，他最反对跟胡人较劲。他要全面否定主父偃主义的错误路线，首先就是放弃朔方郡。

今天我们有能力保护自己的领土，必须做到寸土不让。但在那个时代，多维持一块没有经济价值的领土，就意味着内地要多饿死一批人。别看主父偃劫掠了中产阶级，那只能缓解一时的困难。因为即便是朔方郡修好了，人也迁过去了，依然每天在大量地烧钱。汉朝的经济结构单一，能赖以生存的就是农业生产。汉朝的农业生产跟后世哪个王朝都没法比，除了当时的品种产量低以外，汉朝的耕地面积也小。汉朝初期的领土面积，跟北宋差不了多少。或者说传统中国王朝的核心区域永远都是那个范围，很少出圈。跟后世王朝比，被后世王朝倚重为经济命脉的东南沿海地区在汉朝是经济消耗区，而非经济增长区。今天中国经济最发达的沪宁杭地区，在汉武帝时代可谓是蛮荒烟瘴，白送给越人刀耕火种都不心疼。所以，汉朝能依靠的产粮区有三个，分别是华北平原、渭河平原和四川盆地。渭河平原的粮食专供长安还不大够，还得从华北沿黄河逆流补给。四川更别提，运费太高，只能留着自己吃。能补充长安的，只有当时算作巴蜀地区的汉中一带。汉武帝时代靠这些粮食不仅要供养长安和军队，还得供养西南夷和隔三岔五资助东北的苍海郡，实在没能力再供养一个比长安都烧钱的朔方。这还得在天下太平的时代，若是赶上灾年，朝廷拿不出赈灾粮来，非得激起民变不可。这就是公孙弘请朝廷砍掉那些只烧钱不挣钱的区域的原因，得让国家养养元气了。

公孙弘说的并不算错，只能说他能力不够，没法改变边关的烧钱状态。这件事本身的对错并不重要，重要的是如果公孙弘全面否定主父偃，那么势必引起一连串的威胁汉武帝圣名的反应。

主父偃是汉武帝提拔的吧，如果现在认定主父偃是坏人，那么起用这个坏人的汉武帝是好人吗？那些年的悲剧政策该谁负责？在一个高度独裁的政体下，皇上是永远不会错的。也就是说，汉武帝决不能全面否认主父偃。那主父偃被灭族到底犯了什么罪呢？他犯了挑拨离间罪，而不是因为其激进导致哀鸿遍野的罪过。建设朔方郡、强迁十万人民去朔方、强迁富户去茂陵邑三大政策绝对是正确的，不容任何人质疑。在这种情况下，公孙弘想全面否定主父偃，根本不可能。最起码主父偃三大反人类罪根本不会被清算。皇上的本意是好的，只不过主父偃在操作的时候略有失误，是他这个人深负皇恩。

公孙弘并不是个特别有原则的政治家，但是朔方郡的去留，已经触碰到了公孙弘的底线。别的事顺着皇上，拍个马屁也就罢了。朔方郡这个事对国家的危害太大了，公孙弘居然破天荒地跟汉武帝据理力争，坚决要求撤销朔方郡。

汉武帝不好跟公孙弘辩论，这事其实不占理。所以汉武帝选出来一个能说的来跟公孙弘辩论，此人名为朱买臣。朱买臣休妻那是闻名天下的故事，那个故事同样证明了朱买臣当官之前日子过得有多艰难。这种经历，让他对主父偃报以同情，对生命非常蔑视。朱买臣用了十个立场问题发问公孙弘，公孙弘一句也答不上来。这十个问题，史书上没有记载内容。但是这种问题，推测起来并不难。

公孙弘坚决主张撤销朔方郡，出发点有二：其一，国家负担不起；其二，人民负担不起。这两个出发点归根结底是一点，那就是老百姓负担不起。为民请命，在古代是很大的罪过。就你爱惜百姓？朕就是个暴君？要打败这种人，就得枉顾事情的真相和逻辑，只讲立场即可。

在政治正确下，朱买臣可以完全不顾公孙弘，你敢说放弃朔方郡，就是卖国；你敢说国家富裕成这样还养不起朔方郡，你仍是卖国。这样说，天就没法聊了。公孙弘服了，带着情绪上奏汉武帝，说我公孙弘就是个傻子，不知道朔方郡有那么多的好处。既然如此，那就请撤销苍海郡和西南夷诸郡，专门供养朔方一个郡。

汉武帝也不傻，他当然知道留着朔方郡会很被动。但是朔方郡不得不留，为了减轻负担，他同意撤销苍海郡和西南夷诸郡，先从撤销苍海郡开始。

其实咱们客观分析，苍海郡是不该撤销的。不可否认苍海郡是没少花朝廷的钱，但是朝廷拨给苍海郡的钱粮，不是制度性给，也不是非给不可。当初濊貊人主动加入汉朝，朝廷给钱粮算是赏赐，人家本身也可以自给自足的。留着苍海郡既可以用濊貊人的力量牵制卫氏朝鲜，又可以给肃慎和东胡树立个榜样，加入汉朝大家庭，何惧区区匈奴。西南夷同理，大不了不给钱给他们政策，朝廷不需要制度性养着他们。唯独这朔方郡，在一望无际的草原上凭空建立一座新城，又强行迁过去十万居民。朔方郡不治产业，全靠内地供养。

这牵扯到皇上圣明的问题，哪怕舍弃苍海郡，也得留着朔方郡。公孙弘放弃了挣扎，不再为朔方郡的事据理力争。从来都不跟汉武帝唱反调的公孙弘经过这个事，给人留下了一个升官就难管的印象。公孙弘为了自己的形象，于是把自己打造成廉政标杆。像他做到了这位位置，居然只盖麻布的被子，每餐食不兼味，只有一种肉菜。

按理说御史大夫家吃什么，别人不知道的。但是架不住他家人传播，街头巷尾都传开了，谁都知道公孙弘廉洁。很快，汉武帝也知道了公孙弘的廉洁，备感欣慰。这时候，主爵都尉汲黯弹劾公孙弘，说公孙弘是个影帝。为啥呢？御史大夫的基本工资年薪二千一百六十斛粮食。这么高的工资还过得那么穷，分明是矫揉造作的表演。

汉武帝也很有意思，马上单独召见公孙弘，说汲黯告你状了，说你工资那么高还生活那么简朴，分明是表演，你自己怎么说？

汲黯是什么人？他可是大汉朝第一真相帝。别说公孙弘了，就算是汉武帝刚刚自称是儒家的爱好者，汲黯马上不留情面地揭露汉武帝假好儒。公孙弘如果矢口否认，会让汉武帝觉得他不真诚。于是公孙弘大大方方承认：其实我是个演员。

汉武帝一看公孙弘是个真小人而不是伪君子，这样的人可用，没毛病。

出 处

汲黯曰："弘位在三公，奉禄甚多。然为布被，此诈也。"上问弘。弘谢曰："有之。夫九卿与臣善者无过黯，然今日庭诘弘，诚中弘之病。夫以三公为布被，诚饰诈欲以钓名……"天子以为谦让，愈益厚之。卒以弘为丞相，封平津侯。——《史记·平津侯主父列传》

元朔三年（前 126）三月的桃花里，随着汉武帝大赦天下的圣旨颁布，皇上总算圣明了，大汉看上去和谐了。但是别忘了，汉朝刚收留了匈奴於单太子，不承认伊稚斜单于的地位。这件事就让伊雅斜单于跟汉朝没完了。

汉武帝本来想利用这位根红苗正的太子爷大做文章。结果没想到，於单太子爷福薄，没过几天好日子就死了。这回伊稚斜单于可逮着理了，你们大汉不仅严重干涉我们匈奴的内政，还不懂事地过问我们单于家族的家事，最不能忍的是我们太子爷跑到大汉怎么几个月就死了？是不是你们害死的？

汉武帝也说不清楚，刚封了於单为涉安侯，还没教会於单讲《论语》，这哥们儿就死了。从那开始，匈奴就玩了命地攻打汉朝边境。由于汉军集中在朔方，上郡、代郡、定襄、雁门一线经常能看到匈奴劫掠的身影。

汉武帝也没辙啊，现在的大汉不比往常，哪有势力再跟匈奴死磕啊。在这个多事之秋，又赶上王太后驾崩，汉武帝焦头烂额，不得不放弃了西南夷，只留南夷县和夜郎县两县。然而在这关键的元朔三年，那位出使西域的张骞返回东土大汉了。

张骞这一走就是十三年。十三年来，大家都快忘记了张骞的存在。张骞去的时候是一百多人，回来的时候就剩他和大徒弟"孙悟空"——贴身侍卫、翻译官、厨师堂邑父两个人。十三年了，张骞有一肚子话要说。

简单回顾一下吧，早在建元二年（前139）的时候，汉武帝听匈奴战俘说，匈奴最大的仇人是月氏人，发源于甘肃河西走廊的游牧民族。跟古羌族、义渠族的关系密切。月氏起源很早，商周时期就在西北活动，曾经是匈奴的劲敌。本来匈奴老受欺负，后来冒顿单于势大，把月氏人逐出甘肃。大月氏被迫西迁，从容击败西域各国，成为西域老大。老上单于在位期间，把月氏人逐出西域，迫使月氏人迁到了今天中亚的西北部。老上单于杀死月氏王，还用其头骨做酒器。

汉武帝知道了这些信息，就派张骞去往西方出使大月氏。大月氏在哪？根据已知信息，大月氏以前在甘肃，后来到了西域，再后来就不晓得了。所以张骞的任务就是从甘肃出发往西，到西域打听打听。

前边咱们说了，甘肃在汉朝初年是匈奴领土。张骞一到甘肃就被匈奴抓了，匈奴人扣下张骞，给他娶媳妇分房子，一住就是十年。十年来，张骞连娃都有了。匈奴人觉得差不多了吧，理论上应该把张骞同化成一个匈奴人了。匈奴想要同化张骞的想法，简直是个童话。张骞趁着匈奴放弃对他的监视，带上堂邑父，抛弃妻子奔向西域。留在匈奴的孤儿寡母大骂张骞是个“渣男”。

为什么张骞往西逃呢？这跟汉朝的法律有关系。张骞被扣十年，任务没有完成就回去，必然死路一条。所以张骞不得不继续西行，不求取真经，誓不回国。张骞和堂邑父西逃数十日，到了一个前所未见的国家，叫大宛。大宛的人种属于白人，血统上属于高加索人。张骞也是没想到，他们在甘肃被抓的，结果十年后逃出匈奴的第一站，到了西域西边的大宛，等于他越过了新疆，当时他并不知道西域的情况。

大宛是个文明程度很高的发达国家，张骞在大宛见到了巍峨的建筑和规划整齐的城市。大宛国王也没想到，这俩臭要饭的居然是东方大国汉王朝的使臣，赶紧盛情款待这二位汉朝使者。

等张骞和堂邑父洗漱干净，吃饱喝足，大宛王召见张骞和堂邑父，得聊聊东方的故事了。大宛王肯定不会说汉语，张骞肯定不会说大宛语。那么这段对话怎么进行，唯一的可能是大宛国挨着匈奴，一定有匈奴语的翻译。而张骞的大徒弟堂邑父又是匈奴人，这样就能交流了。大宛翻译把大宛话翻译成匈奴语，堂邑父再把匈奴语翻译成汉语。在当时，匈奴语都快成了世界语言了。

别管说什么语言，好歹张骞和大宛王可以对话了。大宛王得问问："尊使从东土大汉来到大宛，意欲何为啊？"

张骞赶紧忽悠："本使要出使月氏，不幸被匈奴扣留。现在既然到了大宛，请陛下帮忙派翻译带个路，只要能帮我去月氏，等我回到大汉以后，给贵国带来的财物多到你想象不到。"

大宛王一琢磨，这事能干。本来从大宛往西就能到月氏，但是大宛王怕这事如果被匈奴知道了，挨揍咋办？所以大宛王决定再拖一个下水，于是他派出翻译，带着张骞和堂邑父去了北方的康居国。大宛王告诉张骞要去大月氏，必须从康居国换乘。

康居国在今天伊朗的东北部，东边是乌孙国，南边是月氏国。有了大宛国的翻译，康居王秒懂。既然有帮手，那就可以聊聊。张骞在康居的活动很顺利，还是那套词儿，只要送他去月氏，他回到大汉之后会给康居国带来大量的财物。康居王也不含糊，派翻译带张骞去了月氏国。张骞热泪盈眶，终于到了，月氏王，我可找到你了。

聊聊吧，这段对话目测得需要一群翻译坐那儿同声传译。总之呢，张骞历数匈奴对月氏犯下的滔天罪行，表达了要和月氏联合夹击匈奴的想法。月氏王想了想，当年和匈奴的恩怨，那是六七十年前的事了。在历史的长河中，六七十年不叫个事。人类忘性极大，几十年前发生的悲剧，转眼就忘。月氏也是一样，几十年前的事不记得了。再一个，打匈奴为了啥？匈奴有金山还是银山？打他有啥好处？其次，匈奴的土地贫瘠，就算占据那块地方，有什么用？难道要平地建城，靠月氏的国力去供养？意义何在？至于你们大汉说的面子，不好意思，俺们不懂。以上都是建立在能打赢的前提下，万一再打输了，岂不是又要西迁。

当然，中国人讲究的面子，谁也不懂。张骞任务失败，但好歹见了月氏王。月氏王不同意，那就不赖张骞了。张骞想动身去月氏南部的大夏国，当时月氏想要吞并大夏，绝不发给张骞通行证。张骞在月氏留了一年多，也没能说动月氏王，于是带上堂邑父，偷偷去了一趟位于阿富汗的大夏，然后返回大汉。

关键是回去走哪？经研究，张骞决定走南疆，折向青海，走羌人的领地回大汉。但是南疆归匈奴管啊，张骞和堂邑父刚到南疆，又被匈奴抓走了。本来张骞都要绝望了，危急时刻，匈奴内部发生了伊稚斜单于篡位，於单太子逃往大汉的事情。张骞趁乱逃走，终于在元朔三年回到了长安。

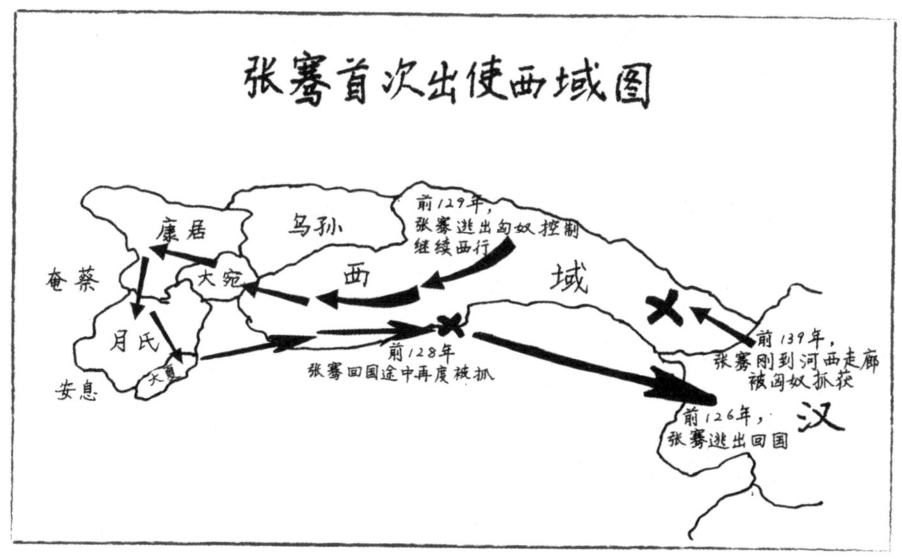

回到长安的张骞开始讲述这次西游记，那感觉就像马可波罗在意大利讲述东游记的感觉差不多。别看张骞离开十三年，其中有十年在匈奴被软禁。所以这次张骞带来的西游记，只有亲眼见过的大宛、康居、月氏、大夏四国，还有传说中的西域大国五六个。跟马可波罗那个旅行家不同，张骞是大内侍卫出身，他的特点更像特工。张骞关注到的点，都是战略机密。马可波罗聊东方各国，只说这里多么有钱。而张骞聊西域各国，聊的都是重点。说到大宛，张骞讲到了大宛是个农业国，出产葡萄，可酿酒。大宛的军队却是以骑兵为主，因为那里盛产好马，以汗血马最为宝贵。大宛国有大大小小七十余城，军队装备以弓箭、长矛为主，军人数十万。

康居国是小国，在大宛北方。康居也有骑兵八九万，风俗与月氏相同。康居王同时向月氏、匈奴两国称臣。

再往西是奄蔡国，风俗跟康居、月氏、匈奴相同，有骑兵十数万。

大月氏在大宛西边，风俗同匈奴，有骑兵小二十万。月氏国西边有安息国（古波斯），北边是康居，南边是大夏，已经被月氏征服。

除此之外，张骞还介绍了古印度（身毒）、古波斯（安息）、古罗马（大秦）等国的基本情况和兵员配置。汉武帝大喜过望，这可比《山海经》来劲，原来世界这么大，好玩的这么多。虽然月氏不想找匈奴报仇，但是西域各国讨厌没文化的匈奴，钦羡有文化的汉朝是不争的事实。汉武帝封张骞为太中大夫，封堂邑父为“奉使君”。

张骞十三年拿命换了个太中大夫，张汤在同一年靠整人当上了廷尉。而百变金刚堂邑父，仅仅得了一个奖状，上面写着“奉使君”的荣誉称号。也就是说，我们认为意义重大的张骞通西域，在汉武帝眼中也就那么回事，毕竟暂时解决不了匈奴问题。而张骞的外交、间谍技能暂时也用不上，汉武帝更看重的是张骞带兵打仗的能力。

元朔四年（前125），匈奴兴兵九万，再次大举进攻汉朝。不过汉武帝是铁了心不跟匈奴发生冲突，眼下最重要的是调整朝廷内部人员结构。仅仅提拔张汤任廷尉、张骞任太中大夫是不够的。如今硝烟四起，弄不好什么时候就得打仗，朝中那些尸位素餐的占位符，是时候给能臣干吏挪挪窝了。

中国古代史有个很显著的特点，那就是天下大乱，皇上用能臣；天下太平，皇上用庸臣。最典型的就是唐玄宗，他老人家重用的大臣，从开元年间的姚崇、宋璟到天宝年间的李林甫、杨国忠，正好见证了唐玄宗开元年间的励精图治和天宝年间的坐享其成。

汉武帝也一样，要不是主父偃瞎折腾，薛泽在丞相位置上还能多干几年。自从主父偃瞎折腾之后，大汉王朝陷入了巨大的危机中。百姓怨声载道，边关混乱不堪，匈奴连年入寇，皇上焦头烂额。这时候的汉武帝不再需要一个没什么用的丞相薛泽，他需要一个能帮他稳定后方的人当丞相。新丞相最好是个影帝，能树立人民眼中的好丞相形象的最佳。汉武帝思来想去，能干这活的，也就公孙弘了。

公孙弘七十多了，据说是个大儒。公孙弘生活简朴，除了官服之外没有华丽衣服，除了粗布被子之外连个像样的床铺都没有。这么大岁数了，每餐只有一肉。老百姓总是不明真相的多，会对这种人有着充分的好感。

元朔五年（前124），汉武帝下诏，废薛泽，立公孙弘为丞相。此诏一出，群臣哗然。为啥呢？大汉开国七十多年了，从来都没有过布衣出身当丞相的先例。为相者，先前都有立功封侯。公孙弘啥也没有，他六十多岁才出道，话没少说，事没多干，功劳不足，没有爵位。汉武帝一看，不是说不封侯的不能任相吗？好说，那就封公孙弘为平津侯，这下都没话说了吧。自此，汉朝有了因为要当丞相，才被封侯的先例。

汉武帝这么玩就没意思了。本身汉景帝破坏了非功不侯的祖训，又破坏了外戚不得干政的潜规则。现在汉武帝又破坏了非侯不得任相的先例。看看汉朝末年的历史，颠覆刘氏江山的就是这些无功而侯的外戚，这些外戚还随随便便就拜相。皇上有权利就任性，早晚报应在子孙身上。

那么说公孙弘的私德确实像民间传说的那样可比周公吗？拉倒吧，主爵都尉汲黯曾经准确地指出过，公孙弘是个“影帝”。这么大的官还标榜自己穿的破、住的陋、吃的差，那就是矫情。再说了，老百姓总是有个误区，认为钱不花在吃喝穿戴上，就算是节俭。事实上公孙弘可比那些衣着华丽的人花钱多了去了，他老人家养了一帮水军，没事就替他炒作，说公孙弘有多么好。当然了，水军在汉朝叫门客。热衷于炒作的公孙弘最恨的就是别人炒作，所以在杀遍天下的郭解和主父偃以及压制宁成这方面，公孙弘不留余力。

对了，据传公孙弘是个大儒。事实上公孙弘的儒学水平，都不如清末的一个秀才。作为一个普通的秀才，最起码要掌握九门基本功：传说中的四书五经。再看看公孙弘，基本功到底行不行？这九门功课，公孙弘就会一门《春秋》。公孙弘并不是什么大儒，他是狱吏出身，因为汉武帝假好儒，他才突击了一本《春秋》，任职以来干的都是法家的事。也就是说，公孙弘是大法。这也是为什么，在儒家那个圈子里，公孙弘的人缘并不好。连教给皇上外儒内法的董仲舒，也觉得公孙弘这人忒假，是个阿谀奉承之辈。

公孙弘为官期间，旗帜鲜明地反对跟匈奴开战，坚决地站在酷吏的对立面。由他来代表朝廷的立场和体面，那是再合适不过了。公孙弘上位以后，第一件事建议皇上下旨，禁止百姓私藏弓弩刀枪。老百姓都掌握武器了，这让官府可怎么管人？

汉武帝下诏讨论，董仲舒的弟子吾丘寿王马上站出来反对。吾丘寿王说，老祖宗制造武器，并非用来制造暴力，而是用来遏制暴力的。要是在家好好待着，突然窜出来猛兽，手里没有武器，不就完蛋了。坏人赤手空拳也能行凶，好人没有武器难以保护自己。禁止武器，只能助长坏人的气焰，削弱好人的实力。圣人治国，最担心的不是老百姓持有武器，而是担心老百姓用武器伤了坏人而触犯法律。如果老百姓因为正当防卫而被法律制裁，那就是剥夺老百姓自救的手段。再说了，造成社会治安问题的绝不是武器，是因为文教废弛。最近几百年，治安最差的时代就是废文教、重刑罚、禁武器的秦朝，这还不说明问题吗？社会治安差，是地方郡国两千石以上官员的罪过，怎么能让武器背锅呢？再者说了，孔圣人六艺之三就是射箭，如果藏弓箭有罪，那把孔圣人置于何地？《礼记》上说“男子生，桑弧、蓬矢以举之”，咱现在推崇儒家，这大射之理，上至君王下到庶民都要遵守，怎么禁止？

一席话，公孙弘哑口无言。吾丘寿王光讲道理也就罢了，公孙弘还能用歪理和他比画比画。但是这帮儒生都学坏了，上来便占据道义的制高点。过去朱买臣就这样驳倒了公孙弘，现在吾丘寿王还是这一手，连孔圣人都搬出来了，这可咋整？还说什么《礼记》，公孙弘又没看过，这不完了吗。

出 处

（吾丘寿王）后征入为光禄大夫侍中。丞相公孙弘奏言：“民不得挟弓弩。十贼彍弩，百吏不敢前，盗贼不辄伏辜，免脱者众，害寡而利多，此盗贼所以蕃也。禁民不得挟弓弩，则盗贼执短兵，短兵接则众者胜。以众吏捕寡贼，其势必得。盗贼有害无利，且莫犯法，刑错之道也。臣愚以为禁民毋得挟弓弩便。”上下其议。寿王对曰：臣闻古者作五兵，非以相害，以禁暴讨邪也。安居则以制猛兽而备非常，有事则以设守卫而施行阵……然而盗贼犹有者，郡国二千石之罪，非挟弓弩之过也。《礼》曰男子生，桑弧蓬矢以举之，明示有事也。孔子曰：“吾何执，执射乎？”大射之礼，自天子降及庶人，三代之道也……且所为禁者，为盗贼之以攻夺也。——《汉书·严朱吾丘主父徐严终王贾传》

你看，公孙弘上位第一道政令，就被小字辈吾丘寿王啪啪打脸。无论是政治上、道德上，还是学术上，公孙弘都完败。但公孙弘就是公孙弘，谁也没见过他和谁直眉瞪眼争论过，也不曾指着谁咬牙切齿地说句毫无意义的："你等着！"这事一出，公孙弘戒骄戒躁，不卑不亢，承认了自己这想法是错的，还得夸小吾丘说得真好，是我没想到。这倒不是公孙弘大度，而是咬人的狗从来不叫。

汉武帝时代，诸侯王的日子过得战战兢兢，如履薄冰，皆受本国内的两千石以上官员欺负。不过有个王爷除外，那就是汉武帝的亲哥哥，胶西王刘端。刘端是个性格乖戾、无所畏惧的王爷。这位王爷的人生，写满了悲剧。刘端身体不好，享受不了男女之间少儿不宜的事情。要真是个太监，还另当别论，关键是这哥们是个守着一堆美女的王爷，这能不憋出心理疾病吗？久而久之，刘端成了一个变态：他喜欢上了男人。然而他最深爱的男人，不仅染指了他，还染指了他的女人。

这样悲催的人生，让刘端不惧死亡。在别的封国里，国相甚至敢勒索王爷。但在胶西国没有，王爷明着弄不死国相，背地里也得害死国相。让皇上杀了我啊，灭三族的话，皇上也有份。

这样一个主儿，汉武帝拿他都没辙，随他去吧。元朔五年，新任丞相公孙弘逮着机会了。小样，吾丘寿王敢惹我，那我就惹你师父。公孙弘一脸诚恳地报告汉武帝，说胶西王老这样也不是这个办法。关键是胶西国的历任国相都是㞞包，死了活该。为了规劝胶西王，得派个德高望重、学识深厚、为人正直的大人物去当国相。全国上下，没人比董仲舒更合适了。汉武帝一看公孙弘真是社稷之臣，准了。

那边董仲舒又不傻，去了胶西国，就等于去死。谁脑子进水了去管那个变态狂？董仲舒称病不去。公孙弘一看董仲舒称病，表示十分关心，既然董大人身体不适，那就回家养病吧，以后不用来上班了。你看人家公孙弘，轻轻松松铲除政敌。整了董仲舒，汲黯也跑不了。别以为有皇上惯着，就动不了你。

汉朝初年，京城的地方长官分为主爵都尉和左、右内史三人，这三位待遇相当于九卿，汲黯的官职为主爵都尉。主爵都尉主要管理京城周边的列侯，侯爷们谁也不敢惹主爵都尉。老百姓归左内史管，这活也好干。最难干的就是右内史，管的是皇亲国戚。这个职位，非酷吏不能干好。人家公孙弘最烦的就是酷吏，于是上奏汉武帝，说这些皇亲国戚，非汲黯不能管理。看上去这是平级调动，事实上这是公孙弘给汲黯挖坑，想借皇亲贵胄的手，除掉汲黯。

可汲黯办事靠谱，当了右内史也没引起皇亲国戚的讨伐。汲黯这种人耿直，人格魅力又高。汉武帝衣冠不整都不敢见汲黯，这种魏征式的人物，是皇亲国戚搬不动的。

不过公孙弘任相以来，颇为重视文教。朝中有文化的越来越多，不学无术的被清除一部分。在这期间，匈奴没完没了地侵略汉朝边境。汉武帝怒了，还没个完了！正好国内建设交给公孙弘，卫大将军，是时候该你出手了。对于汉匈两国来说，汉朝这次出手，相当于一次决战了。

说起元朔五年的这场汉匈大战，起因还得从元朔三年的那次匈奴内讧说起。伊稚斜单于篡位，於单太子逃往汉朝。汉武帝收留於单太子，并封之为涉安侯，不承认伊稚斜单于的地位。

从元朔三年开始，伊稚斜单于不断地向汉朝发动进攻，为自己的合法地位而战。那么伊稚斜单于有实力跟汉朝开战吗？没有。那么伊稚斜单于哪来的自信？这种牵扯到独裁者地位的事，谁也说不清楚。慈禧胆敢向十一国宣战的时候，只考虑到了洋人让她还政给光绪，没想实力对比的问题。

当时汉武帝家里有事，没搭理匈奴。简单盘点一下三年来匈奴对汉朝的入侵：

元朔三年，匈奴万余骑进攻代郡，杀郡守恭，俘获千余人。同年，匈奴破雁门关，劫掠而走。

元朔四年，匈奴九万骑兵全面入侵代郡、定襄、上郡，杀害汉朝军民数千人。

元朔五年，匈奴右贤王攻打朔方郡。

在匈奴军界，单于之下，地位最高的便是右贤王，管理朔方以西至西域的地盘。再往下才是由太子担任的左贤王，管理自朔方以东到东北的地盘。往下是右谷蠡王和左谷蠡王、右大将和左大将、右都尉和左都尉、右大当户和左大当户。

这一回匈奴二把手打来了，汉武帝忍无可忍，封卫青为车骑将军，并给他配备了游击将军苏建、强弩将军李沮、骑将军公孙贺、轻车将军李蔡四大副手，从朔方出兵，进攻匈奴。这四位副手可不是吃干饭的，苏建那是大名鼎鼎建设朔方城的总指挥。历史上能任这种天怒人怨工程总指挥的，都不是凡人。比如秦朝负责修长城的蒙恬和隋朝的负责开运河的皇甫议。李沮，以前是长安城右内史，专管皇亲国戚的，非酷吏不能担任。公孙贺是胡人，他媳妇是皇后卫子夫的亲姐姐。李蔡更不得了，是李氏家族最出息的人。虽然名气没有他堂哥李广大，但是李蔡在朝中是标准的文能提笔安天下，武能上马定乾坤。

卫大将军带着这四大将，领兵三万出马，势力自然不容小觑。汉武帝作为一个战略家，并不是只派出了卫青这一路人马。在东路，汉武帝派出名将李息和张次公出兵，配合卫青作战。李息前边介绍过，新生代名将。张次公需要着重聊聊，这哥们儿是江湖好汉出身，出身虽然不咋地，但是，出身更不咋地的伯乐卫青看上了他，这才给了张次公一个机会。张次公跟着卫青战功卓著，爵封岸头侯，曾接管过长安城北军，深得汉武帝信任。

汉军兵分两路，西路卫青带着四大将，东路李息、张次公。匈奴人也不是傻子，间谍很快刺探到了汉军的行动。据分析，李息和张次公是佯攻，目的是牵制左贤王的兵力。而卫青的主力军目标是朔方郡的边缘地带，解朔方郡之危。既然如此，右贤王便不以为意。首先佯攻的东路军不足虑，李息胆子还没大到单挑左贤王；其次卫青也不足虑，毕竟匈奴骚扰的是朔方郡，而不是朔方城，你来我走不就完了。但是右贤王没想到，卫青是个不按套路出牌的人。我管你骚扰哪些地方，请自便，我的目的是右贤王的营地。

右贤王没有任何的防备，正和部下们喝着酒呢，汉军从天而降，右贤王顾不上酒驾，带上爱妾和数百侍卫仓皇而逃。匈奴二号人物的营地，就这样被卫青三万大军给端了。这一次光王爷就抓了十余人，男女战俘一万五千多，牛羊以千万计。这战绩，是大汉开国以来最大的一次胜仗。过去从没抓过十多个匈奴王爷，美。

汉武帝欣喜若狂，亲自派人去营地给卫青奉上大将军印，封卫青为大将军。卫大将军麾下诸将皆封侯，连卫青刚出生的仨婴儿都封了千户侯。

李蔡也因为此战有功，升为御史大夫。李广眼泪都下来了，因为此时的李广在长安担任着郎中令，没能上前线，错过了封侯的好机会。

这一仗之后，汉匈矛盾越来越大。当年秋季，匈奴攻打代郡，杀都尉朱英，算是报仇。汉武帝一看朕手下有神将卫青，你们还敢造次，真是不知道布加迪有多快。秋冬季节且不与尔等计较，你们等着明年开春的。

转过年来，也就是元朔六年（前 123）的二月，春暖花开，草长莺飞，正适合作战。这次汉武帝下血本了，起用了一批新老中高级军官随卫青作战。这些军官作为汉军的中坚力量，发挥了很大的作用。比如因罪被废为庶人的公孙敖，这次在卫青账下担任中将军。以勇武善谋著称的赵信，担任前将军。飞将军李广不用介绍了吧，此次担任高级军官后将军。此外还有在上一次战争中立功封侯的左将军公孙贺、右将军苏建、强弩将军李沮随军作战。卫青带着六大将，从定襄（今山西忻州）出发，带兵十万攻打匈奴。这六大将里边，有一半是胡人。公孙敖和公孙贺是义渠人，赵信是归化的匈奴人。

卫青的战略是诱敌深入，因此出关后逢匈奴作战，斩首千余而回定襄，等着匈奴来报复。谁知道这帮人这么㞞，老不来。一个月后卫青又出马一次，这回遇上匈奴主力了，可惜的是前将军赵信和右将军苏建，他俩只带了三千人马，被匈奴包围，打也打不过，走也走不了。双方激战一天，前将军赵信眼看不支，带着仅有的八百骑投降，大家都是匈奴人，好说好商量。右将军苏建死战，直至手下尽亡，才只身逃往大营。而此时的卫青由于避开了匈奴主力，直捣匈奴老窝，斩敌万余而还。

这时候就有意思了，卫青斩敌万余，这是大捷，指不定又有谁得跟着封侯了。比如李广这次就在军中，参与了这次大捷。但是，赵信和苏建以三千骑遭遇匈奴主力，不得不说是卫青的判断失误，导致了这三千骑全军覆没，赵信投敌，苏建光杆。

根据军令，战败就是死刑。这要是让皇上知道了，那是杀头的罪过。上回公孙敖和李广就因为这事差点被斩首，这回赵信知道要玩完，所以投敌。而苏建死战得脱，让同事们非常愤慨。苏建要是壮烈殉国，不耽误大家的大捷。可是苏建活着回来了，那就是战败，谁背这个锅？议郎周霸、军正闳、长史安建议卫青斩苏建以立威。

卫青心里有数，是他判断失误，才导致这场悲剧。假如为了掩饰自己的失误而杀人，将来这队伍就没法带了。这群人都是老油子了，他们建议杀人立威的时候大义凛然。但是转过脸来就能用这事在必要的时候弹劾大将军。朝廷最忌讳大将擅杀将军，不因为这种事，袁崇焕也死不了这么惨。

卫青出身低微，但是混了这么多年，什么场面没见过，什么人物没见过。要听了这帮孙子的话杀苏建，那后果不堪设想。在重大失误当中，能信任的只有利益共同体。很明显，卫青和周霸等人不是利益共同体。那就顾不上那么多了，卫青自称不敢在境外擅杀大将，于是逮捕苏建，交给汉武帝圣裁。这事又不是第一次发生了，苏建一定会被判死刑，然后交钱免死，废为庶人，若干年后再被朝廷起用就是了。

这样还一个问题没解决，苏建的失败，谁来背锅？这事卫青也有说词。苏建已经受到处罚了，那叛国者赵信背锅就行了。谁也别说是卫青指挥失误，这锅卫大将军不背。为啥呢？俩大将军带了三千兵马居然能全军覆没，卫大将军说这是他们业务不行，水平太次。不信是吧，看卫大将军的外甥，年方十八的剽姚校尉霍去病，仅仅带了八百骑，甩开大军数百里直捣匈奴老窝，斩敌两千多，生擒匈奴的丞相、大当户，斩伊稚斜单于的叔爷爷，活捉伊稚斜单于的叔叔。瞧这战绩，苏建还有什么可说的？

汉武帝论功行赏，霍去病勇冠三军，封冠军侯。上谷太守郝贤四次出征斩敌数仅次于霍去病，封众利侯。但是赵信投敌这事，卫青你说你没一点责任？朕给你个面子，不追究责任，也不增加封地，给一千金意思意思吧。钱从哪来？苏建判死刑，交钱买命吧。李广在一旁郁闷到不行，上次卫青大获全胜封侯拜爵的时候，他没赶上。这回好不容易赶上了，赵信又投敌了，这命运也是没谁了。

卫青拿到这一千金，非常忐忑。很明显，皇上对他的恩宠不如以前了。卫青有一点很明白，他能当这个大将军，业务能力只是一方面，更多的还是因为他姐姐是卫子夫。现在的卫子夫皇上看腻了，卫子夫都不得皇上恩宠，卫氏一门的好日子也快到头了。

当时汉武帝宠信术士，所以术士们挤破头就想得到汉武帝召见。术士越来越多，竞争越来越大。恰巧一个叫宁乘的术士几次求见汉武帝不得之后，剑走偏锋，去见了卫青。宁乘直言不讳地说卫青能有今天一门四侯的恩宠，是因为皇后卫子夫。卫青完全认同这点。宁乘又说，想要在朝中站稳脚跟，最重要的就是有人在后宫给他撑腰对不对？卫青也深以为然，但是现在卫子夫罩不住他了，这可咋整。宁乘哈哈大笑，说后宫有人能罩住自己就行了，你管这个人是不是卫子夫呢？卫青恍然大悟，对啊，为啥这个人非得是卫子夫呢？眼下后宫最得宠的是王夫人，卫青才不管是不是王夫人争走了卫子夫的宠，就算没有王夫人，也会有赵钱孙李周吴郑夫人来争走卫子夫的宠。这时候，宁乘建议卫青把刚拿到的一千金送给王夫人做生日礼物。卫青想了想没舍得，拿出五百金去给王夫人暖寿。

汉武帝觉得新鲜，你们卫家不恨王家吗？卫青趁机把宁乘推荐给汉武帝，说这哥们儿够意思，生怕皇上后宫有矛盾，他教我跟王夫人搞好关系。汉武帝一看宁乘懂事，卫青实诚，很高兴地封宁乘为东海都尉，对卫氏恩宠依旧。卫青内有王夫人为援，外有宁乘帮忙，还落下实诚的好名声，稳坐大将军的位置。

回说这场世纪之战，匈奴大伤元气。大规模的战争组织不起来了，小规模的游击战匈奴还是可以的。但是，汉朝这边的消耗也不亚于匈奴。转运粮草是一项巨大的开支，赏出去的黄金足有二十多万斤。战马损失十几万匹，这还不算刀枪剑戟、盔甲兜鍪的消耗。总之，此战以后，大司农经过精密的计算，国库已经枯竭，军队面临着就地解散，要不然欠薪时间一长，容易哗变。

元朔六年六月，汉武帝想出了一个绝妙的点子。首先盘点牢里还有多少死囚，赶紧通知他们的家人，拿钱来赎人。还有判有期徒刑的，想减刑吗？给钱减刑。这些钱还不够的话，汉武帝隆重推出新产品叫武功爵，这套爵位分十七级，全面面向大众出售。最便宜的十七万钱，集齐一套仅售三十多万金。那时候没有科举啊，买爵位的可优先考虑被任命官职。自此，公孙弘倡导的文官治国制度就乱了套了，阿猫阿狗都能当官，官员的纪律、操守就越来越差。

出 处

（元朔六年）六月，（汉武帝）诏令民得买爵及赎禁锢，免臧罪。置赏官，名曰武功爵，级十七万，凡直三十余万金。诸买武功爵至千夫者，得先除为吏。吏道杂而多端，官职耗废

矣。——《资治通鉴·汉纪十一》

不过，经过这么一折腾，汉朝的财政危机解决了。汉武帝搜刮完老百姓刮中产，刮完中产刮坏人，刮完坏人刮巨商，每次效果良好。

大规模战争暂时告一段落，因为南方又出事了。

第九章 Chapter Nine

我有病，你有药啊

从元朔五年到元朔六年，汉朝塞北最耀眼的明星是卫青。但是这两年，朝中最耀眼的明星是新上任的丞相公孙弘。也是这两年，匈奴不断内侵，大汉国库空虚到险些破产，朝廷玩了命地想办法开源节流。这两年发生了太多的事，反而掩盖了一件并不寻常的案子，案犯的名字，叫雷被。

元朔五年，雷被突然来到长安，状告淮南王刘安谋反。那么说这个案子是怎么回事呢？我们先从雷被其人说起。

雷被这个人很厉害，是淮南王刘安手下的八大高人之一，还是著名学术著作《淮南子》的作者之一。尤其雷被耍得一手好剑，人称淮南第一剑。这也没什么奇怪的，宋代以前，中国的士大夫阶层不分文人还是武夫，都是全面发展的好汉。所谓人怕出名猪怕壮，雷被和七个同事合著的《淮南子》被淮南王刘安窃取了署名权；这一手剑术，也被王爷家的人盯上了，此人就是淮南王太子刘迁。

人家写的书，你改个名还可以。雷被这一手精湛的剑术怎么窃取？刘迁有办法，只要他打赢了雷被，那么他就是淮南第一剑。因此，刘迁召来雷被比剑。雷被是淮南王的门客，吃的是淮南王的饭。怎么能跟淮南王太子动手？于是劝刘迁。刘迁不管，非得和雷被比剑。雷被没办法，答应陪淮南王太子意思意思吧。这边刘迁刚拔剑，雷被咣当躺地下了，弄得刘迁一脸蒙。雷被起来就夸刘迁，好剑法，光犀利的剑气就让在下站立不住，如闫式太极一般杀伤力巨大。

刘迁大怒，你少来，本殿下还没动手呢，你表演得太浮夸，再来！这边刘迁一挥剑，雷被咣当又倒了，站起来就高度赞扬刘迁剑法出神入化。这小剑一挥，凌厉的剑气已经击中了在下全身穴位，让在下站立不住，不得已而倒之。

刘迁觉得智商受到了侮辱，坚决要求雷被至少还一下手，要不然怎么显示自己的无敌呢。雷被可犯难了，真没法还手啊。刘迁连握剑都不会，稍微一还手他就挂了啊。但是刘迁非让雷被还手，雷被无奈，闭着眼一刺，刘迁中剑倒地，身上划破了一层皮。

雷被吓坏了，赶紧扶起来给刘迁道歉，你看这苦练几十年，就这一招压箱底的大招，居然只能划破殿下一点皮，殿下的武功深不可测。在下知道殿下故意放水，要不在下的小命这会儿早没了。殿下不仅武功精湛，武德更是光芒万展，够在下一生追随了。

刘迁怒不可遏，要不是我伤口这么疼，就信了你的鬼话，你等着。自此刘迁和雷被结了梁子，刘迁无时无刻不想找机会报复。

出 处

太子（刘迁）学用剑，自以为人莫及，闻郎中雷被巧，召与戏，被一再辞让，误中太子。太子怒，被恐。——《汉书·淮南衡山济北王传》

刘迁回去就告诉淮南王，说你的手下雷被大逆不道，居然用剑伤我，你管不管？淮南王刘安非常护短，他爱这个儿子刘迁爱到不行。淮南王大怒，想要找雷被的晦气。但是，汉武帝时代的诸侯王都是弱势群体。除了胶西王刘端怀揣着变态证，还是皇帝的亲哥哥，又不孕不育，才有秘密杀人不予追究的特权。所以淮南王想杀雷被，可得掂量掂量。

雷被也察觉到淮南王要对付他，明的他不怕，怕的是淮南王玩阴的。恰巧雷被在街上遛弯儿，瞧见了汉朝对匈作战兵源紧张满世界征兵的告示，于是奏请淮南王说想去卫青军中效力。淮南王一看你这是要疯啊，于是把雷被逐出王府，眼里闪过一丝杀机，不给他报名参军。雷被心虚了，淮南王手下有八大高手，自己再厉害，也干不过那七个啊。虽然雷被文武双全，但还是老话说得好：剑术再高也怕菜刀，学问再好一砖撂倒。

思绪至此，雷被撒丫子蹽了，跑到长安举报淮南王造反。这事恰恰反映了诸侯王的实力，自己家门客，想杀还很费劲。自己的国家内，门客说走就走，王爷无权戒严。

雷被在长安报告了淮南王反情，引起了汉武帝的高度重视和内心蔑视。重视是做给别人看的，不是朕针对诸侯王，王爷们确实容易造反。蔑视是因为汉武帝心里有数，你淮南王拿什么造反？当年你爹犯了病，推了四十辆小车出去造反，已经成了一代“笑星”。如今你还不如你爹的实力强？难不成要带几个保洁、厨子、花匠造反？

当然这事你不能凭雷被的一面之词就给淮南王定罪吧，毕竟江湖上盛传淮南王才华横溢，著有《淮南子》一书。所以，汉武帝让廷尉和河南郡太守联合执法，逮捕刘迁押赴河南郡调查。在此之前，汉武帝和淮南王的感情还算很融洽，朝中有大事，淮南王每每上书言事，汉武帝总是亲自批复。汉武帝刚刚还赐给了淮南王手杖和茶几，允许他不必来朝觐见，满满的都是恩宠。所以这案子出了，淮南王大可让刘迁去长安跟雷被对质，反告雷被一个刺杀淮南王太子未遂，进京诬告的罪名。别管成不成，都好过王府拒不接待来访办案人员，拒绝交出刘迁。淮南王这样搞，那就是不打自招，承认了自己要谋反。

汉武帝一看这样，也没把事做绝，而是让廷尉下一道手令，让淮南国相提审刘迁。结果淮南王买通寿春县县丞藏匿刘迁，淮南相要人都不给。当时郡国两千石以上的官员为朝廷任命，所以县丞这种六百石的小官属于当地的地头蛇，胆敢挑战国相的权威。淮南相见有不知死活的，就上书弹劾寿春县丞无视朝廷法度。寿春县丞赶紧找淮南王，王爷你看，我为你办事，相爷弹劾我。

淮南王脑子一抽风，马上上书汉武帝，说淮南国相违法乱纪。汉武帝一看太乱了，干脆中央派人去查查吧。派谁呢？时任中尉的段宏，是汉武帝亲舅舅盖侯王信的人，让他去准没错。段宏以中央巡视组的身份，去淮南国调查这一堆破事儿。

此事一出，淮南王马上就要造反。刘迁赶紧劝他父王，别冲动，咱没兵造什么反啊？咱先看看段宏来干啥，万一就是来问问，那就说瞎话蒙过去。如果真是来抓人的，那就让王府的门客弄死他，然后我去刺杀淮南中尉，这样才能带淮南国的兵造反。

淮南王一琢磨，生子当如刘迁，靠谱，就这么干。

刘迁的迷之自信，也是让人无法理解。淮南国唯一掌兵权的就是淮南中尉，刘迁凭什么保证自己有能力刺杀淮南中尉？就算能，刘迁凭什么保证他杀掉中尉就能掌管淮南的军队呢？不管怎么说，反正淮南王一家，就这么愉快地决定了。

段宏就这么来到了淮南王府，淮南王也埋伏下了杀手。段宏一看，王府气氛不对啊，王爷身边这些侍从，穿得像个服务员，却个个手持大戟，明显是有事啊。所以段宏就拉王爷聊聊，说雷被到长安告御状，说王爷无故辞退雷被，还不给补偿，请问王爷雷被犯了什么事？我好回去跟廷尉说明情况。

淮南王爷儿俩一听，合着不是皇帝来调查造反案，而是廷尉来调查雷被的劳动纠纷问题。那好办，都下去吧，大摆宴席，本王得和段大人好好聊聊雷被这孙子是如何消极怠工的。

段宏和淮南王聊完之后，马上回京复命，把所见所闻告诉汉武帝。大臣们一开会，说淮南王的罪过大了。雷被从军，淮南王阻止，违抗圣旨，光这条就是死罪，其他模棱两可的罪行也就算了。

汉武帝不忍就此杀掉淮南王，于是再派段宏去淮南宣旨，赦免淮南王死罪，削两县以示警告。这个处罚算什么呢？就算是对淮南王降薪，没有什么实质性的处罚。但是淮南王以为汉武帝要杀他，于是在王府让武士换上服务员的衣服，手持武器等待段宏，打算先杀段宏，再杀淮南中尉，最后控制淮南军队，起兵造反。人家段宏来了之后，上来就宣布赦免淮南王。淮南王见汉武帝够意思，于是取消了所有计划。淮南王心里不舒服，他说自己这么好的人居然被降薪，没天理了。

最终，此案以淮南王被降薪而告终。淮南王沉下心来想想这么多年来，汉武帝对他真不错。事实上淮南王和汉武帝在血缘上并不太近了，汉武帝的爷爷跟淮南王的爸爸是亲兄弟，等于淮南王是汉武帝的堂叔。堂叔荒唐至斯，汉武帝尽量大事化小。按说淮南王应该感激涕零了。

不过淮南王在思想上确实起了变化，但是变化的方向令人猝不及防。淮南王以前觉得自己是大汉第一人。让他屈尊接受汉武帝的领导，那是天理不容的事。现在汉武帝对他这么好，他觉得世界上最强的男人是汉武帝，其次是他。整个宇宙中，只有汉武帝够资格去领导他。如果汉武帝驾崩，汉武帝的儿子是坚决不能领导他这位英明神武的淮南王的。不行，给汉武帝一个面子，不能造反。但是汉武帝死了，就必须造反。

元朔五年的时候，淮南王刘安五十六岁，汉武帝三十三岁。淮南王也不知道哪来的自信，非觉得自己一定比汉武帝活得长。

那么说这位淮南王，到底是个什么样的人呢？看他爸爸就知道了。

简单捋一下淮南王的身世。淮南王刘安是前淮南王刘长的儿子，而刘长是刘邦的儿子。所以说刘安是个根红苗正的皇孙，血统纯正。刘长的母亲是刘邦女婿赵王张敖进献的侍寝美女，没想到这位侍寝一次，居然就怀孕了。由于刘邦在张敖府上百般羞辱张敖，惹恼了张敖手下门客贯高。案发后刘邦因此逮捕了赵王府上上下下所有人，其中包括刘长的母亲。

刘长的母亲走皇后亲信大臣审食其的路子想要出狱，结果当时刘邦在气头上，皇后吕雉连自己的女婿都救不出来，何况自己的情敌呢。就这样，刘长在大狱出生，刘长的母亲死于大狱。

这事让刘邦很后悔，于是把刘长交给吕雉抚养。刘邦晚年征讨英布的时候，封刘长为淮南王。

你想吧，刘长母亲怀着刘长的时候没吃叶酸，还经过各种惊吓、劳累、营养不良。这就导致刘长先天性发育不好，得了也不知道是不是先天性的神经病。刘长武功很好，力能扛鼎，俨然一个小项羽。但是他行为怪异，性格乖戾，老做着当皇帝的春秋大梦，最终集结了几十辆货车举兵谋反，还没起事就被逮捕了。您见过推小车造反的吗？汉文帝把刘长发配四川，途中刘长想不开，绝食身亡。汉文帝把淮南国一分为三，赐给刘长的三个儿子，阜陵侯刘安为淮南王，安阳侯刘勃为衡山王，阳周侯刘赐为庐江王。

出 处

（刘长）令男子但等七十人与棘蒲侯柴武太子奇谋，以辇车四十乘反谷口，令人使闽越、匈奴。——《汉书·淮南衡山济北王传》

刘安继承了刘长的家族遗传性神经病。不同的是刘安更愿意炒作，生生把自己炒作成一个大文豪。那《淮南子》是他写的吗？“神经病”怎么可能写出思想巨著。那分明是刘安出钱，苏非、李尚、左吴、陈由、雷被、毛周、伍被、晋昌八人为总编，分门别类带着其他门客写的，成书的过程完全拷贝吕不韦出钱组织门客编写《吕氏春秋》。

吕不韦没敢自称吕子，可刘安却敢自称淮南子。经过多年的炒作，世人皆知老刘家最好的一个人就是淮南王刘安。刘安觉得他爹刘长死得冤枉，一心想要造反。可是时代不同了，王爷不一样。刘长当王的时候，淮南国上上下下的事都归刘长管，刘长确实是个手握重兵的一国之主。而刘安当王的时候，且不说国土面积只有原来的三分之一，就连王权也大不如从前。要说刘安真要造反的话，最好的机会就是汉景帝刚继位的时候。

汉景帝任用晁错搞吴王刘濞，结果搞出来“七国之乱”。本来那次八国之乱，淮南王刘安也打算举兵响应。可惜的是当时任淮南国丞相的是张释之，老张多阴啊，骗了刘安的虎符，掌握了淮南军队，拒不发兵。这样让叛乱分子刘安，成了打击叛乱的正面典型。七国之乱以后，汉景帝逐步收走了藩王的人事、经济、军事、司法大权，想要再造反，只能带王府的丫鬟、厨子、杂役起兵了。

但是刘安一直没断了这个念想，为了造反，他做出了很多努力。你看别人造反，那得广积粮、练精兵、联络境外反汉势力、储存军械辎重、吸引各路人才、搜集朝廷的黑材料、装出一副或病歪歪或傻乎乎的样子让朝廷掉以轻心。

咱再看刘安是怎么做的，吸纳了大量门客写《淮南子》，换言之就是昭告天下他的私人武装是诸王之最。朝廷一有大事，远在淮南的刘安就上折子阐述自己的政治主张，一看就是关心政治的人。关键是想造反得有兵啊，人家刘安连自己家保安都不训练，一门心思看地图，整天研究从哪出兵，攻打哪里，仿佛他真有十万精兵一般。钱他倒攒下了不少，但是跟那些用钱收揽人心的野心家不同，刘安用钱养了一帮职业骗子。

这样一个人，没见过他的都知道淮南王是仁义大王。见过的再聊上几句，就会知道这是个神经病。比如建元二年的时候，刘安入朝觐见汉武帝，太尉田蚡负责接待。老田多鸡贼啊，没聊几句，就知道了刘安是个什么货色。于是田蚡忽悠他，说皇上没儿子，等他死了，继承人一定是您老啊。这要是真正想造反的野心家听完这话，必须马上拔剑斩之，以表忠心。智商不大够的，也得跟田蚡掰扯掰扯，那年刘安四十一，汉武帝十八。田蚡凭啥断定汉武帝没儿子，还得死在刘安前头？

田蚡我们知道，是个鸡贼的正常人。正常人说了不正常的话，刘安却深以为然，只能说明刘安不正常。田蚡就是看中了这点，编鬼话逗这傻狍子玩，目的是骗他的钱。那人家刘安不仅深信不疑，还真给了田蚡一大笔钱。从那以后刘安算是坐下病了，只要有人从长安来，刘安就打听，皇上是不是没儿子？长安是不是动荡不安？

跟刘安不熟的，要是实话说皇子刘据出生了，长安秩序井然。刘安就会勃然大怒，说："胡说八道，皇上怎么能生出儿子来呢？"长安又怎么可能会太平？说瞎话都不打草稿。熟悉刘安的呢，就编瞎话哄他，说皇上没儿子，长安不太平。刘安就会窃喜，仿佛当了皇太子一般。到这个阶段，刘安就病得非常严重了。

然而刘安自己不知道，不熟悉刘安的人也不知道。刘安有个闺女叫刘陵，这丫头能言善辩，于是刘安给她一大笔钱，让她到长安结交权贵。藩王勾结内臣，内臣收了钱也只能是平时帮淮南王美言几句，没啥实质性作用。只不过刘陵到了长安就找到了真爱，喜欢上了岸头侯张次公，俩人做出了没羞没臊的事，这是后话。

刘安做事没逻辑。上述所有造反事宜，刘安就做得毫无逻辑。上一节咱们讲刘安袒护刘迁的种种表现，也是没逻辑。这里边还一个小插曲，刘安的没逻辑发挥到了极致。王太后活着的时候，为了拉拢淮南王，把自己的外甥女嫁给了淮南太子刘迁。刘安、刘迁这爷儿俩臆想症犯了，咱们在家造反，这事被太子妃知道了咋办？于是，这爷儿俩脑子一抽风，导演了这样一出戏：

刘迁和太子妃结婚后，刘迁仨月不入洞房。刘安佯装大怒，把刘迁和太子妃关在一个屋子里，结果刘迁仨月不上床。太子妃觉得受到了侮辱，要求离婚。刘安上书请罪，把太子妃送回长安。

这么好的人质，就这样放了。再说了，在家看看地图，真不叫造反，弄得跟真事一样。

下属陪着他们爷儿俩玩的，都是拿他们逗闷子，骗点钱花。雷被案以后，刘安加紧了"部署"，带着自己的军师们对着地图研究造反。这群军师，主要是看在刘安人傻钱多的分上，陪他逗闷子，赚点儿看孩子的钱。你看雷被，典型的陪淮南王太子耍剑，结果失手了，闹出来大乱子。失去雷被以后，陪着刘安玩耍的主力就是伍被。伍被是伍子胥的后人，专业陪刘安对着地图研究造反。那时候如果有电脑多好，俩人合作打《红警》，估计刘安的愿望就有处发泄了。雷被案之后，伍被发现一个问题。过去刘安拉他地图上谈兵，现在刘安是正儿八经地聊造反。伍被又不是刘安的病友，知道带上厨子造反肯定没戏。开始劝刘安看着地图意淫一下就得了，还能真造反啊。就算你有十万精兵，你能打得过卫青？刘安不服，并不是他针对卫青，而是他觉得大汉朝除了他们爷儿俩之外，全是垃圾。

这头儿刘安在家密谋造反，他亲孙子也正谋划着造他的反。刘安有俩儿子，老大刘不害是庶出，所以刘安不拿他当人看。刘安喜欢刘迁，因为刘迁也爱好对着地图造反。刘不害的儿子刘建心里不平衡，于是阴谋搞死刘迁，这样刘不害就能当淮南王太子。那些抖机灵的，为了讨好刘迁，就去告密。刘迁大怒，抓起来刘建就是一顿抽。

刘建挨了一顿打，出来之后就跟政府密报刘迁打算刺杀淮南中尉，想夺兵权造反。汉武帝一看怎么刘迁又出事了，于是让廷尉会同河南郡太守，一起提审刘建，问问到底是怎么一回事。刘建就把刘迁那些疯话全都说了，包括和谁谁谁一起看地图，准备怎么刺杀中尉掌握淮南大军，怎么联合匈奴和闽越。总之刘建知无不言，言无不尽。

这证词如果递上去，不得让人笑掉大牙啊。凭什么你杀了中尉就能掌握淮南国兵权？这时候，辟阳侯审卿知道这事，赶紧去找丞相公孙弘报告，经过他一描述，淮南的反情就被坐实了。这审卿是第一代辟阳侯审食其的孙子，审食其是被淮南王刘长打死的。所以这回可算是让老审家找到报仇的机会了。汉武帝接到案卷一看，赶紧把刘建弄到长安提审。这一回，刘安坐不住了。他感觉这次逃不过了，必须马上造反。于是，刘安叫来伍被，正式商量如何造反。伍被惊呆了，以前是聊着玩，现在居然要玩真的。劝他说当年吴王地盘大，手握雄兵，又是天下最富的王爷，还懂打仗，他造反都身首异处了，咱凭什么啊？

刘安说吴王是个傻子，他懂什么，失败是必然的。你看看地图，咱们先拿下成皋，再召集东方各国一起起兵，你觉得不会成功吗？

伍被没法用正常人的逻辑跟刘安讲理，你没有一兵一卒，拿啥攻占成皋？又拿啥号令东方各国呢？但是话还不能这么说，所以伍被说这样做的话只能失败，不能成功。

刘安仿佛听了世界上最好笑的笑话，说左吴、赵贤、朱骄都认为会成功，怎么就你要个性非说不成功呢？

伍被心说废话，以前哥还说能成功呢，不就是为了混口饭吃吗？谁知道你犯病了就不是过家家，而是玩真的啊。话还是不能这么说，所以伍被说那仨都是傻子，他们的话不能信。

刘安还是自信爆棚，说陈胜、吴广带一队泥腿子都能成事，我堂堂淮南王国有十几万精兵，为啥不能成功？

伍被都要疯了，淮南国十数万精兵是你的吗？你那两下子跟陈胜、吴广能比吗？不过伍被还是尽量耐心地解释，秦王朝天怒人怨，天下响应陈胜、吴广是正常的。现在国家安定了七十多年，谁还想造反？再说了，陈胜、吴广不还是被章邯干掉了吗？如今的卫青可比章邯厉害多了，就算你是陈胜、吴广，怎么能成功呢？

刘安急了，我不管，哪怕想个歪点子，也得成功，这事就交给你了。

伍被实在没辙了，毕竟自己已经参与其中了，只好出了一个馊点子。说可以派人假传圣旨，征发各地百姓去朔方，然后再假传圣旨逮捕各诸侯国的太子和政府要员。只要老百姓和诸侯都怨恨朝廷，到时候劝他们造反，兴许有可能弄不好凑巧了侥幸能有十分之一的成功可能。

刘安大喜，你看，我说一定有办法吧，就这么干。刘安按照伍被说的，制造假证件，派出刺客准备刺杀卫青。当然了，他一件事都干不成，也就是想想。

出 处

于是（淮南）王锐欲发，乃令官奴入宫中，作皇帝玺，丞相、御史大夫、将军、吏中二千石、都官令、丞印，及旁近郡太守、都尉印，汉使节法冠。欲如伍被计，使人为得罪而西，事大将军、丞相；一日发兵，即刺大将军卫青，而说丞相弘下之，如发蒙耳。欲发国中兵，恐相、二千石不听，王乃与伍被谋，为失火宫中，相、二千石救火，因杀之。又欲令人衣求盗衣，持羽檄从南方来，呼言曰“南越兵入”，欲因以发兵。乃使人之庐江、会稽为求盗，未决。——《汉书·淮南衡山济北王传》

这时候刘安想到了一个现实的问题，淮南国的军队不归他管啊。怎么才能掌兵呢？有办法，把淮南国两千石以上的官员都杀了。当时淮南国两千石以上的大臣有国相、中尉和内史。就在刘安密谋杀人的时候，长安城中的廷尉张汤已经审完了刘建，并把结案文书交给了汉武帝，在审卿、公孙弘的干预下，刘安的造反被认定了。

这么大的案子，汉武帝交给了酷吏张汤亲自办理。就这样，张汤去了淮南，而此时，刘安在谋划杀尽淮南两千石以上的官员。那么刘安打算怎么杀？他决定在王府放火后，喊来国相、中尉、内史救火，届时派出武士一通乱砍，即可大功告成。

结果刘安发出邀请函之后，内史先来了。内史来了见没啥事，国相来了之后他就走了。刘安一看这不对啊，该来的不来，不该走的倒走了。来人啊，快去问问，男主角中尉大人啥时候来？可那时候廷尉张汤已经到淮南了，中尉作为淮南国军方和司法的最高长官，和张汤有工作上的交接，所以派人回话，本官接待张廷尉呢，没空。

刘安一琢磨，杀了国相没啥用啊，反而能引起中尉带兵打来。所以刘安想了又想，还是算了。不过这时候，张汤都来了，刘迁先害怕了。那张汤是何等人物？吃人都不吐骨头。他都来了，王府上下要倒霉。所以经过商议，刘迁决定爷们一把，去找张汤自首，把所有的罪都扛下来，谁让自己是淮南第一剑呢。刘迁写下自供状以后，拔出宝剑，挥剑自刎。

啊！好疼啊，算了，不自杀了。

刘迁放下了剑，等待着命运的安排。事情到了这个地步，伍被也不陪着刘安玩了，赶紧去找张汤揭发检举。张汤来一趟不能白来，经过这位酷吏的审理，结果揪出了几千人。张汤的意思是，你们既然都知道刘安有这荒唐的想法，为啥不规劝，反而捧着他，就为骗点钱，其心可诛。

案卷传到了长安，汉武帝和公卿大臣商议，最后决定判决如下：王府上下知情不报，死刑。伍被一直跟刘安谋划造反，别管目的是啥，性质恶劣，死刑。张次公受贿，跟刘陵有不正当男女关系，废为庶人。其余涉案加上死刑的人员多达几千人。旨意一下，刘安自尽。

按说一个神经病搞事情，汉武帝至于搞成几千人涉案的大案吗？而且刘安也没有实际行动，没有造成社会危害。之所以案子搞这么大，那是因为案发的时间是元狩元年（前 122）。往前推一年，是元朔六年（前 123）。元朔六年的春天是汉匈大决战，此战之后，汉朝国库打空了。而淮南王这个案子，涉案的几千人多为地方豪强，交两斤八两黄金即可免罪。看了吧，都是套路。

总之从大汉开国以来，三任淮南王都有谋反的名头。刘长、刘安的神经病发作，做出很多荒唐事。要不是这个案子发了，下一任淮南王刘迁也得是个神经病。

从元朔六年到元狩元年，汉武帝通过卖官、收赎罪钱，让空虚的国库又充盈了起来。汉武帝有钱了该怎么花呢？没错，还是得打仗。

第十章 Chapter Ten

不怕虎一样的对手，就怕猪一样的队友

在公元前 2 世纪的地球上，东亚、中亚，甚至是南亚各国都受匈奴的压制。西亚的两河流域，从咱们夏商周时代开始，每个在两河流域建立农耕国家的巴比伦王朝都得受北方游牧民族的侵略，古巴比伦不断的改朝换代，游牧变农耕，农耕再亡于游牧。哪怕是强大的商业帝国罗马，也得担心日耳曼、凯尔特、斯拉夫三大蛮族的入侵。就连那些小分支如东哥特、西哥特，也能让罗马喝一壶的。

梁起超说过，世界上有四大文明古国。四大就四大吧，这里边古埃及比咱夏朝还早一千多年，但是在咱夏朝的时候，古埃及的统治者就不是老埃及人了，不过好歹他们继承了埃及文化。到了咱们春秋战国时代，古埃及就彻底完蛋了，在亚述人的打击下，古埃及被游牧的古波斯吞并，自此来参观金字塔的都是外人了。

古巴比伦也比咱们夏朝早一千多年，这个国家更惨，位置处于四战之地，周边游牧民族爱入侵。在咱们周朝的时候，换了好几个民族统治的古巴比伦彻底完蛋，再也没有了《汉谟拉比法典》的继承人。民国时期，英国人突然在印度挖出来一片遗址，经过鉴定，这片遗址的时间大体上跟咱们夏朝的时间相仿，从那时候起，人们才知道印度这片土地上曾经有过历史这么悠久的古文明。后来梁起超才拿印度凑数，有了四大文明古国说。但是古印度在咱们夏朝末年的时候，被游牧民族雅利安人给灭了，等于这个伟大的古文明刚开始就结束了，跟今天的印度没有一毛钱的传承关系。

反正历史的总导演就爱古中国，雅利安人嚣张的时候跟咱没关系，有能耐就翻越青藏高原到黄河流域撒野。咱们南边的越族人属于丛林民族，他们就盼着中原人别南下就好，他们不北上。千百年来，咱们只要防住北方的游牧民族即可，这才保证了中华文明不断层。导演也怕人家说他偏心，所以他让编剧给咱们这块安排上了世界上最强悍的游牧民族。最起码汉朝以前，编剧没事就给中原塑造一个神一样的人物带领着农民驱赶牧民。比如李牧，保证了那样一个乱世让胡人不敢南下牧马。比如蒙恬，为即将到来的中国大乱打下了良好的国际环境。白登之围时天降大雾，长安危机时天降周亚夫。杀了老周还有郅都，杀了郅都还有李广、程不识。到汉武帝这，历史总编剧又塑造了卫青这个集管仲之智慧、李牧之变通、周亚夫之严谨、郅都之霸气、李广之武功于一体的神将。只要卫青出手，匈奴必然惨败。

历史编剧在塑造卫青这个形象的时候，可谓煞费苦心。真是连抗日神剧都不敢这么演。卫青是平阳侯府奴婢私通的产物，自幼艰难困苦，靠着卫氏的女人当了将军。头一次出战，就在公孙敖、公孙贺、李广这三大名将当中脱颖而出。那俩公孙还是胡人呢，未尝胜绩。李广也不知道被谁下了蛊，居然全军覆没，当了衬托。大获全胜的卫青，自此毫无争议地平步青云。

之后呢，历史总编剧得到了历史总导演的命令，得再塑造一个像卫青这样的狠角色。编剧疯了，塑造卫青已经倾注了那么多心血，哪还有那么多心思再造神将？于是编剧大人犯了懒，抄袭自己塑造卫青的情节，塑造了神将霍去病。

好了，咱们来了解一下霍去病。这真是历史惊人的相似，还是在平阳侯府，还是卫氏女人跟县政府的小吏私通，卫子夫的姐姐卫少儿和县吏霍仲孺做出了少儿不宜的事，生出了霍去病。卫青的亲爹郑季是个不认账的渣男，霍去病的亲爹也不怎么样，一点责任都不负，也是典型的渣男。谁承想这些渣男们的儿子都这么靠谱，霍去病十八岁就爵封冠军侯。但是霍去病真正让人心服口服，还得是复制卫青的成名轨迹。

元狩元年，汉武帝派张汤办了淮南王案，充盈了国库。当年，匈奴兴兵一万入侵上谷，杀了几百人抢点东西就跑路了。游牧民族最讨厌的就是这点，汉王朝没钱了，军队差点解散。匈奴没钱了，军队出去小规模扫荡的精气神儿十足。大规模的战役匈奴也玩不起，出去扫荡一圈就走，还是可以的。一万多人杀伤汉朝几百人就跑了，说明匈奴也很忐忑，比以往出手就是千人斩的匈奴差多了。

你看卫青真正展现出比李广、郅都、周亚夫这类将军强悍的实力，在元朔五年孤军深入端了右贤王的老窝，俘获了右贤王的家属。这回霍去病出手也得从右贤王防区下手，元狩二年，有了钱的汉武帝就得花。霍去病被任命为骠骑将军，带了一万骑兵杀出狄道，奔甘肃杀来。只六天，霍去病斩匈奴折兰王、卢胡王，捉浑邪王的儿子及匈奴相国、都尉，歼灭全副武装的匈奴骑兵八千余人，缴获了休屠王的祭天金人。这战绩，堪比卫青端了右贤王的老窝了。

要是有人说右贤王手下的这些王爷们都太㞞，不能彰显霍去病威武怎么办？好办，当年怎么用人衬托卫青，历史总编剧就怎么再衬托一次霍去病。下面有请三大衬托侠：李广、公孙敖、公孙贺。等会儿，公孙贺是霍去病的姨夫，回去吧，换一个。那个谁，张骞，你来！

就这样，元狩二年夏季，霍去病、公孙敖、李广、张骞兵分四路北伐匈奴。跟上次卫青四路北伐差不多，霍去病、公孙敖走西线，兵分两路出北地郡（今甘肃环县）。李广和张骞走东线，兵分两路出右北平郡。

这一仗，几乎是卫青四路北伐的翻版。倒霉的李广带四千先头部队先进入攻击地点，按照约定，李广和匈奴交手以后，张骞的一万主力则包抄上来，全歼匈奴。结果张骞熟悉的是西方路线，不熟悉东方部署。那头李广跟匈奴打起来了，张骞没有赶到；李广被匈奴左贤王四万大军包围了，张骞没有赶到；李广死战一天，张骞没有赶到；李广奋勇死扛了两天，军队损失过半，敌人也留下了三千具尸体，张骞姗姗来迟。匈奴见汉军主力到了，从容而退。这时候，李广、李敢父子带伤，军队几乎全军覆没。

西线的故事也很熟悉，公孙敖迷路了，没跟上霍去病的步伐。霍去病孤军深入，贯穿河西走廊，俘虏匈奴酋涂王及其部众二千五百人，杀敌三万零二百人，俘获五个匈奴小王、五个匈奴小王的母亲、单于的妻子、匈奴王子五十九个，还俘获匈奴相国、将军、当户、都尉等共六十三人。霍去病的副手，在匈奴长大的赵破奴也斩杀了匈奴遬濮王，俘获了稽且王、匈奴小王和小王母各一人，王子以下四十一人，敌兵三千三百三十人。校尉高不识俘虏匈奴呼于屠王和王子以下共十一人，俘虏敌兵一千七百六十八人。

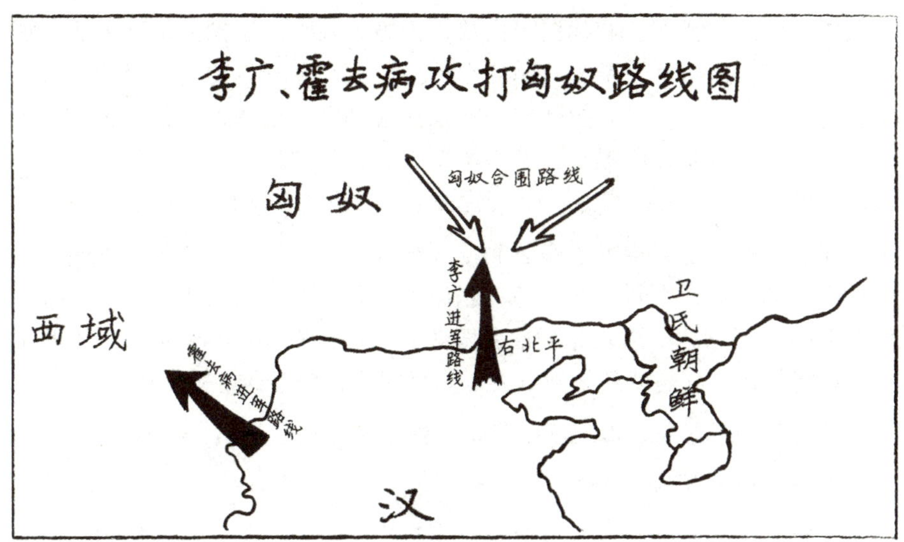

就看这些数字，足够霍去病比肩卫青了。汉武帝对这次出征做出以下善后处理：博望侯张骞贻误战机，判死刑，交钱后可贬为庶民。合骑侯公孙敖贻误战机，判死刑，交钱后可贬为庶民。郎中令李广，不好意思，虽然你是四千对四万，虽然你激战两天并不落下风。但是，数据显示，你的军队损失 90% 以上，功过相抵，不赏不罚。

骠骑将军霍去病，功劳大大的，加封食邑五千户。鹰击司马赵破奴，果然破奴了，封从骠侯。校尉高不识，封为宜冠侯，校尉仆多，封为煇渠侯。

出 处

后二年，骞为卫尉，与李广俱出右北平击匈奴。匈奴围李将军，军失亡多，而骞后期当斩，赎为庶人。是岁，骠骑将军破匈奴西边，杀数万人，至祁连山。——《汉书·张骞李广利传》

李广这个气啊，真是不怕虎一样的对手，就怕猪一样的队友，这次封侯的好机会，被张骞耽误了。

这场战争之后，匈奴西线几乎崩溃。伊稚斜单于大怒，说浑邪王这个废物镇守西方，居然数次被毛头小子霍去病击败，损失几万人其罪当诛。

消息传到西线，浑邪王和休屠王商议，干脆投降吧。这俩人带着部队，悄悄地接近黄河岸边，去跟当时镇守在此地的大行令李息传递投降的消息。李息的任务是筑城，没有招抚权，于是让他俩等，他派人去长安报信。汉武帝一琢磨，别是诈降吧。骠骑将军霍去病，你去把这俩货接来，如有猫腻，当场格杀。霍去病得令，带兵就去了黄河岸边接两位匈奴王爷。

浑邪王的人远远望见了霍去病的旗号，休屠王感觉腿肚子有点转筋，于是跟浑邪王说，大哥，我拉稀，先撤了啊。浑邪王还没明白怎么回事，他手下的将领也觉得杀人魔王霍去病来了，忒恐怖，要不咱走吧。浑邪王还没想清楚，霍去病就到了匈奴大营。问问吧，想怎么个投降法？

浑邪王的意思是，俺们不投降了，害怕。

霍去病很生气啊，本帅大老远来一趟，你玩我啊。

浑邪王小心翼翼地说，不敢，只不过您来了，底下人有怕您的，不敢跟您走。

霍去病走出大帐，看看有哪些是害怕而不投降的，杀！这一杀，八千人头落地。霍去病再问问，还有害怕不敢跟本帅走的吗？

“没有，没有，我们都不怕，您和蔼可亲，我们不怕。哎，二哥，你注意点，尿我鞋上了。”“你认便宜吧，要不是咱穿的是马裤，你就知道什么叫‘飞翔’了。”

霍去病一看都没有异议，那就跟我走吧。

就这样，几万人在霍去病的监视下，进入了汉朝境内。汉武帝大喜，把浑邪王封为漯阴侯，食邑万户。其余诸将皆有封赏，统一安置在朔方郡，设五个自治区。这就是中原王朝对胡人采用羁縻政策的开始。但是，养这几万人，可把中原汉族老百姓坑苦了。本来养自己和养朝廷就很吃力了，再养一帮饭量大的，真是够了。

霍去病横扫河西走廊，沉重打击了匈奴的嚣张气焰，引得浑邪王、休屠王前来投降。虽然休屠王在投降前夕被霍去病给吓跑了，但是浑邪王派人杀掉了休屠王，不影响休屠王的部众归降。

这一战，霍去病打光了汉朝的国库，都数不清这是第几次让大汉王朝到了最危险的时刻，不过放心，每次都有老百姓来为这个帝国擦屁股，那届百姓真的很行。我看到过很多文学作品替汉武帝时期的百姓说，那个年头虽然穷，但是百姓有尊严。谁让咱们揍了匈奴呢?

不过，当时百姓真实的感受是什么呢?我们来看一下前方记者发来的现场报道。

据悉，元狩二年跟随霍去病来到大汉的浑邪王部众有数万之多。但是浑邪王自己说他带来了十万大军，汉武帝为了表示欢迎，在霍去病检查完浑邪王确实真心归降之后，马上要求有关部门派出两万乘车去接这些匈奴人入朝。有关部门马上汇报，两万乘车没问题，但是，没马啊。四马一车为一乘，两万乘就是八万匹马。长安的南北二军都凑不出八万匹马，长安令更没地方给汉武帝找去。

汉武帝很生气，没有这两万乘，天朝不体面啊。不就是八万匹马啊，南北二军负责长安城的戍卫工作，所以一匹马也不出。那谁出啊?这届百姓行，来吧长安市民，把马交出来。这一回长安市民觉悟不高了，凭啥你装土豪让我买单?没有。堂堂天朝，怎么可能强行征用老百姓的马呢?汉武帝传授给长安令一个绝技，咱不白要，为了国家的建设，国家属于有偿征用马匹。长安市民一琢磨，不对啊，长安城哪里的马最多?除了南北军，就是上林苑；除了上林苑，就是皇族；除了皇族，就是公侯。南北军属于京城武装力量，拒不出马，勉强说得过去。上林苑是皇上娱乐身心的地方，也不出马，好吧，没人敢要。长安城分三个区域，皇族聚居区归右内史汲黯管，公侯归左内史管，老百姓归长安令管。征马这么大事，只有长安令接到了命令，合着高喊为国做贡献那帮人，他们不做贡献啊。

退一万步讲，好吧，就让长安老百姓出，那么凭什么你们买我的马，价格还得你们定?你们定就你们定吧，长安令羞答答地告诉市民，价格虽然定了，但是钱没有，先赊着。很多市民只好把马藏起来，脑子进水才赊给长安令。长安令也不好意思，明明国库里没钱，还得赊人家马，这活太难干了。

汉武帝大怒，让你干这个活，就是为了让你当这个坏人。如今你居然铁不下心来当个酷吏，八万匹马迟迟凑不够，要你何用，斩!

此令一下，有个沉默好久的人站了出来，他忍不住了，必须要讲几句了，这个人就是汲黯。自从汲黯被丞相公孙弘陷害，改封右内史以来，汲黯一直很沉默。不过到了元狩二年，公孙弘死了，汉武帝任用李广的堂弟李蔡为丞相，迁酷吏张汤为御史大夫。没人压制汲黯，再遇上这没道理的事，汲黯真的管住不他的嘴了。汲黯说要杀长安令，就先杀他。浑邪王这么浑的人背叛主人投奔汉朝，只需要将他们一个县一个县的传递到长安即可，凭啥为了几个叛徒，坑害本国百姓去迎接敌人中的小人呢？他们不过是匈奴的丧家之犬，我们却用本国百姓去服侍他们，是何道理？汉武帝沉默不言，赏赐浑邪王等人数十万钱之后，放弃了两万乘请浑邪王的部众来长安的计划。

出 处

匈奴浑邪王帅众来降，汉发车二万乘。县官亡钱，从民贳马。民或匿马，马不具。上怒，欲斩长安令。黯曰："长安令亡罪，独斩臣黯，民乃肯出马。且匈奴畔其主而降汉，徐以县次传之，何至令天下骚动，罢中国，甘心夷狄之人乎！"——《汉书·张冯汲郑传》

别的不说，李广这样的大将，就算再多毛病，也是拿着全家人的命在边关拼杀了一辈子，这还不得封侯。你说他水平不行，恐怕没人会信。但是浑邪王这样的叛徒一到长安，立马封万户侯，这哪儿说理去？长安的商人们见匈奴来了长安了，也封侯了，也赐钱了，大家都是汉朝人。你们拿着钱会花吗？来瞧瞧我们的产品吧。一时间长安城的商业活动异常繁荣，商人们尽可能地想把匈奴刚拿到的赏赐留下。

汉武帝一看大怒，朕要马的时候你们装穷，现在你们出来跟匈奴贸易赚钱，朕心情不爽。来呀，逮捕这些参与贸易的商人，全家问斩，没收财产。此令一下，长安城受到牵连被斩首的商人有五百余人，国库终于大赚了一笔。

等等，杀人得有理由啊，做买卖犯什么罪了？这罪过大了，说你有罪的时候，在街边摆个气枪摊都是私藏军火。敢跟匈奴人贸易，这就是里通外国、转移资产，汉奸！

不对啊，浑邪王他们不是汉朝人了吗？怎么是里通外国？那不管，法律上写了，私自跟匈奴人贸易，就是里通外国。出台这部法律那年，还没有匈奴的贵族改汉朝国籍呢。再说了，在长安贸易，又不是长安商人偷渡到境外贸易，能算里通外国吗？

不管，反正规定就是这么写的。对了，通知你们一下，中午十二点斩首，现在是长安时间十一点，该上刑场了，别让我们难做。

出 处

后浑邪王至，贾人与市者，坐当死五百余人。——《汉书·张冯汲郑传》

五百多商人被冤杀以后，汲黯又坐不住了。他去找汉武帝理论，说汉匈连年征战，每次都是匈奴挑事，这些年死的人都数不过来，花的钱更是无数，这仇恨都刻在骨子里。咱们得到匈奴人不说赐给汉人为奴，哪怕是赐给贵族为奴，也满足一下老百姓意淫的心。现在可好，把国库的钱掏空了给他们，封侯之后征调中国百姓去服侍、奉养他们，跟养不孝的儿子一样。长安百姓跟这帮人做买卖，居然被判了里通外国。打了这么多年的仗，目的何在呢？皇上不拿匈奴的战利品去慰劳这些年为北伐事业付出全部的中国百姓，居然无故杀了五百多中国人，我觉得不对。

汉武帝哑口无言，让汲黯说完回家。然后汉武帝对朝臣们说，好久没听到汲黯的声音了，今天一听，还是那么胡扯。

汉武帝一意孤行，把浑邪王的部众安排到边关，分为五部，让他们高度自治，朝廷拨钱养着。这一下导致了长城以北匈奴越来越少，是因为匈奴人害怕才跑远了吗？不是，是附近匈奴百姓偷渡进入大汉，成了汉朝人。

你说在边关伺候匈奴的汉朝人，真的会感到有尊严吗？我是不信。等于边关百姓为了支持朝廷的北伐事业，出了男丁战死沙场，出了钱粮供养大军，换来的是匈奴到汉朝境内当大爷。

言归正传，也不是所有的匈奴都有浑邪王那样的待遇。比如被霍去病吓跑的休屠王，他被浑邪王派人杀了，他的妻儿老小却被霍去病全捉了。本来休屠王如果跟着浑邪王一起投降，这些人就是获释，弄不好也能封侯拜爵。但是休屠王心理素质不行，看见霍去病的旗号吓跑了。而浑邪王是腿吓直了动不了，这才一不小心成了大汉的万户侯。

休屠王的俩儿子给汉武帝养马，老大叫日磾，老二叫伦。这些人养马有一套，有一次汉武帝在后宫宴饮，兴致来了让人把养好的马牵来看看。马匹牵来之后，汉武帝一瞧，不错。当时汉武帝身后站着一排美女，牵马的人走过的时候都偷偷侧目，只有日磾目不斜视，规规矩矩地牵马。汉武帝觉得这少年不错，对女性没兴趣，去洗洗干净过来说话。日磾回来之后，汉武帝一看，大帅哥。

颜值就是正义，汉武帝马上封日磾为侍中，后来一直加封到光禄大夫，但是日磾的日常工作却是跟汉武帝出则同车，入则同室，形影不离。总之日磾坐着火箭上升，让皇亲国戚很不爽，大家都有意见，说皇上宠信一个胡人，不像话。汉武帝觉得大家说的有道理，老跟一个胡人在一起有碍观瞻。对了，日磾啊，你家以前不是用金人祭天吗，干脆你就姓金，改名翁叔，成汉人了。

从此这位金翁叔为了汉武帝的江山那是鞠躬尽瘁死而后已，不过大家还是习惯叫他金日磾。金日磾的故事放到后边再谈，眼下一件大事让汉武帝头疼。

在元狩二年，当汉武帝安排好一切后发现，巨大的财政危机随时都能让汉朝有覆灭的危险。那么说匈奴问题解决了吗？没有。汉匈边境的匈奴老百姓虽然没了，匈奴单于也撤出了河套地区，但是雄踞漠北的匈奴骑兵随时都能飞奔汉朝边关，劫掠一番就走，故事还跟以前一样。汉武帝觉得，这是对匈奴的打击还不够狠。这些年来匈奴减员八九万人，汉朝也损失了好几万人口。但是汉朝人多扛得住，汉武帝错误地判断匈奴为强弩之末，必须继续对匈奴进行大规模的打击。此外，国内自然灾害不断，南方西南夷蠢蠢欲动，哪哪都需要钱，而此时的国库偏偏没钱。

也就是说，真正考验汉武帝的是，怎么样才能迅速搞到一大笔钱？我们不得不说，汉武帝的刀真的很快，那届百姓真的很行。接下来我们将看到汉武帝如何把明抢做得清新脱俗，还不背锅。

第十一章 Chapter Eleven

我的过错，你们买单

元狩三年（前120），这是让汉武帝难忘的一年。这一年匈奴骑兵再度侵扰右北平、定襄，完成了千人斩的战绩。而汉朝，只能当什么都没发生。卫青、霍去病在没有钱的情况下，就像没有油的布加迪，跑不起来了。

如果仅仅是匈奴入侵，倒也没什么。因为匈奴不会占据汉朝的土地，他们也就来抢劫一把就走。真正让汉武帝头疼的是黄河中下游在这个时候发了大水，近百万百姓受灾，灾区还是朝廷的经济命脉华北平原。这一地区在崤山以东，汉朝之前称这广大的地区为山东。山东大水对于汉武帝来说是致命的，本来还想着从这个地区挖钱，现在挖不成了，还得给他们补钱，要不然遍地陈胜、吴广可比匈奴可怕多了。老规矩，国家没钱，谁有钱谁出钱。富商、农民，把钱交出来吧，朝廷不是要，是借。大汉朝最富的农民们都受灾了，其他农民能榨出多少油水来？去年刚斩了五百多富商，在一个重农抑商的国家里，哪还有多少富商可榨？汉武帝没辙了，官员们，轮也轮到你们了。各位爵爷，你们要是不出钱，别管什么爵，国家完了都只能一边撅着去了。

皇上不到万不得已，不会找大臣借钱。皇上能从大臣手里借出大钱来，泱泱中华数千载没听说过这等奇事。拿点儿钱意思意思的有，真心拿出一大笔钱解决问题的没有。明末缺钱，从万历到崇祯，谁也没从大臣手里借出钱来。皇上不开内帑（指皇帝、皇室的私财、私产），还指望大臣拿钱，歇了吧，回头你说我贪污咋办，没钱。

到了清末还是这样，眼看大清要完，隆裕太后知道找大臣要钱没戏，把皇亲国戚聚在一起商量要钱。太后先做出表率，拿出一笔巨款支援前线。结果亲王贝勒们宁愿把钱存在外国银行，也不愿救大清于水火当中。皇亲国戚的态度坚决，爱大清、保大清，为救大清，如果家里有航母都愿意捐了。但是，要钱不行，因为家里没有航母，但有钱。

这就是千古不变的道理，所以你想吧，汉武帝借官员的钱赈灾，根本没戏。这事摊到万历皇帝头上，那就加税吧。摊到隆裕太后头上，那就哭吧。普通人跟政治家还是有区别的，汉武帝一不哭二不闹，做出了一个大胆的举动。

各位乡亲们，你们受灾了，朕痛心疾首，夜不能寐，做梦都想好好睡一觉。既然大家的家园毁了，干脆搬家得了。你们不看新闻吧，在帝国的北疆，有块水草丰美、土地肥沃的地区叫河套。不过那里你们不能去，因为朕把这块地许给浑邪王了。但是乡亲们可以搬到河套往南一点的地方，也是很好的地方嘛。只要到了那个地方，朝廷发衣服、发地、发种子、发锄头、铁锹……

乡亲们一琢磨，那就去吧，反正家乡也毁了。也听说过北方好像是有个叫河套的地区，往南估计也差不了。这次移民，朝廷从华北迁走了七十多万人。那么说河套往南是哪里？那里有个响亮的名字，叫陕北。那儿的农业条件怎么样？听听《南泥湾》吧。

出 处

山东大水，民多饥乏。天子遣使者虚郡国仓瘩以振贫民，犹不足，又募豪富吏民能假贷贫民者以名闻；尚不能相救，乃徙贫民于关以西及充朔方以南新秦中七十馀万口，衣食皆仰给县官，数岁假予产业。使者分部护之，冠盖相望。其费以亿计，不可胜数。——《资治通鉴·汉纪十一》

不过有一说一，朝廷虽然把人忽悠到了陕北，但确确实实发放生产资料，客观上开发了陕北地区。不过这笔钱不是一次性发放，是在数年当中逐步发放，在这个过程中，陕北渐渐能自给自足，兵农合一。榆林地区可能就是从这个时候开始，成为中国高素质军人的出产地。由于这个地区外有浑邪王保护，内有朝廷支持，环境相对和平，不像右北平、上谷、雁门那些地方老打架。汉武帝为了让这个地区的人民歇一歇，对西线边关诸郡实行减税政策。原本汉武帝上台后改三十税一，已经是当时人民遇到过的最低赋税了。汉武帝为了让这一地区休养生息，特改为六十税一，安抚了老百姓那颗被忽悠了的心。

同样是缺钱，万历加三饷，汉武帝税减半，这就是昏君和政治家的区别。安置了灾民、减了税，汉武帝又成立了大汉帝国第一支真正意义上的水军，打算用于征伐昆明地区的西南夷。昆明不是有个滇池么，不训练水军，难以征服这个地区。于是，汉武帝在上林苑派人挖掘巨大人工湖，称为昆明池，用作练水军和皇上观光。等会儿，本来国家就缺钱，汉武帝迁灾民得花钱，减了税更是减少了财政收入，如今还训练水军，钱到底从哪来的？

早在元朔六年那次经济危机的时候，汉武帝为了迅速筹钱，开始卖爵位筹钱。这招属于饮鸩止渴，让朝廷有了钱，但是买了爵位的人可以不参与任何兵役、徭役，还每年领工资，俨然就是宋朝的将门之后、明朝的同姓王爷、清朝的八旗子弟一样的待遇。爵位本来是国家对有军功的人进行的赏赐，后来可以买了，只要有钱，买了爵位绝不赔本。因为爵位能传辈，怎么着都不赔钱。

对于汉武帝来说，从买爵位的人手里拿到钱以后，这些人就成了朝廷的负资产。到了元狩三年，汉武帝不想兑现当初的承诺了。但朝廷总不能说话不算话吧，于是汉武帝又玩了一个绝招。之前买爵位的好公民们，你们不用服役，还能领工资。这并不足以表达朝廷对你们的关爱，干脆，你们来当官吧。

对于古代中国人来说，当官是世界上最幸福的事。那就当！朝廷真够意思。于是，这些人出任小官，或者小吏。当官吏主要负责什么呢？简单，比如修建上林苑、建设朔方城、参加边防军、挖掘昆明池。各位爵爷一琢磨，不对啊，这不还是服徭役吗？朝廷是不是阴我们？不是，那边那个挖沙子的哥们，据说是长安令的秘书，人家不是买的官。问问吧："老哥以前是公务员，怎么来挖沙子了？""别提了，现在严打，抓住上班打瞌睡的公务员都调来挖沙子。"

这就明白了，不是缺人服徭役吗？那就补充进来两批人来干活。第一批是买爵位的好公民们，你们不是来服徭役，朝廷让你们当官，当官就是干这个；第二批就是低级别官吏，小错重罚，逮着一点儿毛病就被发配来干活。

这事一传开，买了爵位的人都学精了。朝廷再让他们来当官，这批人表示不去，看这架势，就算是朝廷招大家当皇帝，也是挖沙子的命。不去那可不行，朝廷让你们当官那是给你们脸了，不去的话也行，填个登记表，不去就不去吧，你家的马我可牵走了。不给马？那你就是犯罪，罚你去挖沙子。

你看，无论是敬酒还是罚酒，都是一回事。

出 处

上将讨昆明，以昆明有滇池方三百里，乃作昆明池以习水战。是时法既益严，吏多废免。兵革数动，民多买复及五大夫，征发之士益鲜。于是除千夫、五大夫为吏，不欲者出马，以故吏弄法，皆谪令伐棘上林，穿昆明池。——《资治通鉴·汉纪十一》

仅仅这样，还是不能大规模地敛财。别着急，打小学习帝王术的汉武帝，对经济学也有着独到的见解。到底什么生意最赚钱？很明显，朝廷垄断的生意最赚钱。这东西我不让别人卖，这还是生活必需品，你只能找我买，我说多少钱就是多少钱，无竞争无压力。就当时而言，哪些生意是暴利呢？有俩，一个是制盐，一个是冶铁。这俩都是生活必需品，做这生意的都是大富豪。不搜刮这些人，朝廷的丰功伟业无从谈起。

那怎么着？下道旨意，不许民间销售食盐、铁器？朝廷去合营？那是没文化的激进分子干的事，汉武帝这高学历、高智商的人，不干这事。在汉武帝眼中，他爷爷汉文帝是个缺心眼儿，把货币发行权交出去，那就是把江山交出去。得亏汉文帝没遇上索罗斯，要不早就玩完了。汉武帝早就收回了货币发行权，也就是说，汉朝所有的富人之所以富有，那是在汉武帝的经济体系下才算富有。

也就是说，在汉武帝时代，你是个富人，是因为你家有很多汉武帝在建元五年统一发行的半两钱。如果你家有一万枚汉文帝时代的邓氏钱，那在汉武帝时代就是假钱，一分都不值。那么说既然我发行的货币是衡量你财富的标准，那就妥了。你家有很多半两钱是吧，好，汉武帝决定，发行大面额新货币。

熟悉历史的朋友都知道，中国最早的纸币，是宋朝的“交子”。但是中国最早的非金属类货币，却是出现在汉武帝时期。汉武帝太会玩了，他用上林苑的白鹿皮进行改造，发行鹿皮币。这种白鹿皮民间没有，再加上上林苑里能工巧匠绣上各种花纹，不怕任何人造假。这种皮币是正方形的，边长约21.35厘米。这一张皮币，面值是四十万钱。也就是说，如果朝廷拿这个鹿皮币买一文钱的盐，盐商得找给朝廷三十九万九千九百九十九个半两钱。盐商要是说找不开，没关系。汉武帝还用银、锡合金造出来三种银币：大钱龙纹，圆形，面值三千钱；中钱马纹，方形，面值五百钱；小钱龟文，椭圆，面值三百钱。来吧，找钱。

那么说这么大面额的钱反向使用给朝廷行不行？你可舍不得的呦。汉武帝规定，诸侯来长安祭祀、朝见，必须用皮币加玉璧进贡。也就是说，商人找给朝廷三十九万九千九百九十九枚半两钱之后，转手就把皮币卖给诸侯。一张皮币，把诸侯的钱流向了商人，再由商人流向了朝廷。

民间造假机构想仿造皮币，根本不可能。但是仿造三种大面额银币，还是可以的。对于汉武帝来说，无所谓，我反正规定造假处死，我偏偏发行这种容易造假的货币。到时候有关部门执法的尺度就可以随意把握了，有钱人造假，一经发现，没收财产，人即正法。穷人就无所谓了，随意吧，反正也没打算长期用这玩意儿当货币。

等国家用这招彻底扰乱市场以后，汉武帝废除半两钱，改铸三铢钱。等于你过去多有钱，现在都不灵了。半两钱成了破铜烂铁，商人们可以拿出手里私藏的黄金兑换三株钱喽。建元五年，汉武帝废三铢钱发行半两钱。元狩三年，汉武帝废半两钱发行三铢钱。除了“厉害”，我没词形容了。

出 处

乃以白鹿皮方尺，缘以缋，为皮币，值四十万。王侯、宗室朝觐、聘享，必以皮币荐璧，然后得行。 又造银锡白金。以为天用莫如龙，地用莫如马，人用莫如龟，故白金三品：其一曰重八两，圜之，其文龙，名“白撰”，值三千；二曰以重养小，方之，其文马，值五百；三曰复小，椭之，其文龟，值三百。令县官销半两钱，更铸三铢钱，重如其文。盗铸诸金钱罪皆死，而吏民之犯者不可胜数。 ——《汉书·食货志》

汉武帝跟后来的王莽乱发行货币瞎搞经济不一样，汉武帝主要扰乱的是暴利行业。民间基本经济用三铢钱，市场很稳定。因为造假的手艺人都被汉武帝吸引去铸造白金币了，没工夫造假的三铢钱。而且老百姓市场流通也用不着大面额，三铢钱得到了很好的保护。

等到暴利行业被汉武帝玩得日子没法过了，汉武帝开始下一步计划。大汉朝最大的盐商，叫东郭咸阳。大汉朝最大的铁商，叫孔仅。大汉朝最大的贸易商，叫桑弘羊。你们仨生意没法做了吧，那就别做了。汉武帝把这三位招到中央，封东郭咸阳为大农丞，专管国营盐务；封孔仅也为大农丞，专管铁务；封桑弘羊为治粟都尉，专管为国敛财。这仨人归黑了心的御史大夫张汤直接领导，这四个人凑在一起，干的都是与民争利的事。这种事后来老百姓都习惯了，甚至歌颂。在汉武帝之前，国家与民争利，那是非常丢人的事。不过汉武帝再黑，也不敢用没文化的泥腿子管经济。

这老四位在敛财方面，那不是一般的黑。比如他们规定，商人的车、船都要交税。盐、酒、铁的经营权归中央国营。设平准官，在物价低的时候囤积货物，遇上战争、自然灾害物价飞涨的时候，再高价卖出。非农业人口，必须申报自己的财产。官员就不用申报。

这样一搞，国库迅速充盈了起来。哪有比垄断这活更好干的？再加上大汉朝最奸的奸商们和张汤一起琢磨怎么盘剥百姓，那真是万民遭殃。很多大臣纷纷弹劾他们不讲究，但汉武帝不管。丞相李蔡一看管不了，又不想同流合污，因此每次朝会都不说话。汉武帝每次开会听别人汇报都不是重点，就等着张汤汇报朝廷又干啥缺德事了。所以那时候的老百姓，最恨的就是张汤。

这时候，朝廷需要一个正能量的典型来告诉大家什么叫爱国。朝廷的造神运动中，最成功的一个就是卜式。卜式一再要求把家里的钱捐一半给国家，朝廷赶紧派记者去采访他。

记者：请问卜先生捐了一半的财产，是想当官吗？

卜式：想啊。

（导演：注意看提词版）

卜式：想啥啊？俺就是一个农民，不懂怎么当官，不想。

记者：请问卜先生，那您是有冤屈想要到朝廷上访吗？

卜式：俺这个人老实巴交，从不跟人相争。俺们村有穷人，俺就借钱给他们。有不爱国的，俺就教育他们，村里人都喜欢俺，俺能有啥冤屈啊？

记者：那我就不明白了，卜先生为啥捐出了一半的财产？

卜式：皇上讨伐匈奴，有本事的人都应该到边境效力，最好为国捐躯。像俺这样的没本事战死沙场，也应该把钱捐给国家，支援国家抗击匈奴。这就是俺，一个爱国者的自白！

（导演：注意表情和眼神）

卜式（眼神坚毅）：自白！

记者（哽咽）：太感人了，一个普通的农民，都有这样的爱国情操，我回去也要捐出财产支援国家抗战！

就这样，卜式被任命为中郎，赐左庶长爵位，赏十顷土地。汉武帝宣告天下，让人人学习卜式精神。不久，汉武帝又提升卜式为齐国太傅。齐国太傅年薪两千石，左庶长年薪五百石，这还不算田产、补助、赏赐。试问爱国者卜式，当农民要捐全部财产，当官了有了钱了，怎么不捐了？

总之呢，皇上越伟大，人民越遭殃。

出处

河南人卜式，数请输财县官以助边，天子使使问式："欲官乎？"式曰："臣少田牧，不习仕宦，不愿也。"使者问曰："家岂有冤，欲言事乎？"式曰："臣生与人无分争，邑人贫者贷之，不善者教之，所居人皆从式，式何故见冤于人！无所欲言也。"使者曰："苟如此，子何欲而然？"式曰："天子诛匈奴，愚以为贤者宜死节于边，有财者宜输委，如此而匈奴可灭也。"上由是贤之，欲尊显以风百姓，乃召拜式为中郎，爵左庶长，赐田十顷，布告天下，使明知之。未几，又擢式为齐太傅。——《资治通鉴·汉纪十一》

其实在汉武帝之前，汉朝皇帝还是比较注重形象的。秦始皇、秦二世英灵不远，汉高帝、汉惠帝、汉文帝的皇权又颇受制约，大家多多少少还是对自己有一定的要求。从汉景帝开始，能威胁到皇权的势力几乎没有了，所以景帝的节操比起前辈们就差了些。因此在汉朝的历史上，汉高帝、汉文帝、汉武帝都有庙号，而汉景帝却没有。到了汉武帝时代，汉武帝就是一副完全无所谓的状态了。当皇上衣冠不整怎么了？当皇上微服打猎怎么了？当皇上修建建章宫怎么了？当皇上听神曲怎么了？

说到神曲，汉武帝作为一个年轻人，他不喜欢过去那些国家庆典上放的那些歌颂祖国、歌颂领袖的赞歌。艺术源于生活，汉武帝就要讴歌生活。元狩三年的时候，汉武帝得到了一匹宝马。汉武帝非常喜爱这匹马，取名为神马。这并不足以表达汉武帝对这匹马的喜爱，传大汉朝最强作词家司马相如，你来给神马作词。传大汉朝最伟大的音乐人李延年，你来给神马谱曲。这首歌写成，汲黯一听，这是什么玩意儿？起奏陛下，歌曲要歌颂领袖，教化万民。您这曲唱的都是啥啊？汉武帝不搭理他，老顽固懂什么。这叫流行音乐，天天听赞歌你不烦啊。

就这样，在神曲的感召下，汉武帝进行了货币改革，官私合营，终于让国库变得充盈。有钱不能存着啊，怎么花呢？咱打仗吧。

元狩四年春，一颗彗星划过天际，大汉派往匈奴的特工回来了。这次特工带来的消息是伊稚斜单于任用大汉叛徒赵信，赵信告诉伊稚斜单于，该吃饭吃饭，该喝酒喝酒，天下啥事都没有。那么说赵信的迷之自信哪来的呢？赵信说了，汉匈大战，匈奴往往占据主动，汉朝防守反击。咱现在弱，就在漠北积蓄力量；咱强了，就去漠南溜达溜达。反正汉朝不会派兵来漠北，咱们高枕无忧。就算汉朝吃多了派兵来漠北，咱们以逸待劳，一定能打得汉朝找不到北。

汉武帝大怒，马上召集众将开会。汉武帝说，匈奴既然觉得咱们不敢去漠北，那么他们一定没有防备，咱们这时候突然杀到，必能灭亡匈奴。参加会议的都是军人，军人当然好战，要不然哪有自己的价值。尤其是年纪轻轻的霍去病，不让他打仗他才难受呢。还有老将李广，都六十多了，再不打仗，啥时候能封侯啊。所以这场鹰派会议的结果就是，大家坚决拥护汉武帝攻打匈奴的决定。

但是，有钱吗？汉武帝说有啊，御史大夫张汤已经为大家准备好钱了。有马不？唉，这是个问题。连年征战，战马损失无数。而中原不产好马，养育一匹战马的金钱成本和时间成本又很高，前两年长安城把百姓家搜刮遍了，也没凑齐八万匹马。这次真要跟匈奴决一雌雄，没有十几万匹马，卫青、霍去病也打不赢。汉武帝长叹一声，真不舍得给啊，上林苑有马，这都是汉武帝的心肝宝贝，都是吃小米长大的。当年在长安城，汉武帝为了八万匹马搞得民不聊生。这次打仗，汉武帝轻轻松松地拿出来十四万匹马。

小米是汉朝人的主粮，当时的中国人，一天只吃两顿饭，再赶上汉武帝连年征战，所以饿死人这种事并不新鲜。但是皇上家的马，可是吃小米长大的。孟子曰："庖有肥肉，厩有肥马，民有饥色，野有饿莩，是率兽而食人也。"这是古人眼中暴政的最高境界，老百姓的日子不如统治者家里的牲口，那在爱民如子的统治者眼里，人还是人吗？一样是牲口，而且是低等牲口。再往后数，汉朝最大的地方官叫州牧，说白了当地方官就是放牧，牧的是老百姓。这是两千多年前的思想家对人类社会的认识。自秦以来，中国不产思想家。一直到了明末，中国才有了思想家。很多人把王阳明捧上天，但是明朝真正的思想家顾炎武、王夫之、黄宗羲却无人问津。这三位思想家对人类社会的认识，可以跟今天的国际接轨。比如顾炎武说过这样一句话："易姓改号谓之亡国。仁义充塞，而至于率兽食人，人将相食，谓之亡天下。是故知保天下，然后知保其国，保国者其君其臣，肉食者谋之；保天下者，匹夫之贱。与有责焉耳矣。"这就是"天下兴亡匹夫有责"的原型，统治者往往强调匹夫有责，却不说天下指的是什么。法家教育人民饿着肚子也要保卫肉食者吃肉，据说这叫爱国。可是顾炎武却告诉大家，爱国不是爱国号，爱的是这片土地上的人民。皇上姓啥不重要，重要的是这个国家要行仁义，人民生活好，这才是王道。

汉武帝时代的人显然顾不上这点，他们挣扎在每天两顿饭的温饱线上。在这种大的社会背景下，汉朝组织了十万骑兵，由卫青和霍去病各带五万，北伐匈奴。为了伺候这十万骑兵，史书上说朝廷出动了几十万人搞后勤补给。汉武帝那十四万匹马，有四万负责运输。一般情况下，中国古代中原王朝出兵，战斗部队和后勤部队的比例都在 1∶4 以上。综合下来，伺候这十万骑兵的后勤部队，应该有四五十万。

卫青部在定襄郡（今内蒙古呼和浩特）集结，大将军卫青手下带着前将军李广、左将军公孙贺、右将军赵食其、后将军曹襄。还有一个重要的人物在卫青军中，那就是两次被废为庶人的公孙敖，这次又被卫青起用，担任校尉。这老几位都是汉匈大战的熟脸，比较陌生的也就是赵食其和曹襄。曹襄是开国大将曹参之后，袭爵平阳侯，也就是平阳公主的儿子，卫青的继子、汉武帝的外甥。当然了，元狩四年（前 119）的时候，卫青还没娶平阳公主，小曹还是平阳侯的身份。赵食其历史记录极少，我也不知道这位先生的前世今生。很明显，卫青部的军事干部中，大家都沾亲带故。就俩外人，一个是赵食其，一个李广。

霍去病的部队在代郡（今河北蔚县）集结，霍去病的部队是五万敢死队，队伍里都是李逵式的人物和归化的胡人。霍去病作战的风格就是敢打敢冲敢杀，真给他一个公孙贺他也用不了，能跟上霍去病悍勇风格步伐的，也就是李广的儿子李敢和在匈奴长大的赵破奴。万一霍去病轻军冒进被包围怎么办？不怕，右北平太守路博德还带了一支部队随霍去病策应，以保万无一失。

对面伊稚斜单于是匈奴自头曼单于以来最弱的单于，欺负侄子搞内讧他一门儿灵，但是打仗这种事，他不止一次地表现出未战先怯。要不说将熊熊一窝呢。训练有素，单兵作战能力极强的匈奴骑兵跟着他，每每作战失利。

三部分的人马就是这样，卫青部自定襄开拔，目标直指匈奴王庭。霍去病自代郡出发，目标是攻打匈奴左贤王。过去几次战争，霍去病主要在西线活动，已经把右贤王打残了。右贤王手下的重要人物浑邪王降汉、休屠王被杀。这次匈奴能打的部队，也就是齐装满员的左贤王部和有赵信当军师的伊稚斜单于本部人马。至于西线，右谷蠡王的部队也就是跟着看看，起不了大作用了。

根据匈奸的回报，卫青掌握了伊稚斜单于的具体位置和兵力配比。根据分析，卫青部有着绝对的优势。只要出其不意，活捉伊稚斜不是难事。不过这里边有个事，卫青已经不能再立功了。卫青官拜大将军，为武官最高级。爵封长平侯，食邑两万多户。如果再往上升，爵位只能参考韩信了。如果是那样，卫青的命运可能也就效仿韩信了，这不行。既然卫青不能立功，万户侯曹襄也不能，避嫌还来不及呢。公孙贺为“万年衬托侠”，在这么重要的时刻，不适合加官晋爵，因此卫青决定把这次功劳让给公孙敖。公孙敖也是万年衬托侠，但是公孙敖衬托得彻底，两次都被判了死刑，两次都拿钱赎命贬为庶人。再加上公孙敖和卫青是过命的交情，当年窦太主要杀卫青，时任大内侍卫的公孙敖先斩后奏带人救下了卫青，才冒着巨大的风险去跟阴晴不定的汉武帝请罪。幸好当时卫子夫得宠，卫青和公孙敖都没事。现在公孙敖身份是个校尉，就算他立下大功，也就是官复原职，汉武帝不会有意见。

那就这么愉快地决定了。公孙敖，你为前部，攻打伊稚斜。此令一下，惹恼了会议室内一个老英雄。这位老英雄，就是李广。李广大怒，说他是前将军，为啥让公孙敖为前部？卫青有充分的理由不让李广为前部，因为临来的时候，汉武帝曾对卫青说过，李广这人岁数大了，办事也不靠谱，还自带办事砸锅光环，切记不可让他主攻伊稚斜。

但是这话卫青不能说，表面上看，汉武帝在李广这个事上扮演的是老好人。按道理作为戍卫未央宫的郎中令，李广本不该出现在这次战争中。架不住李广要为自己的封侯梦再努力一把，各种求汉武帝，汉武帝才答应让他去。又怕李广砸锅，所以汉武帝告诫卫青不能用李广做主力。

卫青作为大将军，有权力不解释，非让李广和赵食其先往东走再往北折过去。李广一看卫青在遛傻子，因此愤而出军，不再搭理卫青。卫青部直接北上，毫无意外地找到了伊稚斜单于的主力。这是一场惊天地泣鬼神的决战，双方骑兵一照面，就死磕了起来。什么战术、战法在这一刻起到的作用微乎其微，就看谁更狠，谁的箭更准，谁的刀更利。一时狂风大作，飞沙走石，双方士兵都睁不开眼，但是依然顽强地战斗着。这时候，卫青下令，左右两翼包抄匈奴后方，活捉伊稚斜。此时的伊稚斜看着战况很揪心，自己的一万主力跟汉军的五千精骑在狂风中酣战不止。双方没有赢家，看谁先把谁杀光就算完事。根据侦察兵回报，战场以南不远处，汉军用车组成圆圈，结成营寨，那里是汉军的主力，随时可以增援战场。而此时伊稚斜单于身边不足万骑，战场上的一万骑兵如果打赢了，估计折损的也难以再战。如果打输了，那是全军覆没，自己也就够呛了。作为一个领袖，伊稚斜没有在关键时刻鼓励同志们顶住，而是悄悄地带上几百侍卫，坐上骡子车跑路了。这样一搞，前线匈奴骑兵几乎和汉军前锋同归于尽，伊稚斜没带走的大部队在群龙无首的情况下被突如其来的两路汉军打的一脸蒙圈，伊稚斜的精锐亲兵全军覆没，卫青得到了匈奴压箱底的粮食，吃不完的就烧掉了。等到卫青撤军的时候，卫青派人找到了满世界溜达的李广、赵食其部。这二位爷为啥溜达呢？因为李广跟卫青置气，走的时候没带向导，不认道。

这回卫青可是逮着理了，派人质问李广，老李，你说说，为啥瞎溜达不参与战斗，伊稚斜单于跑了吧。

赵食其听完问话，当场跪下请罪。没想到这时候李广挺直了腰杆，是我故意带他们溜达的，怎么着？

使者一看老李你横啊，那就跟我们走一趟吧，上面要问话。

李广一横到底，不去！老子从少年时代就从军作战，到这把岁数了，还能去让那些所谓的小吏来折辱我？就不去！

说完之后，一代传奇名将李广，挥剑自刎！死得非常莽撞。

出 处

前将军广与右将军食其军无导，惑失道，后大将军，不及单于战。大将军引还，过幕南，乃遇二将军。大将军使长史责问广、食其失道状，急责广之幕府对簿。广曰："诸校尉无罪，乃我自失道，吾今自上簿至莫府。"广谓其麾下曰："广结发与匈奴大小七十余战，今幸从大将军出接单于兵，而大将军徙广部行回远，而又迷失道，岂非天哉！且广年六十余矣，终不能复对刀笔之吏！"遂引刀自刭。——《资治通鉴·汉纪十一》

与此同时，霍去病带了一帮骑兵大战左贤王。左贤王没见过这么打仗的，完全不是霍去病的对手。霍去病擒获匈奴屯头王、韩王等三人，以及将军、相国、当户、都尉等八十三人，在狼居胥山祭祀天神，姑衍山祭祀地神，又登上翰海旁边的山峰眺望，共俘获匈奴七万零四百四十三人。路博德策应有功，也随着霍去病班师回朝。

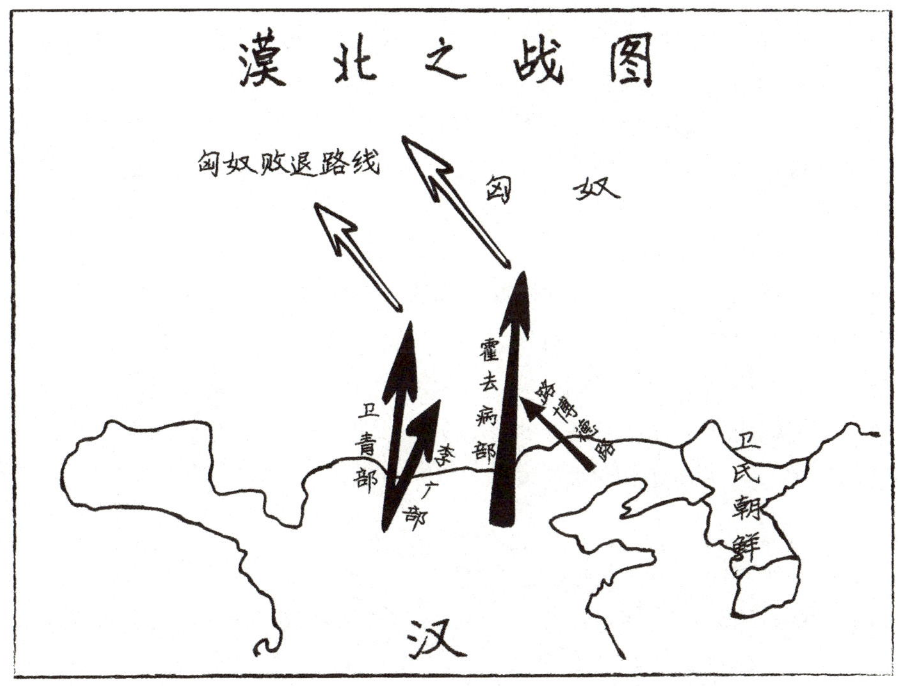

此战，被称为汉匈大战当中，汉朝战绩最辉煌的一战。汉军深入漠北，歼灭匈奴主力，在世界农耕文明对战游牧文明的历史上，也是奇迹一般地存在，自此漠南无王庭。

在长安城中，汉武帝面对着这些功勋将领，其实并不开心。因为汉武帝对此战寄予厚望，他要的结果是活捉伊稚斜单于。本来出兵之前，汉武帝安排霍去病走西路，卫青走东路。后来探子来报，说伊稚斜单于在西路，才临时将卫青和霍去病调换。卫青比霍去病稳重，汉武帝认为他一定能活捉兵力不足的伊稚斜。没想到啊，卫青任务失败！

卫青不也全歼了伊稚斜的主力部队吗，汉武帝为啥还不开心？第一，卫青部损失极其惨重，歼灭了匈奴近两万骑兵，汉军的损失也不比匈奴小；第二，卫青没处理好李广事件，让李广自杀了，而将士普遍同情李广；第三，拥有绝对优势的兵力，卫青还没能活捉伊稚斜。

所以，最终汉武帝决定，赵食其贻误战机，判死刑，交钱之后废为庶人。霍去病、赵破奴有功，加封食邑。路博德、李敢有功，封侯。至于卫青部全体官兵，皆无封赏。

要不说人不能跟命争，李广努力了一辈子，死在了漠北。李敢经过努力，拜爵关内侯。不过大家都瞒着李敢，不敢告诉李敢李广的死因，所以李敢以为李广是战死的。被卫青寄予厚望的公孙敖也没能完成任务，历史没有假设，如果卫青真用李广为前部，李广在这一战是什么样的状态呢？会不会奋勇活捉伊稚斜呢？那都不重要了，重要的是匈奴伊稚斜单于远遁漠北，对汉朝虎视眈眈。汉武帝心爱的十四万匹战马，也只回来了两万多匹。十万精锐骑兵，损伤过半。汉匈双方，都大伤元气，损失惨重。

匈奴像弹簧，你弱他就强。让匈奴大举南下占领河套，他做不到。但是组织个万把骑兵劫掠汉朝北疆，那就跟观光一样。也就是说，这场惊天地泣鬼神的决战，并没有解决边疆问题。反倒是张汤、东郭咸阳、孔仅、桑弘羊挖空心思搜刮来的钱，全部都折了进去。

元狩四年的这场世纪之战，让亚洲两大帝国都消停了。伊稚斜单于坐骡子车跑路的时候，匈奴盛传单于挂了。危急时刻，右谷蠡王挺身而出，自封单于，稳定了匈奴西部的局势。后来匈奴人发现伊稚斜单于还在，右谷蠡王本着大局为重的原则，放弃单于之位，重归伊稚斜单于的麾下。

对于匈奴来说，这位右谷蠡王是民族英雄，避免了匈奴的分裂。伊稚斜单于盘点了一下家底，这些年来，匈奴损失最大的是人口，战死了十数万人。这对于一个游牧民族来说，是致命的。领土方面，霍去病横扫河西走廊，把今天的甘肃省划入了大汉的版图。除此之外，汉匈的分界线不再是长城，而是长城往北一些。这时候伊稚斜单于回过味来了，赵信啊，自从用了你，我们匈奴的日子那是一天不如一天，你就没啥话想说吗？赵信一琢磨，你个临阵脱逃的人，还有脸说我？但赵信已经背叛过大汉了，如果再背叛匈奴，那就没法混了。所以赵信再献一计，和亲。

匈奴人一琢磨，对于汉匈两国而言，双方日子过得最好的一段时间，就是和亲期间。娶媳妇就是个幌子，关键是和亲队伍里有大量的财产，汉匈两国可以贸易，公主的陪嫁人员有不少手艺人可以帮助匈奴进步，匈奴人用学来的手艺制作产品再卖回给汉朝人，这是一举多得啊。好，就这么办，派人去通知一下大汉，不打不相识，和亲！

汉武帝不知道和亲的好处吗？他是一个经济学家，太知道和亲的好处了。再加上当时汉朝的财政状况并不比匈奴好，内部矛盾突出。汉武帝设大司马一职，让卫青和霍去病同时担任。大司马相当于太尉，这俩人同时担任，谁也不能独揽大权。汉武帝见匈奴使者来谈和亲的事了，这事必须开会议议，看看各位大臣有没有什么高见。

义和团式的大臣建议，继续北伐。有脑子的建议赶紧和亲，国库里除了等着开工资的人啥都没了。那么汉武帝怎么想的呢？和亲当然最好，但是名分一定得说好了。自此以后，在东亚这块地皮上，唯一的天朝就是大汉，你们匈奴得称臣。这事汉武帝不说，丞相李蔡看出来了。作为老李家最出息的一位，李蔡让自己的秘书，也就是丞相长史任敞上奏，说必须让匈奴称臣再聊和亲。汉武帝大喜，派任敞出使匈奴。

任敞到了匈奴，以天朝上国使臣的姿态跟伊稚斜单于聊天。伊稚斜大怒，匈奴单于世代都为天之骄子，得你们小汉称臣，我们大匈奴绝不称臣。就这样，伊稚斜单于扣押了任敞，这场谈判谈崩了。到这个时候任敞才明白过来，怪不得丞相让我办这事，这么危险啊。

消息传回长安，汉武帝大怒，敢扣我们天朝的使者，那就不和亲了。

博士狄山认为，这其实没那么复杂，既然和亲有好处，就和亲，先要里子，后要面子吧。御史大夫张汤马上反对，那么张大人反对的理由是什么呢？张汤也没啥理由，反正看着皇上脸色不好看，必须得反对。但是如果非要说个理由，那就是你狄山懂什么！

狄山当时就怒了，但狄山作为一个文化人，骂街不行，讽刺可以。所以狄山说，我是傻，但是我再傻都是忠心的，可谓愚忠。不像张大人多聪明，您老是诈忠。

出 处

上问汤，汤曰："此愚儒无知。"狄山曰："臣固愚忠，若御史大夫汤，乃诈忠。汤之治淮南、江都，以深文痛诋诸侯，别疏骨肉，使藩臣不自安，臣固知汤之诈忠。"——《汉书·张汤传》

这小文字游戏玩的，啥叫诈忠？那就是不忠呗。汉武帝不爱听了，张汤再不是东西，也能给朝廷搜刮钱。你再是忠臣，也只能说朕不爱听的话。于是汉武帝问狄山，朕封你为太守，你能保证你管理的郡不被匈奴进犯吗？狄山一琢磨，没这手艺啊，当个河南郡太守还行，送到上谷郡就是个死啊，于是说不能。汉武帝又问，那要是让你管理边境一个县呢？你能保证你们县不被匈奴侵犯吗？狄山冷汗下来了，并不能。汉武帝再问，让你管理一个关卡呢？

狄山一寻思，不能再说不能了，啥也不能，那就是个死啊。于是壮起胆子说，我可以！汉武帝把一个研究文学的派往边关，一个月后，狄山被匈奴斩首。诸臣并不感慨匈奴恶心和狄山无能，而是胆怯张汤后台太硬了。看这意思，张汤说谁行，谁就行，不行也行。说谁不行，谁就不行，行也不行。弄不好卫青得罪张汤，都得派到乐府写歌词，只要写得不如司马相如，那就斩首。

自此，张汤威震朝野。等会儿，那还和亲吗？眼下匈奴抱着天朝的名头不放，谁这个时候敢谈和亲？要么就像任敞一样被扣押在匈奴，要么就是死。人心不稳，汉武帝需要的是酷吏震慑群臣，而不需要直臣、能臣瞎挑毛病。那个谁，汲黯，朕听歌你都反对，滚回家抱孩子吧。你看，最敢说话的汲黯被废，升上来的右内史是个大名鼎鼎的人物，叫义纵。别忙，这一个还不够，新任中尉叫王温舒。

这二位什么来头？都是酷吏。义纵那是发起狠来连张汤都怕的主儿，那是酷吏中的酷吏，郅都、宁成组合在位，也不是义纵的对手。汉朝传统的酷吏，景帝时代以郅都、宁成为代表。汉武帝初期以张汤、赵禹为代表。这四位代表的特点是精通刑律，手段狠毒，在罗织罪名、诱供、骗供、起草法律文书和结案文书方面都是专家。也就是说，这四位的狠，是狠在善于操纵法律。而义纵、王温舒则不然，这俩属于义和团式的狠，我才不跟你讲法律，汉武帝就是法律，老子就杀你了，然后再组织罪名，你能咋地？对于独裁者来说，每当社会矛盾尖锐，独裁者自己都觉得有些说不过去的时候，就需要这类人出来耍横，我定的法律我都讲不过你，那还能不抽你？

宁成作为一个著名的酷吏，是郅都手把手教出来的。后来宁成犯事被贬，这位仁兄为官多年，贪污受贿无所不能。他回到南阳老家，马上设堂口拉队伍，成了南阳一带最大的江湖头子。赶上国家多事之秋，汉武帝曾不顾公孙弘反对，起用宁成为函谷关都尉。官民一提起宁成都脑仁疼，因此江湖传言，宁可看见老虎，也别遇到宁成发怒。好家伙，谁敢从这过，遇上宁成可就倒了霉了。宁成吃拿卡要，谁敢不从？谁不从，宁成都能从法律条文中找到一条适合当事人的死罪。这时候，赶上河内都尉义纵被汉武帝封为南阳太守，义纵要去长安述职，完事去南阳上任。这就意味着，义纵势必要走函谷关。两大酷吏必须在函谷关下较量一番，看看到底谁更厉害了。

结果，当宁成听说南阳太守义纵来了，宁老大亲自下关迎接。等到义纵办完事回去，宁老大又恭恭敬敬地把义纵送走。比老虎可怕的是宁成，比宁成还可怕的义纵，可想而知了。宁成这辈子，除了面对汉武帝和郅都，还没向谁这么客气过。

义纵到了南阳之后，问当地官员，南阳地面上，谁最厉害？那还用问，宁成宁老大最厉害。义纵马上派人，斩杀宁成全家及社团兄弟。根据这些死者的供词，宁成犯有死罪，消息传到廷尉府，宁成被斩首。义纵为啥杀宁成？一方面义纵要杀宁成立威；另一方面，义纵说宁成在函谷关虽然对自己恭敬，但是眼神里充满了不服。

义纵先杀人再组织罪名的手段，让南阳郡为之肃然。南阳最大社团宁氏社团在谈笑间被摧毁得一干二净，排名第二的孔氏社团和第三位的暴氏社团赶紧搬家走人，绝不再回南阳郡。江湖都怕了，老百姓更别提了。南阳郡夜不闭户、路不拾遗、上网和谐、过马路看红绿灯，义纵名声大噪。后来汉武帝看这哥们儿狠啊，用在南阳屈才了。因为当年的郅都，真正发光发热是在雁门当太守的时候，能把匈奴吓哭。于是，汉武帝调义纵任定襄太守，希望他也能把匈奴给吓哭。

但义纵这个小偷小摸出身的家伙，对内那是冷酷无情，对外就歇了。义纵到了定襄，干了俩事。头一件，杀了牢里两百多犯人。第二件，杀了这两百多犯人的亲属。人都杀了，状子也就好写了。说这二百多重犯的亲属企图帮助他们越狱，你不信反正也结案了。所以说这样的人，就是汉武帝跟前的一只恶犬，调他到长安，那是为了震慑官民别乱说话，前方有义纵，高能预警。

义纵是偷活人的东西出身，王温舒是偷死人的东西出身，也就是说，他是个盗墓的。无数的历史教训告诉我们，这种人如果不幸成了事，必然会造成生灵涂炭。王温舒比义纵聪明，是个又聪明又狠的角色。义纵是靠着姐姐是王太后身边的御医而上位，王温舒靠的是抱张汤大腿，帮张汤处理琐事而上位。后来王温舒当都尉，他把辖区所有流氓头子都聚集起来。这事要是搁义纵处理，那就杀了。王温舒宣读他们的罪行和判处死刑的意见，但是不杀他们，让他们戴罪立功。流氓治流氓那是一门灵，这些流氓放出去，如脱缰的野狗一般，很快把王温舒辖区的流氓全干掉了。惹得这一地区的地痞流氓、小偷小摸、强盗土匪都搬家了。靠这个，王温舒升官了，任河内太守。你看义纵升到了定襄太守，还是只会杀人，别的干不了。王温舒当了河内太守，虽然也是杀人，但是对于汉武帝来说，王温舒杀人杀得有意义。义纵杀犯人，也就是给自己立威。王温舒在河内杀富户，那是给皇帝敛财。还是那一套，王温舒先收揽当地大流氓，然后靠他们杀富户。这一杀，河内富户争相往外跑。王温舒预备好的流氓们就起作用了，要把他们抓回来。河内郡打土豪运动，史载流血十余里。王温舒整整杀了三个月，一个冬天没干别的，就是杀富户、收财物。开春之后，根据汉朝法律，春季不杀犯人。王温舒跺着脚喊可惜，说再有一个月，河内郡的贫富差距就消灭了。这就导致了，老百姓一提义纵，都说那是个疯子，杀人如麻。但是老百姓一提王温舒，那是好人。虽然他杀了富户，钱也没分给我，他自己留一部分，剩下的上交组织了，但是我爽啊。

出处

（王温舒）上书请，（地方豪强）大者至族，小者乃死，家尽没入偿臧。奏行不过二日，得可，事论报，至流血十余里。河内皆怪其奏，以为神速。尽十二月，郡中无犬吠之盗。其颇不得，失之旁郡，追求，会春，温舒顿足汉曰："嗟乎，令冬月益展一月，足吾事矣！"其好杀行威不爱人如此。——《汉书·酷吏传》

可想而知，汉武帝调来义纵和王温舒到长安，朝野上下是什么心情。王温舒到哪都带着他那几个流氓，这帮货太好用了，杨皆、麻戊、杨赣、成信四大流氓是王温舒御用的。不过，王温舒到了长安之后，发现这里水很深。张汤都怕义纵，你说义纵这样先杀人再罗织罪名的屠夫得多可怕。

义纵和王温舒的上位，标志着汉朝的酷吏政治刷新了一个高度。

第十二章 Chapter Twelve

实在是骗不下去了

对于汉武帝来说，元狩四年的那场漠北之战以后，意味着一个时代的终结。从那以后，汉武帝北伐匈奴的热情冷却了下来，国家财政疲软至斯，朕要这卫青有何用？朕有霍去病又如何？无论是后宫还是朝廷，都散发着一种气息，那就是卫氏的时代要过去了。

汉武帝是个标准的颜控，卫子夫年老色衰，王夫人圣眷正隆，卫青虽然位列大司马，但是很明显，卫大司马的权势已经开始大幅度缩水。卫青这个人，品格上还是不错的。他虽然身居高位，但是为人低调，体恤士卒。而霍去病恰恰相反，年轻气盛，个性张扬，铺张浪费，不恤士卒。所以在军队中，卫青的声望更高。也正是因为如此，汉武帝大力扶植霍去病。因此在朝堂上，霍去病的威势更强。朝廷这些老油子，比士兵们有更高的政治敏感度。卫青和霍去病虽然平级，但形势却像极了当年同时下野的窦婴和田蚡。以前围绕在卫青周围的朝臣几乎都转投了霍去病。卫青的好朋友汲黯被罢官回家，要不是卫青跟汉武帝宠妃王夫人关系铁，估计有人会去寻卫青的风流罪过。

由于卫青的退让，导致了朝廷格局的和平演变。内政由张汤和酷吏奸商们把持，军务由霍去病掌管。然后，后宫的形式，又出现了巨大的变化。卫青的内援王夫人，患病医治无效，撒手人寰。

王夫人的死，让汉武帝悲痛欲绝。这么好看的女人，说没就没了。后宫其他女人颜值跟王夫人比，都不在线。好女人如同好马，可遇而不可求。还没来得及请李延年写歌，王夫人就去了。如何才能再见王夫人一面呢？

元狩四年，一个胆大包天的江湖骗子不知死活地出现在了汉武帝面前，此人叫少翁，齐国人。齐国这个地方很邪性，自打稷下学宫废了以后，这样一个文化圣地净出骗子。当然他们不承认自己是骗子，他们自称术士。术士这个群体简直是胆大妄为、为所欲为。他们连秦始皇都敢骗，何况汉武帝呢。少翁告诉汉武帝，他有辙能让王夫人还魂。过去的人愚昧啊，再加上汉武帝思念王夫人过度，当场就信了少翁的鬼话。这骗术，搁今天一定没有市场。今天的愚昧分子也就是相信一帮没看过《周易》《水龙经》的人讲风水，相信没看过佛经的和尚讲因果，相信不敢署名的网文讲哪国又被吓尿了，相信一个不成功的人讲成功学。每个时代都有不同的愚昧，每个时代就会有不同的骗术。

少翁知道民间最朴素的一个道理，叫："灯下看美人，越看越精神。"我也不知道汉朝有没有这句话，但是道理是相通的。为了完成这个局，少翁在深夜请求汉武帝坐在宫外帷帐之中，隔着纱帘看袅袅烟雾和昏暗的灯光。作为一个专业的灯光师，少翁调了光，让画面变得柔和而唯美。这时候，演员上！美女长发飘逸，曼妙的身姿在烟雾中翩翩起舞。这景色再隔着汉武帝面前的纱帘，若隐若现，美不胜收。汉武帝热泪盈眶，他坚信这就是他最爱的王夫人。爱妃，见朕一面可好？

少翁及时打断汉武帝的思绪：皇上您别动啊，您是真龙天子，这一股阳气扑来，连我都虎躯一震，娘娘的魂魄受不了这个，走了。

汉武帝一琢磨，有道理。这话不能反驳，练太极拳的都有内功，何况朕呢？少翁说得好，上前听封，朕封你为文成将军。

少翁打响了这骗术的第一枪之后，后面的路数，从秦始皇时代就没改过。皇上咱得炼丹吧，炼丹免不了得花钱吧。皇上，您得跟神仙们聊聊吧，那咱现在这些神庙都不能用啊。皇上，您这被子不对啊，花纹神仙不喜欢，咱得换。

几千年了，都知道干工程、采购能赚钱，尤其是国家工程，少翁接了这些活，那是平地一声雷，转眼富家翁。但是，钱是骗到手了，丹呢？神仙呢？你得给个说法啊。

少翁也是个不思进取的人，还是用秦始皇时代的不经典对策。皇上，您得把龙袍脱了换道袍，要不神仙不来啊。他们特别希望皇上说不行，这样自己就能甩锅了。但是，无论是秦始皇还是汉武帝，在这方面都很虔诚，不穿就不穿，你的条件我都答应，我要见神仙。少翁没办法，劝皇上不着急，慢慢修炼。

出 处

其明年，齐人少翁以鬼神方见上。上有所幸王夫人，夫人卒，少翁以方术盖夜致王夫人及灶鬼之貌云，天子自帷中望见焉。于是乃拜少翁为文成将军，赏赐甚多，以客礼礼之。文成言曰："上即欲与神通，宫室被服不象神，神物不至。"乃作画云气车，及各以胜日驾车辟恶鬼。又作甘泉宫，中为台室，画天、地、泰一诸神，而置祭具以致天神。——《史记·孝武本纪》

转过年来，到了元狩五年。去年刚有李广自杀事件，元狩五年就轮到了李广的堂弟，丞相李蔡。李蔡是老李家最有脑子的人，李广死得不明不白，能瞒住李敢，未必瞒得住李蔡。所以，汉武帝在元狩五年借口李蔡占了汉文帝的地，要治罪。李蔡多聪明，瞬间明白汉武帝要搞他，真要犯到张汤手里，至少也得定个灭三族的罪。所以李蔡没给张汤这个机会，在家自杀了。

李蔡一死，御史大夫张汤大喜过望。根据汉朝普遍规矩，丞相完蛋，御史大夫补上。很明显，张汤要封侯拜相走向人生巅峰。但是，作为汉武帝身边的恶犬，作恶多端的张汤能做到御史大夫，已经是个奇迹了。汉武帝无论如何不会把名声这么不好的人放在丞相位置上，要不然影响将来汉武帝甩锅。

但是，满朝文武都以为汉武帝会起用张汤为丞相。毕竟汉武帝在朝中公开包庇张汤，很多人认为李蔡离奇自杀，就是汉武帝在给张汤上位铺路。结果没想到，汉武帝起用的新丞相不是张汤，而是开国功臣武强侯庄不识的后人——庄青翟。庄青翟是个单纯的人，作为一个贵族出身的人，他跟底层出身的酷吏们有着天然的不同。半路杀出庄青翟，让张汤和朝臣们始料未及。张汤发誓，必须弄死这个庄青翟。而当别人都一脸蒙的时候，在家抱孩子的汲黯却看出了其中的奥妙。

没多久，天子使臣召唤汲黯入宫，汉武帝要封他为淮阳太守，治理淮阳郡。汲黯一看，这是几个意思？不去。汉武帝说，你得去。汲黯说，不去。汉武帝说，不去弄死你。汲黯说，去！

去不就完了吗？当太守远离长安，倒也清静。汲黯临走的时候，特地去嘱咐大行令李息，说小李啊，半路杀出庄青翟，意味着皇上要动张汤，我走以后，你就弹劾张汤，一准成功！

出 处

召黯拜为淮阳太守。黯伏谢不受印绶，诏数强予，然后奉诏……过大行李息，曰："黯弃逐居郡，不得与朝廷议矣。然御史大夫汤智足以距谏，诈足以饰非，非肯正为天下言，专阿主意。主意所不欲，因而毁之；主意所欲，因而誉之。好兴事，舞文法，内怀诈以御主心，外挟贼吏以为重。公列九卿不早言之何？公与之俱受其戮矣！"——《汉书·张冯汲郑传》

李息军人出身，一听这个完全蒙了。去年狄山得罪张汤，皇上还替张汤出头。这会儿弹劾张汤，本将做不到啊。

这多热闹，丞相李蔡自杀、新丞相庄青翟上位、汲黯调任淮阳郡。三件大事完事之后，哎，少翁君，神仙来了没？

快了，快了，等我建好这个请神台。

这时候汉武帝也不能闲着啊，跟张汤和桑弘羊开了经济会议之后，大家愉快地决定，废三铢钱，发行五铢钱。你想吧，盐铁酒的官私合营搞完了，富户也被搜刮得差不多了。鹿皮币和白银币的历史使命也完成了，这时候需要一个正式而稳定的货币来稳定经济秩序。朝廷再次强调，只有中央可以发行货币。自此，这种五铢钱在中国流通了四百多年，是中国历史上使用寿命最长的铜钱。

造假者玩了命的制造假白金币，但是老百姓有拒绝使用白金币的权利。我找不开还不行吗？这样客观上保护了五铢钱的流通和地位。后来造假的发现白金币就是个局，造假币赔钱根本不是个传说。以至于这帮人转而造假五铢钱，然后被酷吏诛杀，这是后话。总之汉武帝不需要再大规模地掠夺富户了，毕竟这些暴利行业已经改为国营。

少翁啊，历史性的币制改革都搞完了，你那边怎么样了？

快，快了。

快了是多快？

皇上您看，这头牛有问题，昨儿看见有神仙跟牛聊天来着，牛腹中隐隐放光，是不是神仙给皇上警示了？

汉武帝闻言大喜，派人杀牛，结果牛胃里果然有块帛书，打开一看，神仙的话赫然在上。神仙写了什么不重要，重要的是这几个字看着眼熟。

少翁，这狗爬的字怎么那么像你写的？少翁扑腾跪下，对制造伪天书喂牛的事供认不讳。汉武帝觉得智商遭到了羞辱，于是愤而杀少翁。

杀完之后，汉武帝犯难了。怎么圆这个事呢？自己的衣服、被子也换了，各种国家工程也建了，然后昭告天下，朕让人忽悠瘸了，丢不起这人啊。所以汉武帝昭告天下，神仙少翁，误食牛肝，毒死了。

牛肝怎么会有毒？

少翁吃牛肝过敏总行了吧。啰唆。

出 处

齐人少翁以鬼神方见上……居岁余，其方益衰，神不至。乃为帛书以饭牛，详不知，言曰此牛腹中有奇。杀视得书，书言甚怪。天子识其手书，问其人，果是伪书，于是诛文成将军，隐之。——《史记·封禅书》

就这样，少翁案结案了。但是，汉武帝并没有醒悟过来，而是觉得少翁这个人是假的，不代表神仙方术是假的。所以在修仙的道路上，汉武帝从不懈怠。

修仙这事先放一放，关键是在元狩五年（前 118），汉武帝换丞相、搞币制改革，引发了一系列的连锁反应，这些问题需要在元狩六年（前 117）得到一个良好的解决。

在法家宝典《商君书》中，有个经典的理论被汉武帝运用得炉火纯青，那就是以奸民治善民。每当国家统治力薄弱的时候，这些奸民就会大行其道，欺压善民。这也就是为什么在元狩年间，张汤、孔仅、桑弘羊、东郭咸阳、义纵、王温舒、赵禹、杨可等人大行其道。只有这些人，能从善民身上榨出钱来，还能压制得万民抬不起头来。

不过朝廷一系列的激进做法，在元狩六年开始开始展现出各种后遗症。经济上的事一会儿再说，先说在这一年，由于元狩五年丞相李蔡自杀，关于李家的传言就没断过。再加上李广的部下对李广的死报以同情，所以有些话就传到了郎中令李敢耳朵里。

关于李广的死，客观来讲，汉武帝和卫青各占一半责任。汉武帝说不让李广为前部，却自己当好人，非让卫青当这个坏人。卫青在处理这件事的时候，其实事干得很不江湖。不让老李当前部也就罢了，居然还把李广支出前线。李广这么大岁数了，脾气也太暴躁，跟卫青较劲，不带向导就出发了。这种事，迷路是理所当然的，也是卫青喜闻乐见的。但是卫大将军自己抓不住伊稚斜，却要让李广背锅，想以此治李广一个死罪。老头这么大岁数了，又是三朝元老，当然可杀不可辱，人家自杀了。

真要不讲道理的话，卫青大可说是让李广在右翼策应，结果李广迷路，畏罪自杀。但是卫青还是有底线的，再加上理屈，所以选择了隐瞒。一年后，再有人把这消息传递给李敢的时候，那指不定添油加醋传成了什么。李敢勃然大怒，认为卫青是他杀父仇人，于是愤而前往长平侯府，找卫青报仇。李敢大概是那时候长安城武功最厉害的汉子，他揪住卫青就是一顿暴揍。卫青不打算把这事闹大，毕竟他觉得自己对李广有歉意。所以挨了一顿暴打之后，卫青没有声张。按说无辜打伤大司马，可以判李敢一个死罪，不过卫青没有报案。

卫青虽然没有报案，但是这事可瞒不住，长安城人尽皆知。这就麻烦了，本来卫青和霍去病同为大司马，但霍去病在势头上压了卫青一头。卫青是霍去病的亲舅舅，而霍去病的强势是汉武帝运作的，并不是霍去病真想压舅舅一头。但是，李敢是霍去病的副将。别看他现在是郎中令，但也归大司马霍去病管啊。这事一出，霍去病说不清楚了。

几天后汉武帝狩猎甘泉宫。作为郎中令的李敢自然随君伴驾，戍卫汉武帝的安全。李敢武功特别好，那是刀枪剑戟门门灵，弓弩马术样样行。但是，保镖这个活，不是选武林盟主，而是个技术含量极高的活。显然李敢不是个合格的保镖，因为他连自己也没保护好，不具备敏锐的洞察力。霍去病远处嗖的一箭，直接射死了李敢。

汉武帝大怒，谁干的？连朕的郎中令都敢杀？不要命了。

报告，霍大司马干的。

岂有此理，霍去病，是不是你干的？

是，但是……

好了，下不为例啊。

就这样，李敢白死了，汉武帝对外声称李敢在狩猎的时候被鹿撞死了。请问，是欧洲大驯鹿吗？

出 处

郎中令李敢，怨大将军之恨其父，乃击伤大将军，大将军匿讳之。居无何，敢从上雍，至甘泉宫猎，骠骑将军去病射杀敢。去病时方贵幸，上为讳，云鹿触杀之。——《资治通鉴·汉纪十二》

总之，老李家两年之内死了三个领军人物。当然了，这是老李家一门的悲剧。接下来，轮到全国各族人民的悲剧了。官私合营、货币抢劫之后，朝廷所得的钱并不足以支撑大汉王朝巨大的财政亏空。再一个，与民争利，也并不是那么顺利。朝廷要对车、船、牲口征税，老百姓会本能地隐匿财产。朝廷如果较真去调查，行政成本太高，这不给官府找麻烦吗？那怎么办呢？来吧，翻翻《商君书》，此部宝典必有大招。《商君书》里有这么一句：“省刑，要保，赏不可倍也。有奸必告之，则民断于心，上令而民知所以应。”也就是说，要节省行政成本，就得发动群众斗群众。官府去调查太费劲，让百姓互相揭发好了。汉武帝手下正好有善于玩老百姓的，叫杨可。

杨可的出山，意味着汉武帝对“刁民”们的失望。朝廷花了大力气塑造了爱国人士卜式，依然没有激起民众的捐款欲望。不是卜式演技不好，而是老百姓真没钱啊。这时候，杨可站出来，帮助朝廷推行《缗钱令》。

这玩意儿怎么推行？就算大家没读过史书，也应该对这些手段不陌生。

古代不行，古代当官的是老爷，当皇上是祖宗。他们不服务大众，而是奴役大众，这样才能从大众身上榨取价值。于是在元狩四年，汉武帝重用东郭咸阳、孔仅、桑弘羊三个当时善于精算的高人来为朝廷敛财。在这几位精算大师的设计下，汉武帝下令“初算缗钱”。

这套政策的内容，首先是严禁民间铸造铁器和煮盐，如此对于这两样生活必需品，人民只能购买官营，朝廷靠垄断生活必需品敛财。

然后，朝廷要求商人和手工业者必须向朝廷申报自己的财产，朝廷根据商人、手工业者的家产进行征税，这就叫算缗。

最初，商人算缗的起征点为两千钱，每两千钱征一算。手工业者的起征点是四千钱，每四千钱征一算。一算，最初为征收人头税的一种单位。根据《汉仪注》记载，一算为一年征收一百二十钱。

除此之外，汉武帝还征收车船税。除了官吏、乡村老师（三老）和边境的骑士之外，老百姓如果有马车一辆，征一算。而商人则翻倍，有车一辆则征两算。家有船的，只要船长超过五丈，征一算。

其实朝廷颁布“初算缗钱”，目标也不是为了收一算两算的。据传说，过去有道名菜叫泥鳅钻豆腐。这道菜的做法就是在锅中加入冷水，在冷水中放入活的泥鳅和一块豆腐，随着水温的升高，泥鳅最自然的反应就是找冷的地方躲躲，于是都钻进了豆腐。而厨师的目的恰恰不是为了用水煮熟泥鳅，就是让泥鳅钻入豆腐。

其实汉武帝搞“初算缗钱”也是一样，他突然这么征税，有点资产的百姓最基本的反应就是保护自己的资产。最直接的方式，就是隐匿自己的财产。

那么汉武帝作为汉朝的“掌勺人”，则颁布告缗政策。

所谓告缗，就是允许百姓举报隐匿财产的行为。百姓为什么举报呢？因为告缗政策规定，只要举报了，被举报人发配边关戍边一年，其资产全部没收，朝廷拿走一半，分给举报人一半。

也正是在这个政策的激励下，无产者勇于告发有产者。富豪不够用，则告中产。无产者告赢了成为富豪，则会被别人告。在这场举报风潮中，百姓就像钻进豆腐的泥鳅，不会有胜算。而且，允许诬告，反正朝廷的目的是为了敛财。也就是说，老老实实申报财产，也无法保护自己的资产安全。

也因此呢，汉武帝重用了两个酷吏办这个事。杨可负责告缗的执行，杜周负责审案子。杨可把告缗推行到全国，导致中产以上的人民几乎全部被告发，而这些人在杜周的审核下，几乎没有能翻案，都只能被没收财产，发配边关。杨可的团队和杜周的团队配合密切，敛财成果颇丰，没收钱财数以亿计、奴婢超过千万，大点的县能没收田产数百顷，小点的县也能没收田产一百多顷。

如此，在汉武帝治下，中产以上几乎都破了产，老百姓有了钱也不存钱，赶紧挥霍掉，省得被告发。而官府在专营盐铁和算缗、告缗政策下，变得非常富饶。

这些政策不仅导致了大量中产者破产，也导致了人民群众之间互相极不信任，大家互相斗，自然会忽略朝廷的诡计。很多老百姓觉得，收税跟他们没关系，因为家里没车。但是商人用车成本高了，必然带来物价的升高，羊毛出在羊身上，谁也难以逃离这场经济掠夺。

有杨可坐镇，搞得社会鸡飞狗跳，社会的老百姓还不知道该恨谁。这时候，有人不爽了。右内史义纵靠杀人上位，恨他的人满大街都是。但是杨可这么缺德，老百姓却不骂他。这让义纵感到非常不爽，凭什么啊？杨可比我缺德，但是江湖上都说我比他缺德，这可不行，不给他捣乱，他还不反了天啊。

义纵是朝中最狠的一位，连张汤都惧他。他要整杨可，按道理杨可不是他的对手。义纵是出了名的简单粗暴，总是先杀人后组织罪名。这回义纵的手段也是一样，只要是杨可派出的属官，义纵逮一个杀一个。

汉武帝听说之后不干了，杨可为国家敛财驭民，执行的是朝廷意志，凭什么杀他？再说义纵，皇上需要的是听话的恶犬，而不是疯狗。让你咬谁你再咬谁，谁让你私自乱咬了？

汉武帝下旨，义纵阻碍国家行政，抗旨不遵，其罪当诛。就这样，刚被提拔到中央的义纵还没找到感觉，就被汉武帝给杀了。杨可发动群众斗群众执行顺利，善良的百姓都深受其害，不善良的百姓突然明白了一件事：铸造假的白金币，很难花出去，老百姓根本不认；铸造假的五铢钱，那就没问题了。因此这些造假人员转而铸造五铢钱。朝廷派出酷吏严办造假人员，一时间众多犯案者被邻居举报，被朝廷诛杀了数十万人。

朝廷内外都笼罩在一片恐怖当中，不过朝中依然有敢说话的忠臣去质疑朝廷的政策。连义纵挑战朝廷都被杀了，这位忠臣的结局又会如何呢？

第十三章 Chapter Thirteen

扎堆死亡的秘密

汉朝元狩年间的历史有俩显著的特点，一个是乱，一个是怪。高等官员接连死亡，死因都透着玄妙。尤其是霍去病的死亡，把元狩年间的离奇历史事件推向了最高峰。

我们先来看看这几年的奇特之处：

元狩元年，张汤办理淮南王案，获得汉武帝赏识；皇子刘据被立为太子。

元狩二年，丞相公孙弘死，乐安侯李蔡任相，张汤升御史大夫独揽大权。

元狩三年，胶东王薨，汉武帝把胶东王的两个儿子分别封为胶东王和六安王。

元狩四年，李广自杀，汉武帝扶植霍去病压制卫青，免汲黯，把义纵、王温舒升到中央。

元狩五年，丞相李蔡自杀，太子太傅庄青翟任相。

元狩六年，霍去病射杀李敢，霍光被霍去病带到长安为官，同年霍去病暴死，张汤害死大农令颜异。

两年后的元鼎二年，御史大夫张汤自杀，丞相庄青翟自杀，太子太傅赵周任相，太子太傅石庆任御史大夫。平阳公主下嫁卫青，朝政趋于稳定。

这是这些年发生的大事，还不算期间离奇的小事。理清楚这里边的联系，为我们解开霍去病暴毙之谜提供了不少帮助。

这里边到底有什么秘密呢？我们再来看看当时朝廷的格局。公孙弘死后，朝中的格局从大的层面分是两极。一极是以张汤为首的酷吏集团，掌门人为张汤，重要成员为赵禹、王温舒等；一极是以卫青为首的卫氏集团，掌门人是皇后卫子夫，重要成员是卫青、公孙贺、曹襄、霍去病等。

然后问题来了，酷吏党俨然是朝中实力最强的官吏集团，因为这个组织背后的老大是汉武帝。卫党是朝中势力最大的官吏集团，成员遍布朝野内外。虽然这个党派的表面掌门人是卫青，但是卫大将军只是这个集团的精神领袖，背后的老大还是卫子夫。

就当时而言，卫子夫在后宫风光不再，虽然新崛起的王夫人早死，但是李延年以一首“北方有佳人，绝世而独立。一顾倾人城，再顾倾人国。宁不知倾城与倾国，佳人难再得”。把自己的妹妹献给汉武帝，李夫人瞬间成了后宫新宠。

这个李夫人跟以前那个得宠的王夫人完全不是一个概念，差别在哪呢？王夫人孑然一身，以色得宠，没有儿子，所以卫青能拉拢她。但是这位李夫人不一样，李夫人背后的老大是平阳公主，生儿子是早晚的事，有掀翻卫氏集团的潜质。虽然说当初卫子夫也是平阳公主的人，但是自从卫子夫的儿子刘据被立为太子，卫氏集团就和太子是利益共同体，平阳公主的利益跟卫氏集团就没大关系了。而李夫人和平阳公主是利益共同体。

也就是说，卫氏集团，事实上就是太子党。中国古代那些伟大的帝王，都和太子有不可调和的矛盾。比如汉高帝、隋文帝、唐太宗、元世祖、清圣祖，自然也有这汉武帝。太子是下一任国君，自然会有一些人围绕在太子周围，等着当下一届的开国功臣。只要太子还没登基，就充满了变数。太子党的人就必须要保证太子的和平接班，而影响太子和平接班最大的障碍，就是皇上。这种情况下，你是效忠当今皇上，还是效忠下一届准皇上，这是个艰难的抉择。

当初，淮南王案发，汉武帝不得不立 7 岁的皇长子刘据为太子，以正国本，绝天下的念想。他没有选择，立谁也斗不过卫氏外戚，但是立了刘据，汉武帝就得担心自己斗不斗得过卫氏外戚。

所以，在汉武帝眼中，卫氏集团的势力过大了。如果这个集团跟太子没关系，做大也就做大了，但是这个集团跟太子休戚相关，那就意味着卫氏集团从某种意义上讲，是站在皇帝的对立面。军队都在卫氏手里，他们如果拥立太子登基问题不大。就连先后掌管禁卫军的郎中令李广父子，也是卫氏集团的人。

汉武帝多聪明啊，他粘上毛比猴还精。为了分化遏制卫氏集团，汉武帝扶植酷吏集团，就是因为酷吏集团跟后宫、太子都没关系，这样的集团势力再大，也没有根，随时可以剪除。但是对付卫氏集团就要小心了，弄不好就是兵变。在这场权力斗争中，汉武帝先从禁卫军开始分化卫氏集团。元狩四年的那场北伐，汉武帝留下卫青面授机宜：不许用郎中令李广为前部。而李广又被汉武帝亲封为前将军。

后边的事大家知道了，李广委屈的自杀了，卫氏集团中的重要组成部分李氏集团跟卫氏集团出现了巨大的矛盾。李氏集团不会恨汉武帝，他们认为是卫青贪功，才不让汉武帝亲封的前将军为前部先锋。同年，汉武帝大力扶植卫氏集团的霍去病，同时增加酷吏集团的实力，以防不测。

本来霍去病属于卫氏外戚，但是汉武帝决定从霍去病开始分化卫氏外戚掌控的军队。之所以汉武帝选择了霍去病，是因为霍去病和卫青属于两个体系，虽然卫青是霍去病的舅舅，但是卫青的部队各重要位置的将官都是太子党的亲信，比如公孙贺、公孙敖。而霍去病的部队各重要位置的将官都相对独立，除了李敢是丞相李蔡这边的人，其余将官多为胡人。如果汉武帝动卫青，那是牵一发而动全身。如果汉武帝要动霍去病，无所谓，那些胡人将领有奶就是娘，更何况他们只是怕霍去病，而不是敬仰霍去病。

这样，汉武帝大力提拔霍去病，目的就是压制卫青，根本不怕霍去病做大。霍去病不想反卫青，但是一个二十出头的年轻人，上了战场那是勇冠三军，上了朝堂完全找不到北。就算他不想反卫青，但是霍去病被动压了卫青一头，卫青一定会对霍去病有意见。这对甥舅之间的裂痕，不可避免。

然后，汉武帝用个莫须有的罪名害李蔡，李蔡未免受辱，在家自杀。之后，就有了李敢暴打卫青，对于汉武帝来说，李敢这个废物，居然没杀死卫青。但李敢是霍去病的部将，这事让霍去病说不清楚了。霍去病为了自证清白，不惜一箭射死李敢，希望卫青不要误会。这事一出，汉武帝不能处罚霍去病，否则朝中又回到了卫青独大的局面，因此汉武帝对外声称李敢被鹿撞死，霍去病无责。

这件事没能让卫青和霍去病冰释前嫌，反而让这对甥舅之间的关系更加紧张。我们不知道卫青对霍去病表现了什么态度，但是我们可以判断霍去病对卫青，对卫氏集团彻底死心，他要建立自己的势力。

所以在元狩六年，霍去病去找了当年抛弃他们娘俩的渣男霍仲孺，把自己只见了一面的异母弟弟霍光带到了长安为官。这是霍去病另立山头的标志，就在这一年，汉武帝倚重的霍去病暴毙，死因不明。跟霍去病同朝为官的司马谈，都不知道霍去病是怎么死的。所以司马迁在《史记》中对于这么大的一件事，没有记载霍去病的死因，而是详细记录了汉武帝为霍去病举办的盛大而超标的葬礼。

疑点来了，如果霍去病是正常死亡，死因不可能如此含糊其词。如果霍去病是非正常死亡，凶手是谁？值得怀疑的有三位。其一，李家人。这点最不可能，李敢之子李禹那年也就一两岁。李敢两个哥哥都死得早，侄子们也小，李家先被排除。其二，很多人都怀疑是汉武帝。我认为不可能，因为汉武帝很迷信，不可能杀了霍去病还让霍去病陪葬昭陵。其三就是卫家人，或者说是太子党的人。太子党的人杀霍去病最有动机，也最有手段。也只有卫家人杀霍去病，能让汉武帝敢怒而不敢言。大司马、大将军卫青不足虑，但是卫青和太子绑定在一起，那就是可以赶汉武帝下台的恐怖力量。

霍去病的死，标志着汉武帝精心培养的张汤、霍去病分化遏制卫氏外戚的计划失败了，更标志着卫家成了朝中第一势力。所以到了元鼎二年（前 115），对于汉武帝来说，没用的张汤可以去死了。太子党的丞相庄青翟太可恨了，也可以去死了。汉武帝宠着李夫人，原本想跟太子党翻脸。可惜那个时候李广利还不行，李氏的背后是平阳公主。

可是，汉武帝的这位老姐关键时刻沦陷了。因为元鼎二年，平阳公主的第二任丈夫夏侯颇死后，无数人上门提亲讲大将军的好处。就在元鼎二年，没扛住的平阳公主下嫁卫青，汉武帝失去了反击卫氏的最强外援。所以到了这个阶段，汉武帝服软了，封太子党的重要人士赵周任相，石庆任御史大夫。这场政治斗争尘埃落定，八年来，丞相公孙弘、李蔡、庄青翟死了，御史大夫张汤死了，大司马霍去病死了，前将军李广死了，郎中令李敢死了。李氏集团垮台，酷吏集团不能制约卫氏，而实力虽然大减的卫氏集团，却最终笑到了最后，太子刘据成了这八年斗争的最大赢家。虽然太子刘据什么也没做，但是卫子夫却没少做工作，稳固了太子的帝位。

但是，汉武帝是不会认输的。虽然这场斗争以太子党的胜利而告终，但是汉武帝为了扳回这一局，足足部署了二十多年，这是后话。

总之，跟元狩六年的霍去病暴毙案有联系的事件，就是这些。这就是政治斗争，不立太子，国本不正。早立太子，必然会导致太子党的出现威胁皇权。要不然也会有人出现暗害太子，君主越伟大，围绕太子的事端就越多。无论是唐太宗还是康熙帝，无论他们在战场上有多少丰功伟绩，在朝堂上多么能玩转群臣，都在太子这个问题上栽了大跟头。直到雍正帝设立秘密建储制度，才解决了这一问题。

这场千年悬案至今众说纷纭，可以肯定的是，卫青、霍去病谁也没逃脱这场围绕太子展开的政治斗争。霍去病将星陨落，但是汉武帝的故事并没有结束。

元狩年间一系列的风云变幻，张汤都是其中特别重要的一环。对于汉武帝来讲，他对张汤的感情非常复杂。一方面他非常喜欢张汤，这是汉武帝手中最称手的兵器，指哪打哪，只要汉武帝想害谁，张汤总能找到法律依据去办好这件事。而且张汤胆大，管你是陈皇后还是淮南王，统统下得去手。另一方面张汤事情往往做得太绝，闹得是天怒人怨。历史上以人缘差而著称的晁错，都没搞得像张汤这样民怨沸腾。只要张汤在一天，朝廷的形象就好不了。

正因为有这样的矛盾，所以汉武帝把张汤升到了御史大夫位置上就打住了，没让张汤再进一步担任丞相。

像张汤这样的酷吏，被皇帝弃用是早晚的事，关键是什么时候弃用，这就是个学问了。由于张汤太好用，所以他长期不倒。不像义纵，刚进入中央就被斩首，这就是屠夫跟杀人不见血的区别。

元狩五年，丞相李蔡自杀以后，汉武帝为了平衡关系，把太子的老师庄青翟请出来当丞相，这让原本以为自己可以当丞相的张汤对庄青翟恨之入骨。虽然庄青翟是丞相，但他本事并不比李蔡大，所以朝中事物，还得张汤操办。比如说这样一件棘手的案子，非张汤不能办理。

元狩六年，朝廷的疯狂敛财被专管经济的大农令颜异看出了真相。过去朝廷的真相帝汲黯被调任淮阳太守，很久没人敢站出来戳穿朝廷的财政阴谋了。这位大农令颜异，是孔子爱徒颜回的后人。颜异继承了祖上的耿直和节操，他作为一个专管经济的官员，看透了汉武帝发行大面值鹿皮币的真相。这种巨大面值的钞票在市场上根本没法流通，汉武帝发行这玩意儿，还得要求诸侯进京祭祀必须奉上鹿皮币包裹玉璧。所以诸侯不得不用大量可以流通的货币去兑换不能流通的鹿皮币，这就是赤裸裸的抢劫，比充了四十万话费还尴尬。颜异觉得朝廷此举，实在是有些不顾脸面了。他又不是汲黯，不敢上来说汉武帝抢劫。所以颜异侧面迂回简单提了一句，说诸侯来京祭祀用的玉璧不过价值三四千钱，而包裹玉璧的皮币却价值四十万钱，本末倒置啊。

汉武帝一听，不高兴了，这事你自己知道就完了，干吗要说出来？你的立场呢？你的官性呢？你不讲政治啊。但是这事人家颜异说的没错啊，就算汉武帝要找颜异的晦气，也没有理由啊。不过不用担心，交给张汤办理，一切包汉武帝满意。

张汤毫无理由地抓捕了颜异，并对颜异进行了突击审讯。

颜异对突然到来的执法人员非常不满，问："为啥抓我？"

执法人员："你，谋朝篡位！"

颜异："你信吗？"

执法人员："你管那么多干吗？先跟我们走，罪名再商量呗。"

颜异就不信这个邪了，自己从不犯罪，还能被颠倒黑白？于是跟随执法人员去接受张汤的调查，这一查，有意思了。

颜异不愧是颜回的后人，秉性像极了颜回。为官以来不贪污不受贿，勤勤恳恳工作，老老实实做人。皇上和朝廷一直教育人民要变成这样的人，可惜却没给这样的正直人士留足生活环境。不过颜异的档案之清白，令擅长给人构陷罪名的张汤都束手无策。这就尴尬了，皇上的指标都定下来了，必须得给颜异定个罪名。张汤想破了脑袋，终于给颜异想到了一个罪名。这一招，造成了汉朝历史上最大的冤案。

这一招是什么呢？张汤经过反复审理，既然颜异材料清白，那就给颜异安上个反朝廷的罪名。你有证据吗？有啊，虽然颜异没有任何反朝廷的举动和言行，但是我保证，颜异一定是把对朝廷的刻骨仇恨埋在心里，他在心里反朝廷。这叫腹诽！翻译成白话文是无言行反叛。

颜异不服啊，你会读心术是怎么着？凭什么说我腹诽朝廷？

张汤表示那不管，你的眼神都出卖了你！

颜异案是继周亚夫阴间谋反案之后，第二大冤案。大汉朝少有的好官颜异，就这样被斩了。这个故事告诉我们，每当独裁头子倒行逆施的时候，造成的后果严重与否，完全看他身边的那个狗腿子是如何把非法变成合法。只不过张汤不懂得包装，所以老百姓不觉得他不容易。

出 处

初，异以廉直，稍迁至九卿。上与张汤既造白鹿皮币，问异，异曰："今王侯朝贺以苍璧，直数千，而以皮荐反四十万，本末不相称。"天子不说。张汤又与异有郤，及人有告异以他事，下张汤治异。异与客语初令下有不便者，异不应，微反唇。汤奏当："异九卿，见令不便，不入言而腹诽，论死。"自是之后，有腹诽之法比，而公卿大夫多谄谀取容矣。——《资治通鉴·汉纪十二》

张汤办了颜异案，在朝廷引起了轩然大波。如果连颜异这样有操守都能被张汤构陷成死罪，其他那些得罪过张汤的人，只能等着悲剧发生了。既然死路一条，那不如放手一搏，跟张汤拼了。满朝文武，几乎都是张汤的仇人。首先发难的是御史中丞李文，李文和张汤素来不和，于是暗地里组织了张汤的黑材料，上书给汉武帝弹劾张汤。汉武帝看也不看，这没什么可看的。张汤的种种不法都不用别人去查，汉武帝随手写写，都够好几捆竹简的。张汤是个酷吏，干的就是不法的事，用得着你们弹劾？就因为张汤身负种种不法，所以汉武帝用得才放心。张汤得病，汉武帝亲赴府邸探视，向世人表明皇上对张汤的信任和恩宠。

皇上不处理张汤的案子，并不代表这个事件的结束。张汤是谁？能被人白告一次刁状？那不能够。所以，张汤指使手下鲁谒居弹劾李文，给李文安了一个死罪，报仇成功。

张汤雷厉风行地报仇，让汉武帝措手不及。整李文一顿就好了，干吗杀人呢？于是汉武帝问张汤，为什么在这个敏感的时候会有人弹劾李文呢？汉武帝不是随便问问，因为他在问之前，已经调查清楚了。

张汤觉得不妙，大家心知肚明，就是我设计报复。皇上既然这样问，张汤顺口答道：可能李文得罪以前的朋友了吧，所以人家举报。

汉武帝没有回应，但是对张汤的不坦白很不爽。真当皇上是傻子？鲁谒居怎么会是李文的老朋友？

紧接着，又有人弹劾张汤了。这次弹劾张汤的是个身份尊贵但是没有实权的人物，此人是汉武帝的亲哥哥赵王刘彭祖。自从汉景帝时代诸侯王失去了军政大权，这位赵王殿下就一门心思赚钱。他老人家立志要当个钢铁大亨，于是靠着在赵国大炼钢铁赚钱。但是到了元狩年间，朝廷进行改制，把盐铁酒的经营权收归中央。张汤收赵王的铁矿、铁厂时，跟赵王起了冲突。赵王是谁也得罪不起，但也不想吃这个亏，于是上书汉武帝，说张汤和鲁谒居是老交情，张汤还亲自给鲁谒居做足疗，说明这俩人搞事情。

出处

赵王怨之，并上书告："汤大臣也，史谒居有病，汤至为摩足，疑与为大奸。"——《汉书·张汤传》

这种弹劾毫无作用，收了赵王的铁矿，那是汉武帝的意思，张汤这事办得让汉武帝很满意，所以汉武帝不会治罪张汤。赵王见告不倒张汤，就弹劾鲁谒居密谋大事，图谋不轨。汉武帝怎么也得给亲哥哥一个面子，于是把这个案子交给廷尉处理。当时鲁谒居病死，由于这事牵扯到鲁谒居的弟弟，廷尉逮捕了鲁谒居的弟弟进行调查。

但是，廷尉可不敢审这个案子，毕竟跟张汤有关系。所以廷尉请来张汤亲自审理，这样大家都好交代。张汤心说别让人说闲话了，假装秉公审理，查无实据不就完了。张汤见了鲁谒居的弟弟，假装不认识，然后进行了简单的问询。

张汤的心黑手狠是出名的，他的表现，让鲁谒居的弟弟认为张汤这是要置他于死地。于是鲁谒居的弟弟在张汤走后，举报张汤和鲁谒居密谋陷害李文，图谋不轨。汉武帝一看，张汤还能擦干净自己的屁股不，怎么摁下葫芦起来瓢啊？这个案子，交给右扶风减宣处理吧。

减宣这个人有俩显著特点：其一他跟张汤不和，其二他是个酷吏。那你想吧，这哥们接了案子，那是兴奋不已。有了那么多前辈用鲜血铺平的道路，减宣在处理这案子的时候，先不动声色，慢慢调查构陷，看看怎么给张汤安上一个死罪，所以这个事就放那了。

张汤倒也不怕，他的罪名如果都拿出来较真，够枪毙一天的了。什么样的罪名他都不怕，关键是皇上的态度。眼下斗争的重点是太子党的无节操崛起，霍去病也不能白死。太子的老师丞相庄青翟，是汉武帝和张汤共同的敌人，只要办了庄青翟，就能证明自己的价值。

这时候，一个离奇的案子恰到好处地出现了。这案子呢，是汉文帝的陵墓被人挖掘，丢失随葬冥币若干。汉朝人都知道，这几位汉朝皇帝里边，最薄葬的就是汉文帝，挖掘他的陵墓偷冥币，也是无语了。有那功夫去挖周朝古墓好不好，哪有去挖戒备森严的本朝皇陵的？不管怎么说，皇陵被挖，在强大的民间互相揭发检举网络中，犯罪分子并没有抓到。那么谁来对这件事情负责呢？张汤和庄青翟约定，一起去请罪，意思一下。这种事都是惯例，哪怕地震了，丞相都得请罪，皇上安抚一下，再向老天爷请罪。这属于一种正常的应对规矩，面子上的事。

结果没想到，庄青翟跪下请罪的时候，张汤不仅没有一起请罪，还弹劾庄青翟，就是他祭祀皇陵的时候，扰乱了人家的安保秩序，这才把歹人放进来，丢失了冥币。

庄青翟顿感尴尬，这时候已经请完罪了，再说这事不赖我，肯定不行了啊。于是汉武帝借机把庄青翟下狱，交给张汤处理。

庄青翟下狱，引发了不小的政治动荡。卫氏外戚不能坐视不理，但是要想从张汤手里救人，还没有人成功过。这时候，庄青翟手下的三个长史，在卫氏的支持下，站出来跟张汤死磕。这三位都不是无名之辈，头一个是朱买臣，最高曾做过主爵都尉，但被张汤陷害，成了相府长史。朱买臣是主父偃、晁错那样的人物，岂能善罢甘休？这是个机会。第二个叫王朝，跟马汉没有关系。王朝跟少翁一样，属于齐地的术士。因为得罪了张汤，所以没混出来，由右内史降成了相府长史。第三个是边通，是个生错了时代的纵横家，最高做过济南国相，也是因为得罪了张汤，成了相府长史。这三位出道都比张汤早，还都早早地做到了两千石的高官，结果都因为得罪了张汤，成了相府长史。这事不算完，张汤有事没事就去跟相府三长史商议朝政，完事之后再推翻三长史的意见，代行相权。张汤没有别的目的，就是玩儿他们仨。

这三位长史凑在一起，背后再有卫氏撑腰，那就厉害了。要是比玩人、构陷这一套，朱买臣是行家；要是玩阴谋诡计心理学，王朝是行家；要是起草文书诱供骗供，边通是行家。哥儿仨联合起来行动，比李文、赵王那样单独行动自然厉害得多。张汤这个人，看上去很清廉，仿佛家无余财，但是这哥们并不是一个真正的清官。张汤主抓经济，因此跟商人们打得火热。大商人田甲和田信都跟张汤关系极好。张汤有政策，商人有手段。官商一勾结，财源滚滚来。三长史出手第一件事，就是拘捕了以大商人田信为首的一干企业家，经过紧急审理，三长史把案卷上交给汉武帝。

官商勾结这事，汉武帝本来也不想管。多大点事啊，因此就像当初李文弹劾张汤那样，把张汤叫来简单聊聊，顺便提醒他赶紧去擦干净自己的屁股。汉武帝对张汤说，长安的商人消息灵通。朕想要抬高哪种货物的价格，商人们就囤积哪种货物。你说他们怎么会知道朕的想法？

按说到这时候，张汤往地下一跪，大大方方承认，汉武帝也不会为难他。可是张汤还跟上次一样，假装不明真相，说肯定有人泄密。汉武帝一看，小样儿，你这是叫板啊。于是让张汤回去，然后准备组织一下张汤的黑材料，想要对张汤下手。这时候减宣瞅准时机，把调查鲁谒居的罪状上交汉武帝，里面果然有张汤的罪行。

汉武帝见张汤这人太不自觉，构陷庄青翟的罪名还没坐实，自己先引火烧身，于是列举八条大罪，交减宣审理。论断案，张汤是前辈。所以在抵赖这个环节上，一般的酷吏都不是张汤的对手。经过审理，张汤的八条大罪皆不成立。汉武帝一看，科班出身的就是厉害。既然一般的酷吏办不了这事，那就请出一位不一般的酷吏办这个案子吧。谁不一般呢？此人就是和张汤齐名的赵禹，科班出身。

赵禹和张汤同时出道，合作制定过不少法律和规定。真要让他办理张汤的案子，那是大汉朝两个绝顶的法律高手对决。张汤狠，赵禹阴。再加上赵禹为座上官，张汤为阶下囚，赵禹稳赢不输。但是赵禹不忍看到张汤落得个灭族的下场，于是一不上刑，二不审理，而是跟张汤聊了点掏心窝子话。

赵禹说：老张啊，你怎么突然就看不清形势了呢？你办了那么多灭人三族的案子，还不明白这个道理吗？你得罪人多了，现在皇上要办你，你不认罪就没事了吗？皇上的意思是，你自己解决吧。

张汤沉默，自己解决？那就是自杀呗。或许这就是最好的结局了，自杀，总比被严刑拷打，受尽折辱后被灭族好吧。张汤向赵禹讨来竹简笔墨，给汉武帝上了最后一道奏折。奏折送出去，张汤在狱中自杀。

张汤在折子上说：臣张汤小吏出身，蒙圣上不弃，位列三公。事情到了今天这个地步，臣责无旁贷，理应一死。但是，皇上要知道，害臣的，是三长史！

出 处

上使赵禹责汤。禹至，让汤曰："君何不知分也！君所治，夷灭者几何人矣！今人言君皆有状，天子重致君狱，欲令君自为计，何多以对为？"汤乃为书谢曰："汤无尺寸之功，起刀笔吏，陛下幸致位三公，无以塞责。然谋陷汤者，三长史也。"遂自杀。——《汉书·张汤传》

张汤死了，堵住了天下悠悠之口。但是，汉武帝又极其讨厌这种被利用的感觉。因此，汉武帝又导演了一出戏。张汤是个贪官，但是他不把钱放家里。汉武帝释放了跟张汤有关的商人们，然后塑造了张汤这个清官的形象。清官总能博得大家同情，害死清官的三长史，不好意思，用你们的脑袋给清官陪葬吧。

三长史死后，在狱中的庄青翟吓破了胆，于是在狱中自杀，省去了汉武帝的一个大麻烦。

张汤害了一辈子人，最终被人害死。张汤当了一辈子酷吏，结果死在了酷吏手里。出来混总是要还的，伴君如伴虎。但是一个颜异倒下了，朝中再无颜异。一个张汤倒下后，却崛起了好多张汤。然而日子还得过，朝廷平静了之后，汉武帝的重点，还是得放在挣钱上。

元鼎二年（前115），张汤、朱买臣、王朝、边通、庄青翟命丧黄泉，汉武帝升太子的老师赵周为丞相、石庆为御史大夫。元狩年间的立太子余波趋于稳定，卫氏外戚巩固了自己的地位，太子高枕无忧。汉武帝虽然扶植霍去病打压卫氏的计划落空，但是好歹把霍去病和李氏家族从卫氏集团中剥离出去。眼下虽然损失了张汤，但卫氏的损失更大。尤其是三长史被杀，赵周、石庆显然不足以补充三长史的智囊地位。上有皇帝，下有酷吏，太子党由于缺少政治人才，也翻不出多大浪来。

到了元鼎二年的下半年，当一切都尘埃落定，汉武帝开始着手处理经济问题。没钱，一切都是瞎扯淡。汉朝时中国的生产力水平并不高，再加上汉武帝对商人的打压达到了历史顶峰，以往从来没有任何一个时代会对商人进行如此严厉的限制，所以那时候中国的商品经济几乎不存在。作为一个商人，想要流通货物，就得有车队、船队。但是汉武帝对车、船以及商人的固定资产，甚至是奴婢都要收税。所以商人们都不愿意壮大自己的货运队伍，那么商品的流通靠什么呢？那时候商品几乎不流通，唯一的流通途径就是各地往长安城输送的贡品。汉朝的马速也没有后来朝代快，没有马镫的时代，马速提不起来。纯骑兵一天能跑六七十公里就算飞快了，步兵一天能走二十公里都算急行军了。拉上货物的车队，一天能走十公里就不算掉队。

可想而知，汉武帝让各地贡品运到长安，那是个什么场景。那时候的进贡跟后来的进贡还不一样，后来所谓进贡皇上的“特供”，那都是非常强大的特产。属于帝王享受必备物资，老百姓不许享用。汉武帝时代的进贡，有一半是要起到补给的作用。各地的物资都得往长安送，粮食、水果、蔬菜都算，很多贡品经过长途跋涉，到了长安都严重腐败了。这样就陷入了一个死循环，离长安远的地区，明知道贡品送到长安得完蛋，也得每年耗费大量的人力物力把东西往长安送，造成了极大的浪费。

这种情况下，又赶上黄河发大水，饿死了上千人，汉武帝让桑弘羊、孔仅一起研究经济改革，汉朝开始使用均输法来弥补没有商人进行商品流通所产生的经济弊端。所谓均输法，就是朝廷把明知道不能运到长安的贡品，短途运输到邻近的郡县进行高价销售，然后再在当地采集特产，运回去销售。如果被销售地没有什么特产可以采购，就把现金带回去。这样一搞，等于是国家掌控物品的流通，抢了商人的饭碗。

均输法作为朝廷压制商品经济发展的替代法案，在一定程度上缓解了进贡制度的弊端。这招在纠正类似计划经济的进贡制度上有一定的积极意义。不过均输法的可夸赞之处，就好比歹徒捅了别人一刀，又给别人贴了一个创可贴。客观上这个创可贴起到了一点止血的作用，但是创可贴在正常人身上就没用了。汉朝这么干，还可以。商品经济高速发展的宋朝也想这么干，那就是大开历史倒车了，王安石在宋朝搞均输法失败，就不奇怪了。

汉朝那孱弱的生产力，使用均输法之后，把原本押运贡品的民夫解放出来，这些人可以回到田里生产，让汉朝的经济得到了一定的恢复。农业这块相对稳定一些后，让汉武帝头疼的假币问题愈演愈烈。五铢钱造假的成本太低了，有个模具就能铸造。这惊人的利润令人足以践踏人世间所有法律，所以酷吏们杀了数十万造假者，依然不能杀绝。鉴于此，汉武帝又想好好搞经济，首创五铢钱防伪技术，命上林三官铸造标准化五铢钱。这种五铢钱的铭文采用独有字体，铸造工艺高超，有防伪标识。此钱被称为上林三官五铢钱，为汉朝唯一合法货币。这种钱币的发行，虽然不能完全杜绝造假者伪造，但是已经不会让阿猫阿狗都能回家造假了。可以说上林三官五铢钱，是我国最早的标准化货币。正因为有了标准，所以这种钱币流通了四百多年。也正是因为如此，王莽的币制瞎改一次也不能成功，经济上的事，王莽但凡有汉武帝一半的造诣，也不至于结局那么惨。至于白银币，由于不能流通，朝廷也放弃发行了。

出 处

于是悉禁郡国毋铸钱，专令上林三官铸。钱既多，而令天下非三官钱不得行，诸郡国前所铸钱皆废销之，输入其铜三官。而民之铸钱益少，计其费不能相当，唯直工大奸乃盗为之。——《汉书·食货志》

汉武帝元鼎年间的经济改革，让国库再一次充盈了起来。但是，不代表老百姓也充盈了起来。由于老百姓家无余财，那几年随随便便一场天灾，都能酿成饿死人或人吃人的惨剧。

元鼎二年（前 115）的水灾，老百姓死亡上千。元鼎三年（前 114）的大饥荒，出现了人吃人的惨剧。老百姓家无余粮，朝廷也不发粮食赈灾，为大汉帝国出人丁、粮食、赋税的老百姓，为汉武帝丰功伟绩的恶果买了单。

你说那时候汉武帝真的是拿不出钱来赈灾吗？那就得看看汉朝老百姓人吃人的时候，这个伟大君主在干什么。那时候汉武帝再次起用张骞，封之为中郎将，派他带上三百人、六百匹马、一万头牛羊，以及数不清的现金和布帛，去西域三十六国撒钱。现金多少钱不好估算，史书上说的是“金币帛直数千巨万”，那意思是这些东西的价值不到一亿钱，也得数千万。

过去匈奴管理西域的时候，遣右谷蠡王座下的日逐王为僮仆都尉，管理西域各国，向西域各国收税，这是赚钱的买卖。霍去病把右贤王打残以后，右谷蠡王也跑路了，那日逐王也跑路了，这就导致以前右贤王辖区的河西走廊出现了真空，没人管了。河西走廊没人管了，西域各国也就没人管了。这时候，张骞向汉武帝提出了一个令人惊叹的计划，去请乌孙国主放弃乌孙国，然后全国搬家到甘肃来，汉朝再和乌孙结盟，一起攻打匈奴。

张骞的这个童话般的计划，也不是毫无根据。张骞认为，乌孙人在秦朝以前就生活在甘肃，后来跟月氏人一起被匈奴打得西迁，月氏跑远了，乌孙就定居在巴尔喀什湖东南岸，发展为西域第一强国。现在是时候请乌孙人回家了。

很明显，张骞的这个计划并不可行。他又不是没去过大月氏，快一百年了，月氏王跟匈奴有深仇大恨，都不想再回甘肃了，更何况生活更稳定的乌孙呢？张骞提出请乌孙人回家的童话，并不是脑袋一热，而是因为张骞当年和李广联合北伐时，走错道被汉武帝贬为平民。如果不给自己找点事，那他这辈子就交待了。

张骞装得像个乌孙事务专家，其实他第一次出使西域的时候，走到甘肃就被匈奴活捉，然后被匈奴带到了中亚。张骞逃离匈奴的时候，直接到了中亚的大宛国。等于大新疆地区的各国，张骞根本没见过，他回国的时候走的是青海，不幸又被匈奴抓了。在张骞的建议下，汉武帝花了血本，让张骞带上使者和物资，正式出使大新疆地区的西域各国。沿途不断撒钱，只求西域各国跟汉朝联盟。古往今来，拿钱买来的盟友，必然翻脸比翻书还快。你给他钱，他叫你铁子。你不给他钱，他找你仇人叫铁子。这是外交铁律，越落后的国家，越有这个翻脸的倾向。西域各国有日子没见匈奴了，现在拿了汉朝的钱，当然说汉朝好。但是乌孙国就跟匈奴挨着，而且不清楚汉朝的实力，当然不会跟张骞合作。张骞心说无所谓，买点新疆特产，外带大宛马一匹，回国就能跟汉武帝交差。由于乌孙不回甘肃，汉朝才正式把甘肃纳入版图之后，设置酒泉、武威郡，迁内地居民在甘肃定居。

汉武帝爱马那是人尽皆知，为了匹好马，能劳动李延年、司马相如这样的“顶级音乐人”写歌。为了养马的美少男，能把仇人的儿子留在身边贴身伺候。这回看见张骞带回来的大宛马，那是乐不可支。我估计那感觉跟有人送我一辆布加迪的感觉是一样的。自从大宛马进长安，那汉朝往西域撒钱便常态化进行。或一年数次，或一年十数次的派人往西域跑，一直跑到最西头找大宛王求大宛马。以至于后来引发大规模战争，那是后话。

张骞再次出使西域，客观上实现了西域的葡萄、苜蓿、良马、香料进入中国，我们在盛赞这种交流的同时，其实更应该记住，所谓的物资引入，是张骞的使团拿钱买来的土特产，目的是为了向汉武帝交差。我们要知道，这场被司马迁称为“凿空”的活动，是汉朝人民拿口粮换来的。历史记住了汉武帝的伟大，记住了张骞的伟大，却从来没人为当时勒紧裤腰带供应朝廷撒钱的汉朝老百姓点个赞。马弄来了不会分给他们，葡萄弄来了也不分给他们，倒是花钱的时候想起他们来了，汉朝老百姓招谁惹谁了。

总之在汉朝百姓饥肠辘辘的时候，汉武帝又有钱了。这回不着急打仗，花钱又不是只有这一种方式。汉武帝要教科书式地展示如何在同一个地方跌倒两次，那么这回又是谁那么大胆敢忽悠汉武帝呢？

第十四章 Chapter Fourteen

出门就上当，当当都一样

时间到了元鼎四年（前 113），这时候的汉王朝国库逐渐丰盈，汉朝使者通西域采办土特产也常态化进行。最令汉武帝欣慰的是，元鼎三年匈奴单于伊稚斜死了，继位的是伊稚斜的儿子乌维单于，乌维单于比他爸爸无为，所以汉武帝的日子过得还算消停。跟这些好消息比起来，元鼎三年人吃人的惨剧，就显得微不足道了。

汉武帝不开心，群臣就得伺候他开心。汉武帝有三大爱好，分别是美人、宝马和修仙。要说这美人，除了平阳公主，谁也不敢乱送。宝马呢，汉武帝眼下只爱大宛马，这玩意儿不好得到。那要拍汉武帝马屁，就只剩下修仙这一条了。

说到修仙，汉武帝一直有个遗憾。他身边缺少一个大神仙，就像汉文帝宠信的许负那种类型的。本来汉武帝有这样一个高人，就是咱们前边说到过的少翁。但是少翁玩了一出自制天书忽悠汉武帝，被汉武帝认出了字迹，因此汉武帝秘密处决了少翁。到了元鼎四年，为了弥补这个缺憾，汉武帝的女婿乐成侯丁义向岳父推荐了“一代神棍”栾大来接替少翁，一系列的段子就此引发。

栾大跟少翁是同学，都是一个老师教出来的学生，手段多有相似之处。但是栾大出道是跟着胶东王，领着一帮人专管刷盘子洗碗，栾大的团队很厉害，岂止会洗碗，更能去果蔬农残。本来栾大能在王府当个洗碗工的头，也算是混得不错了。一个不小心，这位栾师傅就跟汉武帝攀上了三四杆子就能打着的关系。咱捋一捋这个关系：

走远路的话，栾大的老板娘丁王后是乐成侯丁义的亲姐姐，丁义是汉武帝的女婿。走近路的话，栾大的老板是汉武帝的弟弟，就这么简单。这本来跟栾大也没啥关系，但是在元狩二年的某一天，胶东王死了，而丁王后没儿子，所以新任胶东王跟这位丁太后不和。据说丁太后十分好客，床上人来人往络绎不绝，新任胶东王跟丁太后的矛盾日渐加深。丁太后为了自己的地位，于是想起了娘家弟弟乐成侯丁义，通过丁义的门路，她把洗碗、摆碗的专家栾大包装成活神仙介绍给汉武帝，丁氏一门自此有皇上罩着，那就非比寻常喽。

栾大的原则是，不会洗碗的术士不是个好演员。但忽悠皇上不容易，且不说汉武帝智商很高，单说有师兄少翁开了个不好的头，再想忽悠汉武帝就更难了。不过好在栾大心理素质过硬，当年学过的近景魔术至今没生疏，又总结了少翁以及历代术士失败的原因，这才信心十足地去忽悠汉武帝。

汉武帝这人，是个颜控。那么多养马人的手艺都很好，但汉武帝就说帅哥金日磾养得好。这回栾大进宫，汉武帝一看是个偶像级“长腿欧巴”，那妥了，聊聊吧，看样子栾大就是个好人。

栾大说了，我是海上修仙多年的术士，师父是神仙，跟安期生、羡门高这些神人很熟。但是神仙们嫌弃我没有官职，所以不告诉我长生之法。又嫌弃胶东王仅仅是个诸侯，也不愿意教给他神仙方术。我也劝胶东王虔诚修仙，但是他不听啊。不过我师父说了，世界上有四种事看似很难，但是一定能做到。这四件事分别为：锻炼黄金、治理黄河、长生不老、请来神仙。但是呢，我又怕说得太邪乎皇上不信，跟少翁一样被杀掉那就不值了，所以我也不想再从事帮人制造长生不老药以及请来神仙的事了。

汉武帝一听，比少翁靠谱。于是告诉栾大，少翁是吃马肝吃死的，并非被杀。只要你忠心办事，那是要啥有啥。

接着，古老而从无改变的术士套路又来了。还是跟今天用概念骗 B 轮投资的路数一样，把价码往高了开，您不答应，那就不赖我，分钱走人。根据以往的经验，皇上只要铁了心修仙，穿道服、自称真人、要巨款都不叫事。所以栾大开出了史上最高价码，他说，我师父是神仙，想请他来，就得让请他来的人地位尊贵。就是这个人得当皇上的亲戚，还得对他客气，不能摆谱。这样他才能有资格去请神仙，但是神仙来不来还在两可之间，全看神仙心情。

这条件开的，比关云长屯土山约三事还离谱。栾大说的“他”，不就是栾大自己吗。汉武帝也觉得离谱，就想让栾大展示一下到底行不行，别是个大忽悠。栾大跟汉武帝下棋，结果棋子自己动了起来，俩棋子碰到了一起。汉武帝一看，活神仙啊，朕信了。

别问我栾大变了什么戏法，我连刘谦的近景魔术都破解不了。反正看这意思，栾大像是用两块磁铁忽悠汉武帝。具体手法，那我就不晓得了。

出 处

于是上使验小方，斗棋，棋自相触击。——《汉书·郊祀志》

总之汉武帝信了栾大的邪，对栾大的封赏，远远超过了在前线拼命的将士们。李广要是活到元鼎四年，也得气得自杀。汉武帝封栾大为五利将军、天士将军、地士将军、大通将军，一个人带着四颗将军印，厉害吧。那年头不是华北发大水，出现了人吃人的惨剧吗？汉武帝说了，黄河决堤那是没办法的事情，这是千年不遇的大洪水，上一次这么大的洪水还是舜帝在位的时候呢。当年黄河决堤，上天赐给舜帝一个神一样的男子大禹来治水，这才把洪水治理好。如今上天也派人来拯救咱们了，这不，栾大天神下凡，专管这事。

汉武帝够离谱的，不赈灾还赖老天爷。他那意思是说，发洪水老百姓活该受罪，舜帝都没办法，朕能有办法呢。好在现在有栾大了，能不能治水不知道，反正老天爷派来的人，不能亏待了，封四个将军还不够，再拜爵乐通侯，食邑两千户。

边关将士拿命换不来的爵位，栾大上下嘴唇一碰，得到了。不过这还不算完，栾大不是说了吗，请神的使者得是皇帝的亲戚。所以，汉武帝下了血本，跟胡人和亲都舍不得用的亲闺女，送给栾大了。这样栾大是汉武帝的女婿，算天子亲戚了。此外，给栾大的豪宅在列侯中数第一，仆人上千，家里的装修都是皇宫规格。平时栾大家里的门关不上，来送皇帝赏赐的使者络绎不绝。皇亲国戚、文武大臣们一看这形势，也纷纷来表示亲近。除了卫青、赵周、石庆这三公，都去买栾大的账。

到这个地步，还没算完。汉武帝又替老天爷加封栾大为天道将军，派使者穿着神仙衣服去册封，栾大也穿上神仙服去接印。再加上以前的四将军印和乐通侯印，栾大身配六印，乍一看还以为学人家苏秦呢。

一个行业想要兴盛，必须有个领军人物带着，整个行业才能好。术士界古往今来第一人就出现在了汉武帝时代，栾大是这个行业龙头老大，端的是前无古人后无来者。无论是以前的徐市、卢生、许负、李少君，还是以后的郭京、林灵素，都没混到栾大的高度。自从栾大强势崛起，汉朝术士阶层们奔走相告、弹冠相庆。本来因为少翁案而改行的术士们，放下了手中锛凿斧锯，马上回家把术士服找出来穿上。昨天他们可能还是个搓澡的，今天就成了能通神的活神仙。

到了元鼎五年（前 112），出事了，汉武帝要点兵南征南越。汉武帝为了增加胜算，派栾大去东海寻觅神仙，求得一个必胜的加持。汉武帝特别讲理，栾大不是说神仙都神龙见首不见尾吗？那就不用非得找安期生这样的大神，找栾大的师父总行吧。

栾大上哪找神仙师父去？这要是搁徐市、卢生、侯生，那就得跑路了。如果是新垣平、少翁，那就该造假了。但是作为行业领袖，栾大两条路都不能走。跑路是不行，老婆孩子在长安呢。造假也够呛，汉武帝能给五铢钱做防伪，啥赝品能骗得了他？栾大本着业界良心的原则，既没跑也没造假，而是去太山真的跟神仙祈祷，求大汉南征军旗开得胜。完事之后回去跟汉武帝说，见到了自己的师父，大汉必胜。

汉武帝给气的呀，姓栾的你个混蛋，这要是能拍照，就得把你在太山的照片甩你脸上！

栾大一看，甭问，队伍里有皇上的密探。栾大把犯罪事实供认不讳，但是请皇上岳父看在公主的面子上，这事就算了吧

汉武帝最恨的就是被人当缺心眼耍，从李少君、少翁再到栾大，汉武帝是出门就上当，当当都一样。当初封赏这位六印将军的时候，汉武帝是不惜下了血本，这回天子之怒，汉武帝也不惜用最狠的手段报复。

栾大，欺君罔上，被判腰斩，这可是大酷刑啊。丁义，推荐一个这玩意儿入朝，也斩了吧。就这样，俩女婿，都被汉武帝给剁了。

出 处

五利将军装治行，东入海求其师。既而不敢入海，之太山祠。上使人随验，实无所见。五利妄言见其师，其方尽多不售，坐诬罔，腰斩；乐成侯亦弃市。——《资治通鉴·汉纪十二》

栾大忽悠汉武帝的手段比少翁强得多，但是也没撑过一年。不过，这场闹剧的结束，至少有一半是因为汉武帝征南越的战争突然爆发。

中国人最早统治两广地区，那是秦始皇时代。大将任嚣带着副将赵佗倾大秦之兵，费了九牛二虎之力才在这一地区站稳脚跟。秦始皇在两广设立桂林郡、象郡、南海郡。这里象郡的范围，包括今天的越南北部。秦末群雄逐鹿，东南一尉任嚣病重，临死前将兵符传于副帅赵佗，嘱咐他不要参与中原混战，而是要关起门来自立为王。就这样，南越国成立，赵佗就是南越武王。

汉武帝建元四年（前 143）的时候，南越武王赵佗去世，接班的是赵佗的孙子南越文王赵胡。南越国作为汉朝的藩属国，起初的待遇和汉朝境内的异姓王、同姓王是一样的，大家都是各自独立的王国，拥有独立自主的军权、财权和人事权。由于赵佗过于强大，他的子孙都被他压得抬不起头来。赵佗的儿子没熬过赵佗，先一步去了。赵佗的孙子赵胡在爷爷面前就是乖宝宝，毫无王者霸气。建元六年的时候南越和闽越打架，南越王上书朝廷求保护，汉朝果然带兵打跑了闽越，赵胡为了表示自己的恭顺和感激，把太子赵婴齐送往长安当侍卫，这一去，段子来了。

赵婴齐当初有个越族夫人，还生下了王子赵建德。赵婴齐去长安上班以后，没带着媳妇，那是寂寞难耐。巧了，这时候一个邯郸的樛氏女迅速俘获了赵婴齐的心，俩人卿卿我我如胶似漆生下了一个儿子，起名叫赵兴。等到赵胡病危的消息传到长安，汉武帝很仗义地赶紧派人把赵婴齐、樛氏以及赵兴送往南越继承王位，赵婴齐就是南越明王。赵婴齐看惯了中原美女，回家一看越族女子，越看越不顺眼，于是废了自己的结发妻子和儿子，奏请汉武帝立樛氏为王后，立樛氏的儿子赵兴为南越太子，汉武帝很仗义地恩准了。

出 处

初，南越文王遣其子婴齐入宿卫，在长安取邯郸樛氏女，生子兴。文王薨，婴齐立，乃藏其先武帝玺，上书请立氏女为后，兴为嗣。——《资治通鉴·汉纪十二》

这个时候，故事才刚刚开始。如果你以为这是个南越后宫争宠的故事，那就把问题看得表面化了。事实上这是个蓄谋已久的故事，当我们把所有的史实串起来，放在那个大的历史背景下，整个故事，一目了然。

汉朝开国以来，大趋势就是无限加强中央集权。在这个过程中，首先倒下的是开国功臣异姓王爷们。诸吕之乱以后，同姓王爷再拥有兵权已经是没必要的事情了。所以从汉文帝时代开始，朝廷就有计划地分化瓦解强大的诸侯国。那些面积大实力强的齐、赵、梁、淮南等国被分成若干个小国，没有一个能对中央产生威胁。汉景帝时代的七国之乱就是最好的证明，一堆国家一起造反，朝廷几个月就给平定了，可想而知景帝时代的诸侯国都是什么实力。在后来的日子里，景帝收了诸侯国的兵权、两千石官员的人事任免权，诸侯王成了弱势群体，被国内的官员所欺凌。到了汉武帝时代，朝廷又收了诸侯王的财权，再加上“推恩令”的颁布，诸侯王名存实亡。异姓王和同姓王都完蛋了，按顺序也轮到藩属王了。汉武帝最想搞定的，就是卫氏朝鲜和赵氏南越，而南越，相对更好对付一点。

为啥呢？因为南越太子赵婴齐就在汉武帝身边，汉武帝对这个人很熟悉，这才有了赵婴齐和樛氏激情的一宿。这不是爱情，樛氏也非寻常女子，而是个专业的特工人员。樛氏有个相好叫安国少季，这是除了赵婴齐以外，人尽皆知的事情。而且安国少季和樛氏这对好了很多年，即便是樛氏和赵婴齐在一起，两人也没断了联系。也就是说，赵兴的亲爹是谁，其实是存疑的。

出 处

太后（樛氏）自未为婴齐妻时，曾与霸陵人安国少季通。——《汉书·西南夷两粤朝鲜传》

樛氏迷惑了赵婴齐，引发了赵婴齐回国之后废王后、废太子，立樛氏为王后，立赵兴为太子。这事发生在中原王朝，那就是一场宫廷政变而已，不新鲜。汉景帝也废长立幼，这才有了汉武帝继位。但是这样的事放在南越国，性质完全不一样。

在南越，主体民族是汉族和越族。汉族想要统治越族，大前提是开明的民族政策，要保证王爷是汉族，王后必须是越族。现在赵婴齐废了越族王后，立了汉族樛氏，这是犯了南越人的大忌。越族人怀疑赵婴齐的立场，你的心是向着汉朝还是向着南越？大家心里没底。再一个，南越王赵婴齐大部分时间都在长安，所以南越人对国王没有认同感，国王在南越也没有根基。如果娶个越族媳妇，还能靠着岳父统治南越。但是赵婴齐这么干，那就埋下了祸根。

既然赵婴齐在南越没有根基，那么谁在南越有根基呢？此人是三朝元老，南越国丞相吕嘉。吕嘉并没有跟赵婴齐起冲突，因为吕嘉还没意识到这件事当中汉武帝扮演了什么角色。元鼎四年，赵婴齐去世。怎么死的不知道，反正他一死，长安比番禺还忙。

当年霍去病的部将，时任未央宫卫尉的名将路博德带兵去了汉朝和南越的边境待命，此时的南越正按部就班地发丧、请赵兴继位、尊樛氏为太后。赵兴岁数小，没到结婚年龄，所以依然没有越族女人被封为王后，樛太后开始处理国政。

樛太后上位第一件事，就是上书汉武帝，说我们南越的自主权力太多了，我们南越人是需要管的，因此我们自愿放弃自己的所有权力，效仿中原诸侯王，三年一朝，放弃兵权、财权和两千石官员的人事任免权。

此令一出，汉武帝马上做出响应，派出一大批官员去南越国接任两千石高官，这其中就有樛太后的老相好安国少季。外有路博德，内有樛太后，南越国相吕嘉发现了情况不妙，马上提出最严重的抗议，希望樛太后看清形势，放弃权力的后果就是国灭家亡。樛太后不管，开始搜刮南越王宫的东西，打算和赵兴一起进京面圣。另一方面，樛太后命令废掉南越地方法律，全面使用大汉法律。这就意味着，南越国之前的司法高官，突然成了法盲，只好下台。汉朝派来的官员，正好接任这些重要职位。汉朝的司法和军队是分不开的。

这样一搞，吕嘉的危机感就更强了。瞧太后收拾东西这劲头，怎么看都像去趟长安就不回来的架势。再一个，樛太后又下令，拆除汉朝和南越边境的关隘，谁要说她不是汉朝派来的卧底，吕嘉就得找谁玩命。

老头回家找越族大佬们一商量，这不对，这是间谍混进来了。安国少季就差在王宫包月了，怎么看他跟太后和赵兴在一起都像一家三口。再这样下去，越族人没有未来。于是，吕嘉和各位大佬商议，找个机会，一刀做掉樛太后、赵兴以及汉朝安插进来的官员，然后拥立赵建德为王。

与此同时，樛太后和安国少季以及汉朝高官们也在商量，吕嘉这个老头不听话，而且此人是当地地头蛇，势力很大，明着翻脸够呛，不如找个机会，一刀做掉吕嘉，这样越族群龙无首，再搞拉拢分化羁縻赏罚就容易得多了。

于是，俩人想一块去了。樛太后在后宫设宴宴请汉朝使团，派人通知南越高官都来赴宴。很明显，这是鸿门宴，周边埋伏下多少刀斧手，只有樛太后知道。而吕嘉也不是吃素的，让他弟弟带着兵随他赴宴，他还想趁这个机会干掉樛太后。

所以，这场宴会，一开始就很尴尬。安国少季的意思是，别动手了，杀死吕嘉很容易，但是人家弟弟带着大队人马就在宫外，到时候咱都好不了。赵兴别看年纪小，人很鸡贼，他觉得这场争斗很没道理，他就想当个王。樛太后的使命感很强，就算血流成河，也得完成任务，必须干掉吕嘉。这仨人挤眉弄眼用长安话秘密交流，老江湖吕嘉未必听得懂，但是看出来点门道。再看看周围的服务员，老头突然醒悟，起身就往屋外走。樛太后一看大急，顾不上形象，亲自抄起一杆长矛就要弄死吕嘉。结果太后被赵兴死死抱住，吕嘉捡了一条命。

这次宴会之后，等于是樛太后和吕嘉正式撕破脸。吕嘉自此严密防范，由于不知道汉朝使团秘密带来多少人，双方就此僵持住了。

樛太后作为一个特工，没完成任务非常生气。于是上书汉武帝，说安国少季是个废物，关键时刻不中用。汉武帝接到奏章，感慨安国少季确实是个废物之外，又感到行刺南越大佬吕嘉失败后，樛太后还活着，说明双方势均力敌，用不着大规模用兵。樛太后不是缺人手吗？安国少季不中用，就给她俩中用的。这俩人一个是成安侯韩千秋，一个是樛太后的弟弟樛乐。他俩带兵两千前往南越，目的是协助樛太后干掉吕嘉。

韩千秋和樛乐进入南越以后，吕嘉感到大事不妙，于是立刻带兵没打招呼突袭王宫，把王宫内的樛太后、南越王赵兴以及汉朝官员们统统杀掉。然后吕嘉封锁消息，在韩千秋、樛乐的必经之路上设伏，全歼汉军。吕嘉雷厉风行，马上召集南越高官望族一起拥立赵建德为南越王，然后重新修建边境关隘，派人去找汉武帝请罪。

汉武帝勃然大怒，培养个樛太后容易吗？精挑细选的汉朝官吏和两千军队能白死吗？于是汉武帝决定对南越进行毁灭性打击。朝廷最能打的是卫青，但是早在立太子之后，汉武帝就不再想让卫青立任何功劳了。所以这一次南征，汉武帝的阵容是伏波将军路博德带着投降汉朝的越族将军出湖南南征，楼船将军杨仆走江西南下，南越国降将驰义侯何遗带本部兵马和四川囚徒伙同夜郎国一起打广西，另有八千闽越兵暗中观望。汉军一共出动十万人，全方位立体化扑向南越。

南越国承平日久，百姓安居乐业，九十多年没打过大规模的仗。这次汉军杀来，不少人内心是怨恨吕嘉的。所以南越的部队再跟汉军作战的时候，决心并不是很大。对于汉军来说，最大的障碍不是南越兵，而是地形和气候。一年后，不堪战争重负的南越贵族把吕嘉和赵建德送给了汉军，汉朝平定南越全境，饮马珠江口，南越国除。自此，路博德成就大功，成了汉朝最有名的两大伏波将军之一，另一个是三国名将马超的祖上马援将军。

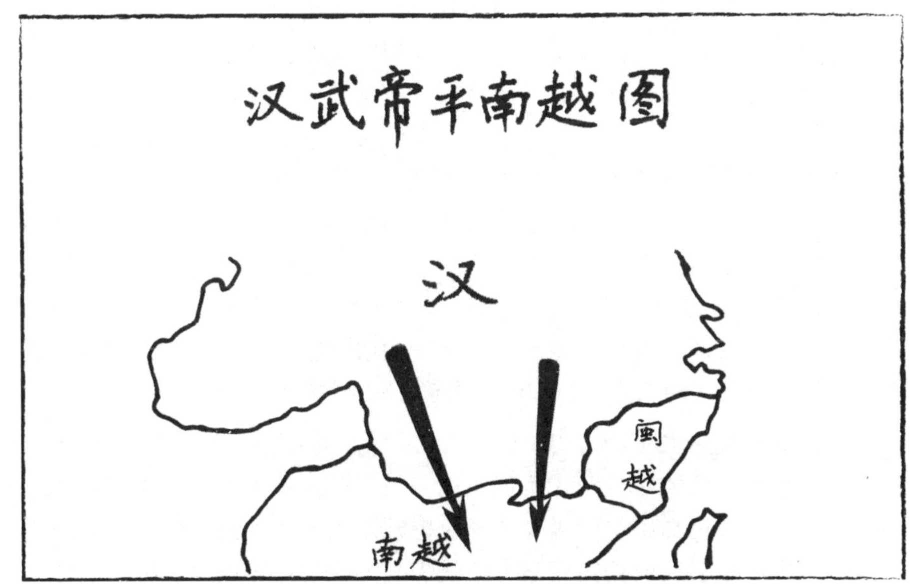

汉朝在南越设郡县，这是汉朝内部一次削藩战争，跟汉高帝云梦擒韩

信没有本质区别，无非是把自治区改成中央直辖区。

说到这我想起一个史实，清嘉庆年间，中国属国安南国王奏请嘉庆帝，要改国号为南越国。嘉庆帝批示，安南和南越不是一码事，安南此举有以夷变夏之嫌，特册封其国号为越南。所以说，“越南”和“南越”不是一回事。

我们回到汉朝历史上，到底是什么让汉朝刚刚略有恢复的国力，支撑了元鼎六年这样一场大战呢？这就要从元鼎年间汉武帝的用人之道说起。

汉武帝在元鼎年间处理朝政，大方向上还是走君主集权路线。当初汉武帝不得不起用太子党的赵周任相，石庆任御史大夫。但是这并不代表汉武帝信任他们，更不会放手让他们去办事。所以在这个时期，汉武帝需要一个自己御用、好用、能用的班底。

赵周、石庆懦弱无能，对付他们，最好用的还是酷吏。在酷吏这个阶层，那是长江后浪推前浪。当年张汤、赵禹上位，已经刷新了酷吏的记录。随着时间的推移，酷吏界的翘楚张汤不幸死于政治斗争，而跟张汤齐名的酷吏赵禹跟后辈们比起来，都被衬托得不像个酷吏了。早期的酷吏，讲究的是能办事。比如郅都、宁成这一辈，文能讲理，武能打仗。他们都能维持一方治安，擅长打黑除恶。尤其是郅都，放到边关打匈奴都是一把好手。再到后来崛起的张汤和赵禹是理论流，擅长各种法律条文和最终解释权，所以他们想定谁的罪，都从法律的角度出发，多不讲理的事，都能用法律解释清楚。这类酷吏需要丰富的办案经验和强大的法律知识，所以不是一般人都能修炼成张汤、赵禹这样。再后来崛起的义纵、王温舒之流，没那工夫去学习法律，他们安身立命的法宝就是杀人，省去诱供、逼供等手段，杀了人随意定罪，把酷吏带到了“快餐时代”。

在元鼎年间，长安城中尉叫尹齐，这哥们儿就是个典型的快餐式酷吏。宁成被义纵杀掉后，尹齐接班宁成，当了关内都尉。宁成咱们熟悉，函谷关一带的官民都说宁可碰到老虎，也别碰到宁成发怒。但是尹齐到任之后，很快刷新了当地官民对酷吏的认识。大家宁可宁成复生，也不愿遇到尹齐。那你说这个尹齐多厉害，他可说得上是磨牙吮血，杀人如麻。汉武帝一看大家都怕尹齐，认为这是个人才。于是汉武帝升尹齐为中尉，掌管长安一城的治安。

比起长安城历代残酷的中尉，如果说郅都是众人口中的苍鹰，那尹齐就是众人心中的恶鬼。谁惹他他杀谁，一直杀得能让汉武帝明显感觉到长安城人口减少，官员数量不足。这也太简单粗暴了，汉武帝实在忍不了天子脚下有这样的酷吏，于是把尹齐免官。罢免尹齐之后，汉武帝重用了另外两个酷吏。升王温舒为中尉，升赵禹为廷尉。

这两位我前边都提到过，赵禹是科班出身的酷吏，精通律法。王温舒是盗墓贼出身，杀人不比尹齐少。跟尹齐相比，王温舒也是个杀人狂。只不过尹齐不爱钱，而王温舒贪财。那么说汉武帝用贪财的屠夫王温舒替代不贪财的屠夫尹齐，到底有什么区别呢？区别就在于，王温舒杀人之余，办事效率要大大高于尹齐。前边我曾写过，王温舒最擅长的就是运用各地的流氓头子和江湖大佬，靠他们为自己办事，想杀谁、抓谁都无往不利。王温舒比只懂得杀人的尹齐，办事效果好得多。

长安城龙蛇混杂，光靠一个中尉难以维持治安。在前边说过，汉初长安及周边的治安，还有三个两千石官员辅助管理。分别是管理公侯的主爵都尉、管理皇族的右内史、管理关中百姓的左内史。这三位合称三辅，干得都是得罪人的工作。其实这里边主爵都尉和左内史的工作相对好做，就右内史麻烦一点。但是挨骂最多的一定是左内史，左内史管理长安老百姓，那是各种手段都能用，不怕得罪人。在酷吏横行的时代，元鼎年间的左内史倪宽，绝对是那种制度下的一股清流。

独裁政体下，官员只向上负责，不会向下负责。因为官员的官位、俸禄都是上边给的，不是老百姓选的，所以他只能向上负责。上司说句腰疼，下差就能敏锐地察觉到上司的需求，把到底是准备腰垫还是准备六味地黄丸的问题做好充分地分析和思考，才敢对症拍马屁。对于老百姓就简单了，老百姓说家门口下水道堵了，那活该，等着吧。

这就导致了官员对待普通民众，不愿意下心思去考虑百姓实际情况，而是大搞一刀切政策，说什么就是什么，从不考虑实际情况。倪宽是个读圣贤书出身的官员，跟那些个酷吏不一样。他不用杀人来威慑民众，而是靠发展教育来引导民众。闯个红灯就判死刑，这也太恐怖了，不如给他讲明白为啥不让闯红灯。倪宽到任后，不仅发展教育，还重新审理过去不合理的案件。这搁一般的官员，是根本不可能做到这点。上届官员的冤案，关我啥事？为官之道，最重要的是别惹麻烦。审理案件最重要的就是别给自己惹麻烦，老百姓冤不冤的，全看司法解释了。所以说在专制政体下，倪宽重审明显不合理的冤案，绝对是难能可贵。他这么干肯定得罪上一任官员，对他没一毛钱的好处，也不增加政绩，但是他就这么做了，其人格之伟大，令人赞叹。

汉武帝时期的恐怖统治，让当官变成了应试。一切为了完成上边的任务，毫不考虑实际情况。倪宽为官，首先派出一帮实诚人去民间调查，看看现在的民意到底如何。经调查发现，战国时代秦国修建郑国渠以后，关中地区成了富饶之地。所以秦汉以来，对关中地区的农业税，收得都是最多的。但是最近几年，郑国渠上下游的产量根本不一样，如果一刀切地按一个标准收税，上游淤塞地区的农民负担极重。所以倪宽积极调整税收政策，根据实际产粮来区别收税。另加派民工，疏通郑国渠上游，并在上游开凿六条水渠，帮助提高当地生产。倪宽此举，让同行一看得说他是个外行，明显不会当官啊。管那么多没用的干啥？税收自有国家法度在，交不起也得交，这样报表报上去也好看。至于民怨沸腾，让他们找上边去，我们都是按规定办事。这可好，区别收税，上边的指标完不成。税收本来就少，不赶紧给上边送去，还用来挖运河，脑子进水了。最离谱的是，倪宽自己挖了河，还得自己动脑子合理安排沿岸百姓用水，颁布《水令》，全是给自己找麻烦。今年闹灾了你不收税？闹灾了关你啥事，让老百姓该交多少交多少，这是规定，灾又不是当官的给降的，怪我喽？

总之在倪宽的治理下，关中地区的百姓生活条件改善，家里逐渐有了余粮。但是，同行们没说错，这个外行当官，出问题了吧。元鼎年间，朝廷发动十万大军在伏波将军路博德的带领下征伐南越。作为京畿重地，朝廷对三辅地区的税收标准进行了上调。主爵都尉找侯爷们催收，侯爷们地多人少，怕得罪都尉大人，就给了。右内史找皇亲国戚要钱粮，这帮人害怕酷吏，再加上家里不差钱，也就给了。唯独左内史倪宽上交的钱粮，不够朝廷的标准。同行们可有话说了，不牛了？关键时刻完不成任务，作死呢？早说了老百姓夸你没用，他们啥都不是。

不光同行笑话，汉武帝也震怒。朕的亲戚都支援抗战了，刁民们不多交税，几个意思？

当时的宣传，还是以英雄爱国者卜式为主。漠北之战以后，卜式好久都没出来了。这回朝廷需要“影帝”，“影帝”卜式不负圣望，比上次打匈奴表现得还大义凛然。上次打匈奴，卜式表示要捐一半财产。这回打南越，卜式不光要捐钱，还要捐全家的命。那您倒是去啊！卜式就是说说而已，朝廷用他宣传宣传，完事领盒饭回家，接着当他的官。

出 处

齐相卜式上书，请父子与齐习船者往死南越。天子下诏褒美式，赐爵关内侯，金六十斤，田十顷，布告天下，天下莫应。——《资治通鉴·汉纪十二》

别管老百姓真傻假傻，就算有人信了，也要打南越捐条命。前提是这种意识只能发生在和平年代，真要打仗了，谁也不捐。

汉武帝也很苦恼，为什么下那么大功夫造神，愣是没人信呢？造神这事得从娃娃抓起，凭空造神忽悠成年人，那怎么可能。这个技巧，汉武帝还是差得远啊。

总之造神没人信，关键时刻左内史不靠谱，所以汉武帝给倪宽下最后通牒，规定时间内钱粮征集不上来，那就回家抱孩子吧。倪宽一看这样，就把消息散播了出去。京畿三辅，其他两辅都是酷吏当道。所以关中百姓害怕调走倪宽换来酷吏，皆扶老携幼把粮食给朝廷送去，只要留下倪大人，要多少钱都给。

汉武帝震惊了，看来得留着倪宽，这就是朝廷的幌子啊，有他在，朝廷就是伟大的。自此倪宽官运亨通，一路做到了御史大夫，这是后话。但是，倪宽能改变什么吗？几乎不能。对于老百姓来说，盼青天不如拜菩萨。

这就是汉武帝元鼎年间的用人情况，财政上重用奸商出身的桑弘羊坑老百姓，政治上任用酷吏用恐怖手段震慑百姓和收缴税赋。偶尔出现了一个倪宽，也不耽误把老百姓家里的余粮收上来。所以十万大军征南越的钱，朝廷还是能拿出来的。

财政困难的时候，不仅要开源，还得节流。一说节流，就跟节俭脱不了关系。那么说汉武帝有没有带领大家崇尚节俭呢？除非他疯了。节流，在汉武帝这里有不同的见解。比如功臣封侯，从封侯那一刻起，这些侯爷就是朝廷的负资产，节流得从他们身上节流。过去诸侯进京祭祀的时候，用的是鹿皮币加璧玉。这个不好，得来个釜底抽薪的绝技。元鼎年间，汉武帝规定，祭祀品必须用黄金，而且要纯金！

多纯算纯？今天黄金还有个标准，24K 就是 24K，按这个等级来就可以。汉朝没有标准，也就是说，黄金纯不纯，看皇上心情。再一个，当年的铸造水平参差不齐，铸造权还在中央，这就意味着王侯们进京，就是一场生死之旅。这不嘛，朝廷首次检验黄金，便革除了一百零六个侯爷的爵位，每个侯爷按最低标准五百户食邑计算，那就是为朝廷省下了五万多户的赋税，省的，也就是赚的。

出处

会九月尝酎，祭宗庙，列侯以令献金助祭。少府省金，金有轻及色恶者，上皆令劾以不敬，夺爵者百六人。——《资治通鉴·汉纪十二》

这招除了经济价值之外，汉武帝看谁不爽，就能整谁。比如说丞相赵周，这是太子的老师，汉武帝不喜欢他。但是这个人谨小慎微，从不犯错。这次可让汉武帝逮着机会了，说丞相带头上交成色不足的黄金。赵周心说你别来这套，这是给张汤报仇啊，所以赵周自尽。汉武帝顺势升太子的另一个老师石庆为丞相，封牧丘侯。石庆吓破了胆，他和赵周休戚相关，如果皇上不封他侯爵，还好一点。如今当了侯爷，就指不定什么时候黄金成色不足了。自此以后，太子党的精神领袖石庆跟谁都客气，不敢发表任何意见，不敢处理任何国政，汉武帝乾纲独断，威严更胜从前。

自从匈奴退到漠北，他们并不像失去故土不思报仇的月氏和乌孙那样另找家园，而是念念不忘两块水草丰美的土地。一块就是胡人最念念不忘的河套地区，一块就是土地肥沃的河西走廊。

漠北之战以后，汉匈两国两败俱伤。汉朝占据了河套地区，但是守不住。匈奴抢不回河套地区，但是可以随时过去侵扰。

乌维单于见汉朝难对付，于是决定培养反汉势力，目的就是为了跟汉朝作对，让匈奴有机会浑水摸鱼。这时候的匈奴，能策动的势力太少了，西域各国在汉朝的金元外交的腐蚀下，多数倒向汉朝。他们虽然不会帮着汉朝打匈奴，但是绝不会帮着匈奴打汉朝。东胡诸部还憋着找匈奴晦气呢，断然不会跟匈奴合作。所以乌维单于能勾搭的对象，只剩下在青海牧羊的西羌族。

羌族是个历史悠久的民族，为蚩尤所在的三苗之后，与周朝姜姓同源。在汉武帝时代，西羌还没有形成国家。在青海大地上，西羌人以家族为单位，形成一个个部落，过着游牧生活。羌人擅长山地战，尤其是高原山地战。但他们下了山就废了，而且耐力不行，不能打拉锯战和消耗战。他们最喜欢的作战方式就是冲锋，就这一轮冲锋，输赢都靠它了。

整个羌人部落，只有一条法律，那就是杀人偿命。就这样一个原始部落，作风还是很强悍的。就凭汉人生完孩子在家坐一个月的月子，人家羌族妇女能在暴风雪中露天生孩子，你就知道这个民族是多么的强悍。

出 处

其兵长在山谷，短于平地，不能持久，而果于触突，以战死为吉利，病终为不祥。堪耐寒苦，同之禽兽。虽妇人产子，亦不避风雪。——《后汉书·西羌传》

早在冒顿单于时代，羌人就臣服了匈奴。如今匈奴失势，乌维单于能打动羌人的就是告诉他们河西走廊水草丰美，只要羌人喜欢，大胆去抢，匈奴配合羌人作战。羌人一琢磨，这买卖能干，于是羌人各部和匈奴达成了联盟，在元鼎五年汇集十万羌兵造反入侵甘肃，攻克汉朝的令居（今甘肃永登西北）、安故（今甘肃临洮南）二县，包围了枹罕（今甘肃临夏西）。同时乌维单于为了履行自己的诺言，派匈奴骑兵攻克五原郡（今内蒙古包头），杀死五原太守。而此时正是汉朝大规模对南越用兵的时候。

小国遇见这种局面，可能就要亡国了。比如二战时同时被德国和苏联两面入侵的波兰，只能面临亡国。汉朝是大国，有纵深和人口。汉武帝作为一个职业皇帝，很快抓住了事情的重点。南征大军进展顺利，必须坚持到底一举拿下南越。至于匈奴，就凭他们的德行，肯定还是抢完就走。所以，汉武帝决定对西羌进行大规模军事打击。目的在于隔断西羌和匈奴的联系，确保河西走廊的畅通。对西羌作战用谁？从军事上讲卫青最合适，从政治上讲卫青最不合适。这种战争，给卫青五万人马足以搞定。但是汉武帝经过权衡，决定起用另外一个名将去平西羌。此人就是担任大行令的汉朝名将李息，一个既能打仗又能处理少数民族事务的专家。

将军定下了，下一个问题来了，军队从哪找？汉军主力除了镇守北疆不能轻动的边防军之外，主力部队都被伏波将军路博德带走南征了。汉武帝隔过卫青用李息西征，兵源成了大问题。这个时候，汉武帝做出一个大胆的决定，把关中、中原戍卫京师的部队集结起来，交给李息指挥。不光是这些，汉武帝甚至把长安城的警察、大内侍卫都调出来交给李息。李息的副将，就是负责未央宫卫戍的郎中令徐自为。也就是说，李息的压力很大。这次汉武帝把压箱底的军队都给他了，这就意味着李息此战一不能败，二不能拖。如果败了，长安城就悬了，以后汉武帝只能靠囚徒保卫首都了。如果拖的时间长了，长安长期空虚，匈奴弄不好就会长驱直入。

元鼎六年（前 111）初，李息顶住压力，带领这支由中原、关中、陇西、长安警察和侍卫组成的十万大军，迅速赶往甘肃攻打西羌。西羌人下了山，战斗力就不如在山上。匈奴虚晃一枪攻下了五原郡就走，没想到汉朝压根没派军队追击。反倒是李息迅速集结了十万大军出现在了甘肃，西羌措手不及，被李息和徐自为打回了青海。李息兵贵神速，迅速解决了羌人内侵的问题，让原本三面受敌的汉朝可以专心南征。也让汉武帝赌博式的军事部署，赢得了这惊险的一仗。此战不仅仅震慑了西羌以后老老实实臣服大汉，更是吓到了匈奴乌维单于。匈奴得琢磨汉朝到底还有多少压箱底的实力。此战之后十余年，不见匈奴内侵的记载。

羌人见李息这么不客气，于是表示臣服。汉武帝设护羌校尉，管理青海的西羌各部。李息就是首任西羌校尉。李息的雷霆出击稳定了北方的局势，丝毫没有影响到南征军的心情，有力地保证了元鼎六年南征军平叛成功，南越国除，降为郡县。

在平定南越的大战当中，伏波将军路博德居功至伟，楼船将军杨仆居功自傲，及时起义的南越将领和协助汉军有功的夜郎将军们都得到了朝廷的封赏。只有一个人，后悔得肠子都青了，关键时刻站错队了。

此人就是东越王馀善。当初闽越南越打架，南越王赵胡求朝廷主持公道，朝廷迅速派王恢、韩安国去解南越之危。馀善一看大事不妙，做了“二五仔”（指背叛者和奸佞），杀死闽越王郢向朝廷投诚。汉武帝故意玩他，没搭理馀善杀老大的大功，而是封了前闽越王郢的儿子为越繇王。那甭问，越繇王和馀善有杀父之仇。馀善见汉武帝来这一手就自立为王跟越繇王叫板。汉武帝一看越繇王这个不争气的娃干不过馀善，就册封馀善为东越王，俩王平分原闽越的地盘。

这回朝廷征讨南越，东越王馀善马上上书朝廷，表示要带八千子弟兵前去帮忙。得到汉武帝赞许后，馀善带兵到了揭阳就开始搬着小板凳嗑瓜子围观，同时派人给南越丞相吕嘉送信儿，说他是来帮忙抗击汉朝民族压迫的。这人首鼠两端，觉得自己挺聪明，结果南越被汉朝吞并，帮忙的都有赏，分战利品的时候当然没馀善的份。不仅分东西没馀善的份，打南越没过足瘾的楼船将军杨仆上书汉武帝，应该捎带手把馀善给办了，省得他一天到晚动着小心思。

杨仆的奏章刚递上去，馀善就得到了消息。馀善马上发挥了作死的最高奥义，偷袭汉军岗哨，杀了汉军下级军官，封将军驺力为吞汉将军，自称闽越武帝。这感觉就像太平天国的西王萧朝贵节制西方诸国的意思差不多，也就痛快痛快嘴。

馀善这么嚣张，汉武帝当然也想趁热打铁干掉馀善。但是考虑到灭南越之后，杨仆仗着灭国之功，已经骄傲至极。再不敲打他一下，等他灭了馀善，那不得上天啊。

我介绍杨仆是从他当楼船将军南征开始的，但是这并不代表杨仆像李息、路博德那样是个单纯的武将，杨仆出身是个酷吏。那么杨仆属于酷吏中的什么级别呢？比老虎狠的是宁成，比宁成狠的是尹齐，比尹齐狠的就是杨仆。

杨仆这样的人，如果任性起来，那是不可收拾的。因此汉武帝在给杨仆的奏章批示中，列举了杨仆的五大罪，条条都是死罪。但是汉武帝话锋一转，让他破东越以将功折罪。你看，汉武帝是高手吧。本来杨仆有机会立两个大功，结果汉武帝一玩手段，就将功折罪了。当然了，这次平东越，杨仆不是一个人在战斗。汉武帝不让路博德等功臣参与这场平东越之战，而是给杨仆从长安调来了俩帮手。

这二位有身份，一个是新上任的中尉王温舒，这是个能杀人的主吧。还一个更厉害，是当年开国大王韩王信的曾孙，叫韩说。当年韩王信叛国，其子韩颓当曾在吕后当政的时候回归祖国，被封为弓高侯。韩颓当的孙子，就是韩说。有这二位助阵，杨仆在元封元年横扫东越。馀善眼看要完，他的大仇人越繇王跟闽越贵族合谋，杀掉了馀善向汉朝请降。馀善的结局说明，出来混，真的要还的。汉武帝把闽越余部迁到了江淮，放逐福建一带成了无主之地。

汉武帝平定了南越、东越、西羌，让汉朝周边的局势稳定了很多。元鼎年间的武功赫赫，让汉武帝同时感到很空虚。李少君、少翁、栾大都死了，求他们再骗朕一次都不行了。正是在元鼎年间，又崛起了一个术士，填补了汉武帝精神上的空虚。这个人虽然没有栾大混得好，但是却忽悠了汉武帝没被杀死。

栾大作为术士阶层的领军人物，虽然最后蒙不下去死于非命，但是栾大的崛起，确实带动了整个行业的繁荣。各位术士们绞尽脑汁，苦练近景魔术，皆希望有一天能得到汉武帝的重用。不过这一行也是高利润伴随着高风险，要坑汉武帝太难了。且不说汉武帝有超高的智商，单说汉武帝丰富的上当受骗经验，足够他开一个防忽悠热线了。

鉴于此，很多术士决定放弃玩长线，改抄短线。蒙一把就走，然后和术士阶层以及皇帝陛下相忘于江湖。不一定非得追求带一身大印当汉武帝的女婿，能换一车五铢钱也是好的嘛。

这不，元鼎四年，河东郡汾阴县的巫师锦在脽丘的后土祠作法。就在周围百姓虔诚地跟随巫师锦祭祀的时候，突然，地面在众目睽睽之下向上隆起，巫师锦派人挖掘，结果挖出来一个大鼎。巫师锦赶紧报告给汾阴县令，县令赶紧报告给河东太守，太守赶紧报告给朝廷。

汉武帝对这个事，并不是非常上心。祥瑞这东西那是年年有，但是真的没几个。于是汉武帝派出官员到汾阴县调查，看看此事的真伪。朝廷的特派员到了汾阴县，那老百姓可是传得有鼻子有眼，越传越邪乎。巫师锦再跟特派员这么一介绍，胡诌一下宝鼎从地下冒出的原理和道理，再加上鼎上只有图形没有文字，所以特派员经过查验，看不出破绽来。

对于术士造假来说，文字是最容易穿帮的。汉武帝时期的通行文字为汉隶，秦朝官方文字为秦小篆和秦隶。再往前那就热闹了，战国时代各国文字都叫小篆，但是写法可不尽相同。周王室官方文字为大篆，大篆脱胎自商朝的甲骨文。我们知道甲骨文是象形文字，到了大篆时代，为了方便钟鼎铭文的铸造，开始变得抽象一些，总体还没脱离象形文字的特点。后来为了便于书写，大篆演化为小篆，由于这个变化没有一个统一的规则和路数，所以周王室各诸侯国的小篆写法都不一样。非要深究，倒是都跟大篆有一定的传承关系，但是分支却各走各的路。我们今天能看到的春秋战国各诸侯国的小篆，还是秦篆最顺眼，最起码像个文字。此外齐篆看上去像简化版的秦篆，好歹是汉字的模样。燕、楚、赵、魏、韩的文字像一个师父教的，简直是外星人留在这个星球的符号。但是这些文字毕竟都脱胎自大篆，所以可能秦楚某些字写法一致，可能齐赵某些字写法一致，总之都能找到共同文字，却又没法完全通行。

但凡能掌握六国文字，那就不用当术士了，直接去当博士了。就因为文化水平不行，所以这些术士最容易穿帮在文字上。这就好比谁淘换到一个宋代瓷碗，落款用简体字写："喝雪碧专用！"那肯定是假的啊。巫师锦聪明就聪明在，他这个鼎上没有文字，所以不好穿帮。特派员检查宝鼎，如果上奏这是假的，特派员拿不出证据来证伪。所以他只能说是真的，不信问当地老百姓，这都是大家亲眼所见。再一个巫师锦说得有鼻子有眼，可能这鼎的出现，真有那么几分科学道理。

既然特派员检查无误，那汉武帝就恭恭敬敬派人把宝鼎请到了长安，安放在郊外的甘泉宫，打算把宝鼎献给老天爷。至此，巫师锦的使命完成，拿着赏钱走人，至于宝鼎的未来，不归他管喽。即便是发现宝鼎是假的，也跟巫师锦没关系，他只是个发现者而已。

甘泉宫突然多了这样一个大鼎，大臣们开始议论纷纷。汉武帝越看越纳闷，这些年黄河泛滥，中原民不聊生，这宝鼎的出现，到底意味着什么呢？这要是解释不出个所以然来，这鼎不就白得了吗？有那抖机灵的大臣搜肠刮肚地想了一个说法，说上古时代，伏羲大帝就开始造鼎来象征天下一统。黄帝时代，他老人家造三鼎，象征天、地、人三才。夏禹曾集齐九州金属铸造九只大鼎来烹调食物祭祀鬼神。鼎和圣主总是并存的，周朝末年德衰，所以鼎都没了。如今鼎又出现了，只能说明皇上是一代圣主。

这个马屁拍得毫无新意。汉武帝一天圣明无数次，不在乎这一点。当年汉武帝巡幸雍城祭天的时候，终于有人对鼎的剩余价值进行了二次开发，唠出了汉武帝爱听的嗑。这个人，毫无意外还是齐国人，他的名字叫公孙卿。

公孙卿乘着栾大带来的术士繁荣春风，跟着汉武帝混了个低等术士。这个低等术士琢磨着巫师锦献鼎之后就没下文了，哪怕是献鼎这个功劳，还是和汾阴县令、河东太守分享的。根据这个鼎的制作精良程度，如果不进行二次开发，太可惜了。所以在这次雍城祭天大典之后，公孙卿得主动去和汉武帝聊聊这鼎的故事。

作为一个低等术士，公孙卿是没资格跟汉武帝直接对话的。再看汉武帝身边的高等术士们，一个个不思进取，还在劝汉武帝建庙啊，祭祀啊，等等。总之那些行业领袖们，还在跟地产较劲，丝毫不考虑本行业的发展和传承。这行为就像《爱情公寓》里关谷的大师兄，作为一个漫画家，要盖一个动漫产业基地，然后把产业基地的房子租出去，赚的还是地产的钱。

公孙卿一看这形势，决定以术士之名，去捍卫这个职业的信仰和行规。术士，就得靠蒙钱、骗皇帝信神为己任。都搞房地产，就等于不给后辈留饭吃。公孙卿痛定思痛，决定和同行所忠合作。所忠是有资格跟汉武帝对话的，于是公孙卿让所忠告诉汉武帝，经过公孙卿的精密计算，这鼎出现的时间，和黄帝宝鼎铸成的时间吻合。万一汉武帝不信呢？好办，公孙卿早有准备，他有一卷破败的竹简献上。书上说黄帝宝鼎铸成的时间是十一月初一，皇上的宝鼎出土时间也是十一月初一，黄帝宝鼎铸成三百八十年以后，飞天升仙。到时候把这卷竹简包装成天书，大事可成。所忠很开心，觉得这个项目能做。但是当所忠看到公孙卿的竹简后，便终止了和公孙卿的合作，理由是，这竹简太假了。

公孙卿认为撑死胆大的饿死胆小的，太注意细节就会像巫师锦那样，只是不知道赏钱够不够铸鼎的钱。于是公孙卿贿赂汉武帝身边的近侍，让这个近侍把话递给汉武帝。

汉武帝一听，骗子，大骗子，你咋知道黄帝铸鼎的时间？《竹书纪年》都不敢这么编。近侍赶紧奉上那本天书，汉武帝大喜，赶紧召公孙卿进宫奏对。

公孙卿说，这书是臣的师父老神仙申公所赠。汉武帝纳闷，申公是谁？公孙卿在那编啊，说申公可了不得，那是大神仙安期生的哥们。安期生和申公都受过黄帝的教诲，申公这辈子没写过别的书，就把黄帝宝鼎的事写下来了。申公还说了，大汉的兴盛会像当年的黄帝一样，高皇帝的孙子或者曾孙必出圣人。宝鼎出，则神仙通，所以要进行封禅大典。古代有七十二王进行封禅，只有黄帝能升仙，那是因为他去了泰山封禅。所以，大汉皇帝也得去泰山封禅。

那你想吧，主持皇上出门去趟泰山，几乎横跨了大汉朝。这沿途的费用、供奉，公孙卿一下就能进入福布斯了。

但是作为项目的负责人，公孙卿必须得告诉汉武帝一个明确的成仙方案。别跟栾大一样，完全按栾大说的去做，栾大还说即便是这样，神仙也未必来。公孙卿用“天书”的指示，给了汉武帝一个明确的方案。

时间已经确定了，从宝鼎出现到修仙成功，时间是三百八十年。黄帝都用了三百八十年，就算今上比黄帝伟大，也得坚持修仙一百年吧。三百八十年如果还修仙不成功，公孙卿死而无怨！所以，修仙之路，大可完全坚持黄帝主义。黄帝去五大名山封禅，咱也去五大名山封禅。黄帝处死质疑修仙政策的人，咱也处死质疑修仙路线的人。黄帝这样坚持了一百年，终于完成了初级阶段，见到了神仙，位置就是甘泉宫所在之处。后来三百八十年到了，黄帝铸鼎的地方垂下一条龙须，黄帝顺着龙须骑上龙背，然后跟上去的嫔妃有七十多人，龙这才得以带着黄帝升仙。

汉武帝一听这个计划，靠谱。就算升不了仙，再活三百八十年也靠谱，就这么干！汉武帝还说了，有朝一日神龙来接朕，哪还有工夫等七十多个嫔妃，朕抛弃妻儿，就像脱鞋一样简单。

出 处

上大悦，召问，卿对曰：“受此书申公。”申公曰：“汉兴复当黄帝之时，汉之圣者在高祖之孙且曾孙也。宝鼎出而与神通，黄帝接万灵明庭，明庭者甘泉也。黄帝采首山铜，铸鼎于荆山下，鼎既成，有龙垂胡髯下迎黄帝，黄帝上骑龙，与群臣后宫七十余人俱登天。”于是天子曰：“嗟乎！诚得如黄帝，吾视去妻子如脱屣耳！”——《资治通鉴·汉纪十二》

自此，汉武帝仗着手下术士多，让他们分别去各大名山准备祭祀活动。公孙卿一骗成名，被封为郎官，去太室山搞祭祀建设。

这段历史，被后人从司马迁写的《封禅书》中摘录出来，凑成了《孝武本纪》。这些还是经过美化的，才能刊行。司马迁为汉武帝写的《今上本纪》到底多露骨，我们不知道，因为这篇《今上本纪》大概再也没人可以看得到了，除非哪天有了考古大发现，挖到了司马迁藏起来的《史记》未删节版。不过汉武帝就是因为看了《今上本纪》，才怒而削之。

再后来出事了，朝廷起大军征南越，术士领袖栾大去了趟太山谎称去了东海见神仙，被汉武帝处决。

栾大一死，整个行业都震动了。栾大由于成绩太大，不精研术士的本门业务，专心琢磨到处建庙搞地产，这回玩漏了吧。行业领袖是个骗子，就意味着整个行业将会垮掉。关键时刻，为了整个行业的不垮，公孙卿一个人变成了整个行业的脊梁。在太室山搞建设的公孙卿，上书汉武帝，说他在缑氏城看到了神仙，神仙还在缑氏城留下了一个巨大的脚印。

汉武帝亲自到了缑氏城，检查了大脚印后，问公孙卿，你搞这个是想学少翁、栾大来蒙我吧。公孙卿不慌不忙，从容地答道，想见神仙就得沉得住气。因为不是神仙求皇上，是皇上求神仙。只要长年累月地表示诚意，神仙会来的。现在总有人说神仙是假的，但是只要坚持，就一定能见到神仙。汉武帝一听有道理，就命令修建从长安到各大名山祭祀的专用高速公路，方便汉武帝四处祭祀。

公孙卿一席话，让全国大面积地搞祭祀。这样一来，整个行业不仅没有垮掉，反而越来越繁荣。甚至繁荣到术士不够用的。汉武帝一琢磨，术士不够，儒生凑。所以，汉武帝下令让儒生们学习射牛礼仪、写封禅书。

儒生们不干了，我们都是有学问有品位的人，怎么能学骗子呢？要不是真不知道怎么解密，我们早就上书揭露这帮孙子的骗术了。也有儒生怒了，咱们就上书揭露这些术士的骗术。但是，你说他们是骗子，证据呢？再一个，儒生们写文章，有个限制，他们作为大学问家，写文章要求严谨，那就是每句话都得有出处。揭露骗术的语言，四书五经里面都没有，所以，这帮大学问家们只能告诉汉武帝，术士们打着黄帝旗号搞的礼仪，其实不是古代的礼仪。他们花钱搞的地产、场景、礼器，也跟古代不一样。术士们不读书，不知道古代咋回事。

汉武帝和术士们勃然大怒，怎么都那么较真呢？于是，那个最爱儒家的汉武帝，罢免了这批敢说话的儒生。自此，术士们更猖狂了。儒生这个阶层就很搞笑，历代儒生老觉得自己是国家主人，事实上朝廷真不拿他们当个事。

有时候汉武帝也琢磨，黄帝既然升仙了，怎么还有个黄帝陵呢？公孙卿赶紧上前忽悠，说那是群臣思念黄帝建造的衣冠冢。到了元封元年（前110），公孙卿上奏，说他在东莱山看到了神仙，神仙说想见天子，说完就走了。汉武帝赶紧赶赴东莱山，见现场除了一个大脚印，啥也没有。汉武帝纳闷，怎么又是个大脚印，神仙呢？这时候有人回奏，说刚才人群里有个牵狗的老头说要见皇上，说完就人间蒸发了。汉武帝这才相信，派出千人寻找神仙，当然是什么也找不到。

在未来数年中，每当有公孙卿上奏有神仙的地方，便只有大脚印，其他啥也没有。日子一长，汉武帝觉得这事不靠谱。如果说张三、李四、王五、赵六在看到神仙之后，都发现了大脚印，说明神仙必然伴随大脚印。但是每个术士上奏的神仙遗迹都不一样，这就说明大家都是编的。那汉武帝为啥不杀了公孙卿呢？这就是公孙卿的高明之处。汉武帝虽然知道这是个骗子，但是并没有揭穿他。因为公孙卿不仅会骗皇上，还会骗百姓。

元封二年，天下大旱。汉武帝为旱情忧心忡忡，百姓对朝廷怨声载道。这时候，公孙卿发表了重要讲话，原话是："黄帝时，封则天旱，乾封三年。"看了吧，旱是天意，你们都忍着吧。汉武帝很高兴，马上做出最高指示：旱情是老天爷的指示，那就旱着吧。

你看这就是术士公孙卿在挣完术士钱之后，迅速做出了转型，成了朝廷的喉舌，还以老天爷的代言人自居。当然仅仅是这样还不够，朝廷的喉舌多了，汉武帝随时可以杀掉他。因此，公孙卿积极地向技术方面靠拢，努力变成了一个不可替代的专业人才。他学习的是历法，还成了汉朝历法专家。

司马迁在《史记》中没少揭露公孙卿的狡猾，但是对于历法这块，司马迁对公孙卿的业务水平还是肯定的。后来公孙卿、司马迁、壶遂三个专家还合作编写过《太初历》，从那以后，中国的新年才以正月初一为岁首，而不再是十月初一。

这就是一个术士全身而退的秘诀，汉武帝后来对修仙的热情也大大减弱，但是却不翻旧账，还封公孙卿为太中大夫，专业研究历法。公孙卿得以善终，也算是术士界的奇迹。公孙卿的出现，在一定程度上让汉武帝对修仙事业的态度发生转变。最起码国家再有战事，汉武帝不让术士再去隆重的祈福。这不，朝廷在平定南越和西羌之后，东北又出事了。

第十五章 Chapter Fifteen

世纪谈判，崩了

在年号为元鼎的六年当中，大汉王朝的主旋律就是皇上要成仙。但是无论是哪位高人来指点，皇上就是不上天。元鼎六个年头过去后，汉朝迎来了元封元年（前 110）。

元封元年，汉武帝通过对南越和西羌的南征北战，展现了一个王朝的硬实力。完事之后汉武帝免不了自信心爆棚。周边小国纷纷臣服，可就是讨厌的匈奴，还是以天朝自居，不向大汉称臣。汉朝和匈奴死磕那么多年，从面积上讲，其实汉朝也就是得到了河套地区那一点领土，还赐给了归降的匈奴人。后来汉武帝拿河西走廊送礼没送出去，才设立了郡县。对于辽阔的大汉帝国来说，这些领土的面积不足挂齿。对于疆域更广袤的匈奴来说，这点面积毛毛雨啦。

但是，在匈奴辽阔的疆域上，也就河套地区和河西走廊是好地方，西伯利亚今天都很少住人，何况那时候呢。所以匈奴也是一样，从地图上看丢的领土不多，可是好地方全没了。再加上西域各国闹独立，匈奴已经很难再实际控制西域了。

在这种情况下，元封元年，汉武帝派使者郭吉出使匈奴，去见乌维单于讲道理。为了给郭吉壮胆，汉武帝亲率十八万大军陈兵朔方。

郭吉的到来，让匈奴朝野上下引发了大讨论。鹰派的将军们主张不见，跟大汉世仇，不可谈判，打汉朝都愿意捐命。匈奴外交部的官员称为主客，主客官认为可以见，两大帝国敌对了这么久，都没啥好处，不如谈谈，万一是来和亲的，那就顺势结盟，没亏吃。

这时候匈奴朝野上下的矛盾，跟后世中原王朝的矛盾是一样的。老牌的天朝帝国，怎么说都是面子比较重要。不像夜郎国那样，只看利益，不看面子。乌维单于觉得还是先让外交部去跟郭吉接触一下，万一是来谈和平，那就见见。万一是来谈打仗，那就不见，省得心里添堵。

主客官接待了郭吉，问问郭先生此来，到底啥目的啊？郭吉特别客气，下官此来，是想求单于同意两国结好的，谈判的话，还是跟单于谈吧。

主客官一琢磨，有道理。自古以来，无论是大漠还是中原，只要是天朝，外交官的职权都非常小。天朝只谈藩属、朝贡、羁縻，不谈平等外交。匈奴主客官把郭吉的意思带给乌维单于，乌维单于一琢磨，郭吉态度这么卑谦，一定是来求和的，所以这个面子一定得给，见。

万万没想到啊，郭吉进了单于的帐篷就变脸了。郭吉这番话慷慨激昂，他说，南越王的人头已经挂在我们大汉的北城门上了，现在正式通知你一下，你要是能打，那就带兵跟我们决战，我们皇上在边关等着呢。你要是认㞞，那就赶紧纳表称臣。看你现在躲在这苦寒之地，没劲儿透了。

乌维单于和满朝文武都没个思想准备，郭吉这番话，不仅让乌维单于怒不可遏，更是让主客官问候了郭吉祖宗十八代。开始不是这么说的啊，怎么突然变脸了？乌维单于这辈子没生过这么大气，当场下令斩了主客官，然后把郭吉羁押，圈禁在贝加尔湖畔。

然后问题来了，郭吉都这么说了，打还是不打啊？天朝颜面还要不要？乌维单于一琢磨，打什么啊。郭吉此来，就是为了激怒自己出战。甭问，边关一定有埋伏，傻子才去往圈套里跳。

乌维单于决定卧薪尝胆，一雪此耻！所以乌维单于休养生息，多生孩子多种树，多养战马多蓄畜。但是汉朝这边怎么弄呢？要求得一个和平的发展环境不易。称臣纳贡的话，乌维单于做不到。拿匈奴公主跟汉朝和亲的话，匈奴的女人汉武帝也看不上。乌维单于以极大的勇气，数次派出使者去见汉武帝，以甜言蜜语求和亲。汉武帝一琢磨，眼下的国力虽强，但是对付局部战争还可以，再跟匈奴全面开战的话，实在是力不能及，于是见好就收，回家修仙。

只要匈奴这头稳定了，汉朝就能随意折腾。匈奴不捣乱，这是汉朝灭掉朝鲜的大前提。那么问题来了，汉武帝为什么要灭了朝鲜呢？汉朝刚打完了南越、西羌两仗，刚歇了一年，怎么又有钱对付朝鲜呢？这一切的深刻原因，还得从汉朝内部说起。

首先来介绍一下当时的朝鲜，跟今天的朝鲜毫无关系。当年的朝鲜叫卫氏朝鲜，有关这个朝鲜的来历，还得从汉初说起。当年汉高帝刘邦把发小卢绾分封在燕国为王。种种原因，燕王卢绾被谋反了。樊哙带兵征讨燕国，卢绾为了躲避制裁，带着家人逃往匈奴。而卢绾的部将卫满，则换上胡人的衣服带着部族逃往了朝鲜。

当时的朝鲜是商朝后裔建立的箕子朝鲜，原本是周朝的诸侯国之一。卫满到了朝鲜之后，带兵灭了箕子朝鲜，建立王国，国号依然是朝鲜。史书上为了区别，称卫满建立的朝鲜叫卫氏朝鲜。随后就是汉高帝驾崩，汉惠帝继位。随后卫满称臣，辽东太守跟卫满约定，卫氏朝鲜作为汉朝的藩属，职责是替汉朝镇压朝鲜半岛上的原始部落。如果这些部落里有酋长要求见天子，卫氏朝鲜不许阻挠。这样汉朝不打卫氏朝鲜，卫氏朝鲜也不需要入朝进贡。等于说卫氏朝鲜的地位，跟南越国的地位一样，属于汉朝的外藩。

出 处

燕人卫满亡命，聚党千余人，椎髻、蛮夷服而东走出塞，渡浿水，居秦故空地上下障，稍役属真番、朝鲜蛮夷及燕亡命者王之，都王险。会孝惠、高后时，天下初定，辽东太守即约满为外臣，保塞外蛮夷，无使盗边；诸蛮夷君欲入见天子，勿得禁止。——《资治通鉴·汉纪十二》

到了汉武帝时代，卫氏朝鲜的国王是卫满的孙子卫右渠。这个时候，汉武帝看卫氏朝鲜越来越不爽。卫右渠时代的卫氏朝鲜非常繁荣，半岛南部的部落都臣服于卫氏朝鲜。那些土人酋长只见过强大的卫氏朝鲜，没见过大汉，所以以为卫氏朝鲜是宇宙帝国大天朝，这是汉武帝的一不爽。

原始部落中辰族的酋长听说西方有个更大的帝国叫汉朝，是卫氏朝鲜的宗主。因此辰族酋长希望去长安见识一下，但是卫右渠不放行。这是汉武帝的二不爽。

汉武帝富有四海，也不至于为这俩小事嫉恨卫氏朝鲜。最最让汉武帝不能忍的是，当时有很多汉朝人跨过鸭绿江逃往卫氏朝鲜，成了“脱汉者”。这不是打大汉天朝的脸吗？卫右渠这么不懂事，居然还收留这些叛国者，太可恨了。这是汉武帝的三不爽，也是最不爽。

那么说汉朝那些年到底怎么了？以前都是周边的人往汉朝跑，现在汉朝人怎么往外跑呢？这跟汉朝的一些政策有关。元鼎五年的时候，汉武帝借口丞相赵周祭祀用的黄金不纯，迫使赵周自杀。御史大夫石庆进位丞相，自此御史大夫这个位置就空出来了。石庆是个占位符，根本不敢发表意见，汉朝又有御史大夫处理国政的传统，所以这个位置是不能空缺的。那么说谁来担任这个要职呢？元鼎六年，汉武帝想到了一个绝佳的人选，此人就是影帝卜式。虽然汉武帝用卜式忽悠老百姓每次都不能得逞，但是卜式的履历很耀眼。打匈奴他要捐一半身家，打南越他愿捐全家的命。这样的人因为爱国升为三公，多好的一段宣传佳话。

卜式兴冲冲上台，结果在这个位置上，卜式并不快乐。原因是他原来以为丞相是个摆设，没想到御史大夫也成了摆设。真正掌管国家大事的，居然是大农丞桑弘羊。以卜式对这个世界的认识来看，桑弘羊这孙子，是天下第一等的坏人。为啥呢？桑弘羊搞经济改革以来，国库日渐丰盈而老百姓却日渐贫穷。卜式对桑弘羊的经济政策，最不满的就是盐铁官营。盐和铁是老百姓的生活必需品，现在这两样老百姓不得不买的东西，成了朝廷专营，那就意味着这两样东西必须大大地涨价。只有这一家能买，不让别人卖，可不是官府卖多贵老百姓都得买呗。光是贵也就忍了，关键是朝廷专营的东西，必然伴随着质量低劣。

过去盐、铁交给市场，那就伴随着竞争。能留下的，都是物美价廉服务好的。现在不一样了，没有竞争，再次的产品老百姓都得买，因为没有别的选择。再说了，过去开个铁匠铺、盐场，老板是要口碑的，他不可能把牌子做砸了，还得留给儿子呢。现在可好，官府经营，盐场的大人不知道干几年就调走了，盐场的利润不用大人操心，既然是垄断经营，放个狗在那个位置上都能赚钱，所以大人们只关心自己能挣多少钱，不关心盐场能赚多少钱。汉朝的时候企业不做预算，一不小心，这个月的铁锹生产多了，那咋整？好办，强买强卖，不买就是犯罪。

除了盐铁物价高以外，朝廷对商人征收了史上最高车船税，虽然也有无知百姓拍手叫好，反正我家没车，用车成本高管我什么事？但是羊毛出在羊身上，用车、用船成本高就意味着运输费用高，自然物价也会高，最后还是百姓买单。

卜式痛心疾首地把这两大问题上奏给汉武帝，弹劾桑弘羊没人性，不是个东西。汉武帝脸色阴沉，卜式真不懂事，汉武帝能不知道这事吗？这就是汉武帝首肯的啊。弹劾桑弘羊，不就如同弹劾汉武帝一样吗？从此汉武帝开始讨厌卜式，几个月后，也就是到了元封元年的时候，汉武帝决定免了卜式的御史大夫。但是作为汉武帝亲手塑造的爱国典型，免了卜式的官，社会舆论不好听。所以汉武帝说卜式啥都好，就是没文化，当不了御史大夫，改封太子太傅吧。

汉武帝也是搞笑，没文化还当太子的老师？接着，汉武帝升倪宽为御史大夫，升桑弘羊为治粟都尉兼任大农令。桑弘羊不能白升官啊，于是在全国推广平准法，简单说就是物价低的时候收购民间物资，等到物价高的时候再抛售。这招表面上是说为了稳定物价，实际上真到灾年，虽然商人不能抬高物价，官府是可以的。桑弘羊改革期间，史书上对当时的物价飞涨用了个词，叫“腾跃”。自行体会吧。

除此之外，桑弘羊规定，小吏可以通过花钱当官，罪犯可以通过花钱赎罪。一年的时间，桑弘羊搞得国库充盈，边关富裕。汉武帝得意扬扬地昭告天下，朕不加百姓的税还做到了国库充盈。

老百姓也纳闷，现在三十税一，怎么还没祖上十五税一的时候日子过得富裕呢？这种花式掠夺，朝廷不可能让老百姓知道。真有老百姓知道了，提醒一下身边的同胞，还可能被骂。别说老百姓了，卜式那么大官，因为说了真话，还被降职。卜式不爽，因为他说真话被罢了官。恰逢元封元年遇到了旱情，汉武帝让为官的术士们求雨。卜式再度上书，说：“旱情是因为桑弘羊倒行逆施得罪了上天。官员们现在都坐在商铺里卖东西赚钱，那是罪孽。只有杀了桑弘羊，天才会下雨。”汉武帝无动于衷，他宁愿杀卜式，也不会杀桑弘羊。在那个时代，收税也就是意思意思，对于汉武帝来说，那点农业税跟盐铁专营的获利比起来，不足挂齿。

这种朝廷对民间的掠夺，得掠夺几十年后，老百姓才能习惯。但是当时的老百姓不习惯，在过不下去的时候，自然想着外逃。卫氏朝鲜，就是个好去处。汉武帝派使臣涉何出使卫氏朝鲜，晓谕卫右渠不得收留汉朝人，不得阻挠辰族酋长觐见天子。卫右渠不答应，但是并没有撕破脸，依然以汉朝藩属的身份，派王爷卫长送涉何回汉朝。涉何没完成任务很苦恼，于是他想出了一个馊主意，在他进入汉朝境内的时候，突然发难，杀掉了卫长。然后涉何去长安告诉汉武帝，卫氏朝鲜谋反，他杀了卫长才跑了回来。汉武帝很满意，认为涉何干得漂亮。为了激化矛盾，汉武帝封涉何为辽东太守，和卫右渠成了邻居。朝鲜王卫右渠大怒，率兵攻打辽东，杀掉了涉何。很明显，一场战争无可避免。

汉武帝要攻打朝鲜，最大的问题是兵源紧张。因为汉武帝在征讨朝鲜的同时，还发动了对西南夷和西域车师国的战争。汉武帝灭南越以后，又灭了闽越。再加上贵州的夜郎国早就成了汉朝的郡县，因此汉武帝晓谕云南的滇王，赶紧效仿夜郎国，归顺大汉才是滇国唯一的出路。滇王琢磨着，滇国跟大汉并不接壤，中间隔着劳深、靡莫两国。因此滇王表示不屈服于大汉，宁死不降！汉武帝一看，那就让滇王知道啥叫虽远必诛。于是汉武帝派遣将军郭昌、中郎将卫广带巴蜀军先灭劳深、靡莫，再兵临滇国，滇王无奈，举国投降。汉武帝将云南滇国编入益州郡，赐给滇王王印，自此中原王朝第一次统治云南。

车师的情况跟滇国还不大一样，车师的位置在今天的吐鲁番，跟汉朝的最西端的酒泉郡离得远着呢。本来两国可以和平共处，大汉朝每年都派使者去西域撒钱。唯独这个车师国，他们首鼠两端，充当了匈奴在西域监视汉朝的内应，没事还去抢劫一把汉朝派往西域的撒钱团队。这回车师抢了汉朝使者王恢的团队，把事闹大了。这个王恢跟当初参与马邑之战的大行令王恢不是一个人，那个早就自杀了。这个王恢被抢了之后，汉武帝震怒，派霍去病爱将赵破奴带兵征讨车师。车师离汉朝远着呢，中间还隔着楼兰。赵破奴虽然带了几万人马，但他作战风格还是当年霍去病的闪电战模式。赵破奴带七百精骑突袭楼兰，楼兰王还没闹清楚怎么回事，就国破家亡。赵破奴马不停息，趁车师国毫无准备，便带骑兵迅速闪击车师，车师国灭。这次战争，让汉朝的最西疆域，扩张到了玉门关。

赵破奴的打法在效果上比匈奴骑兵对西域的震慑力更大，远方的乌孙和大宛真的被大汉吓破了胆儿。所以说后来的汉朝人说犯强汉者虽远必诛，那是先有战例后有宣传，不是闹着玩的。

这西北和西南都在用兵，汉朝要对朝鲜作战，单靠辽东的部队南下，汉武帝担心战况不佳。毕竟朝鲜是个经营了近千年的古国，实力远非西南夷和车师小城邦能比的。左将军荀彘严阵以待，汉武帝为保万无一失，派善于水战的楼船将军杨仆从山东出海，在朝鲜半岛南部登陆，这样两路夹击，胜算也就大了。关键是杨仆的海军陆战队从哪来？为了此战，汉武帝释放了五万囚徒。酷吏杨仆带着五万囚徒，想想都可怕。

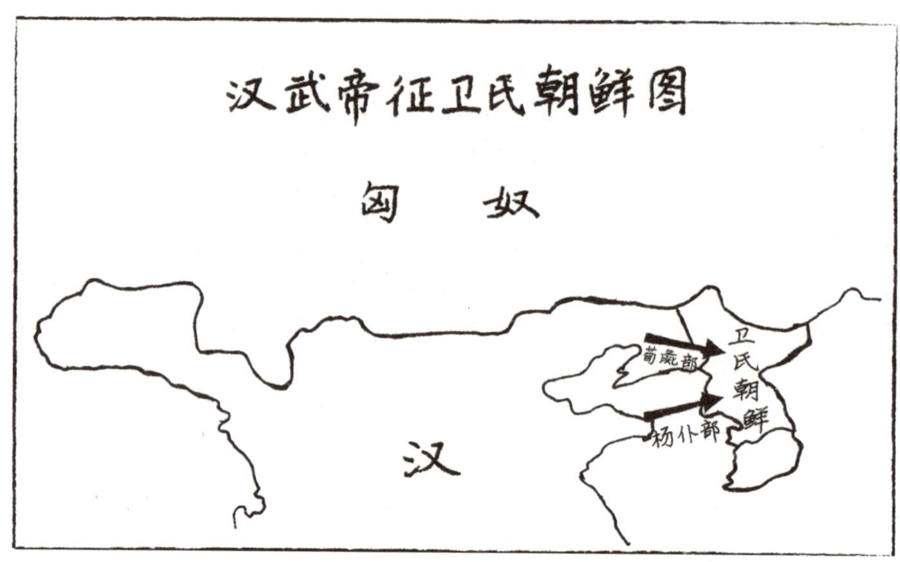

战争开始，左将军荀彘是以前打过匈奴的将领，带领的是燕赵悍勇的汉军。他的正规军是攻打朝鲜的主力，吸引了朝鲜军的大部分火力。楼船将军杨仆有了五万大军，但是问题来了，那时候哪有能一次性运送五万大军的运兵船？所以杨仆先期能带到朝鲜且不晕船的军队，只有七千余人。

元封三年（前108），杨仆和荀彘开始约定作战。战略是好的，现实是残酷的。荀彘进攻坝水（今朝鲜清川江）吸引火力，杨仆奇袭朝鲜的都城王险城（今朝鲜平壤市南）。但是，杨仆带着这七千渡海而来的业余士兵刚到王险城，就被卫右渠看出来这支部队的儿戏。于是朝鲜军出城痛击杨仆，汉军溃败，杨仆逃入深山。没多久消息传来，左将军荀彘攻打坝水失利。杨仆悬着的心，终于放了下来。好在不是他自己战败，正规军都不行，何况他这支业余队伍呢。

不过朝鲜虽然战胜，卫右渠依然非常担忧。汉朝是大国，可以源源不断地派兵来，但是朝鲜是小国，完全跟汉朝耗不起。汉武帝得知两路战败这一丢人的消息后，赶紧派出使者卫山去朝鲜进行招抚。卫右渠就坡下驴，愿意和平解决争端。毕竟朝鲜一直是汉朝的藩属国，本就该听中央的号令。要不是涉何捣乱，战争是不会引发的。

卫山和卫右渠都姓卫，谈得相当融洽。双方约定，汉朝罢兵，卫右渠效仿其他藩属遣太子入朝，这事就解决了。但是由于涉何开了个不好的头，卫右渠担心汉朝人出尔反尔。所以护送太子入汉的卫队，多达万余人。等太子团队到达坝水见了左将军荀彘以后，荀彘要求卫队放下武器，随他去长安。朝鲜太子害怕汉朝玩阴的，坚决不放下武器。双方没谈拢，朝鲜太子带人返回王险城，荀彘随后带兵追到王险城。杨仆得信儿，也带兵出来攻向王险城。这样，荀彘的部队包围了王险城的北部，杨仆的部队包围了王险城的南部。左将军荀彘给杨仆下令，奋力攻城！杨仆不从，凭啥你命令我听你指挥？杨仆便通知荀彘，停止攻城，跟朝鲜谈判。荀彘更怒，老子军衔比你高，你又凭啥指挥我？

就这样，杨仆和朝鲜谈判，荀彘跟朝鲜死磕。几个月过去了，荀彘没能攻破王险城，杨仆也没和卫右渠谈拢条件。汉武帝一看这不对，这哪是打朝鲜啊，分明是荀彘和杨仆俩人在朝鲜较劲。俩人公说公有理婆说婆有理，汉武帝不能做出有效判断。于是命济南太守公孙遂为钦差大臣，到前线调查情况。

公孙遂走陆路去朝鲜，先见了左将军荀彘，于是有了先入为主的概念，认为是杨仆不配合作战才导致攻城不下。再一个杨仆是酷吏出身，人缘不怎么好。公孙遂到了城南就拘捕了杨仆，统领了杨仆的军队，然后得意扬扬地把自己在前线的成绩报告给汉武帝。汉武帝勃然大怒，让你去调查、劝架。你可倒好，居然阵前拘捕大将！汉武帝下令，将公孙遂斩首。命令荀彘接管杨仆的军队，统一指挥。荀彘很开心地对王险城展开了猛攻。

王险城里边的朝鲜原住民和汉人产生了矛盾，大家觉得这是卫氏和朝廷的私怨，怎么能连累无辜的人被困在城里几个月呢？大家觉得卫右渠就该投降，重归大汉的怀抱。当战争拖到了元封三年，王险城中已经有不少官吏逃出城外投降荀彘。朝鲜大官尼相参刺杀了卫右渠，举城向荀彘投降。荀彘还没来得及进城，卫右渠的大将成已又带兵猛攻汉军。荀彘杀死成已，招抚朝鲜军民。历时一年多的战争，汉朝终于平定了朝鲜全境。

荀彘开心地携灭国之功回到长安，他没想到的是，汉武帝勃然大怒，说荀彘阵前嫉妒，陷害杨仆，处斩，不许赎罪。而杨仆贻误战机，处斩，允许赎罪。就这样，身怀大功的荀彘被斩首，杨仆交了罚金被贬为庶民。灭国之功，不是谁都能立的。

对于朝鲜故地，汉武帝设乐浪、临屯、玄菟、真番四郡。封投降汉朝反叛卫右渠的人为列侯，卫右渠太子卫长也被封侯，自此朝鲜划入汉朝的直辖统治区。这时候汉朝在朝鲜半岛的统治，并不包括朝鲜半岛的南部。

本来朝鲜半岛是一片荒芜野蛮的景象，商末周初，周武王把商纣王的叔叔箕子分封到这里，国号朝鲜。箕子带了五千商朝人后裔统治朝鲜半岛北部，制定了八条法律，大力发展教育，让这个原始地区迅速成长为一个文明昌盛的国家。箕子朝鲜的法律很简单，无非是杀人偿命、伤人赔钱、男人偷盗为奴、女人偷盗为婢、赎罪需要交纳五十万钱等。但是在箕子的教育下，朝鲜的社会道德比法律更具有约束力。一个人要是犯了罪，就算是交钱免罪，也会在社会上遭到人们的唾弃，永远也抬不起头来。所以朝鲜人很自律，他们不违法的原因并不是惧怕法律的处罚，而是害怕社会的不容。他们不像中原礼崩乐坏的时代，一个人就算是坑蒙拐骗得到了财富，也会得到社会的羡慕和赞扬，说这叫有本事。

等到汉朝直接统治朝鲜以后，内地人到了朝鲜一看，朝鲜人的防盗意识为零，于是开始潜入朝鲜人民家里盗窃。官府不行礼乐教化，而是指责朝鲜人没有防盗意识。这样一搞，朝鲜就和内地一样了，社会治安一塌糊涂。而朝鲜原来的八条法律也增加到了六十多条，依然对社会治安的改善没有一毛钱的作用。史学家班固在写这段历史的时候，发出了很多感慨，最终羞答答地归结为礼乐教化比法律有用。

事实上社会治安的变差，跟官府的不作为有着不可推卸的责任。盗贼的出现，官府不愿意惹这个麻烦去抓贼，而是指责被盗者没有防范意识。换言之，我被偷了，还要怪我没看管好。客观上讲，这样就等于纵容了盗贼，还对盗贼进行了保护。被盗者一看是这样，那我也去偷，谁让他没有防范意识来着。只要被偷者不会刑侦学，就别指望官府帮你破案。这样一来，客观上造成了为恶的成本很低，为善的成本太高，那整个社会的风气，很快就会变坏。

班固说的用礼乐教育人民，是喊几个口号写几首宣传歌教育大家不要学坏就完事了吗？其实不是的，班固说的教育，那是让官府拿出诚意来真的去卖力抓个贼给大家看看，让大家知道当贼是一定会被抓的，让百姓知道官府靠得住才行。

总之呢，截止到元封三年，汉武帝把周边小国打了一圈，又是时候跟匈奴聊聊人生了。这次聊天，发生了很多趣事。

这故事一追溯，就得从元封元年说起。那年汉武帝陈兵朔方，让使者郭吉去晓谕匈奴乌维单于，要么出来决战，要么俯首称臣，远遁漠北可不是个爷们儿。乌维单于大怒，扣押了郭吉，然后派人跟汉武帝虚与委蛇，表面示好，实则卧薪尝胆，准备休养生息练成精兵跟汉朝决战。

到了元封三年，汉武帝灭朝鲜、取楼兰和车师、灭滇国、平氐族叛乱，打遍周围无敌手，又是时候重起和匈奴的谈判了。这就是天朝的逻辑，按说大家各守一方，老死不相往来不就完了吗？但是汉武帝不这么想，哪怕割给匈奴一块地，也得让匈奴称臣。巧了，匈奴也是这么琢磨的。宁可血流成河，也得保住天朝的名号。

所以这一时期，西域各国活得都比较滋润。过去匈奴在西域设官员统一收税，现在西域各国独立，匈奴想收税困难点。汉朝满西域撒钱，让西域各国齐头并进奔小康。但是，西域各国多数是拿了汉朝的钱，暗中依附匈奴。他们不跟汉朝作对，就算是拿了钱对得起良心了。毕竟汉朝的金元外交，远不如匈奴骑兵有威慑力。

到了元封四年，匈奴一批批使者用甜言蜜语都把汉武帝拍得审美疲劳了。他决定派人去匈奴看看，这帮人到底是真的有诚意，还是忽悠汉朝别动手。问题来了，谁敢去匈奴当使者？去了就得被扣下。我们从小就知道苏武牧羊的故事，但是像苏武这样被扣押的使者太多了，而且结局都比苏武惨。比如郭吉，就在贝加尔湖放羊呢。

没办法了，这次派去匈奴的使者叫王乌，是在北方边境长大的，会说匈奴语，熟悉匈奴的习俗。王乌是个匈奴事务的专家，也是汉朝历史上少有的能全身而退的外交家。王乌到了匈奴地界，让随从们就地休息，他自己去见乌维单于。

古代天朝外交官不需要外交技巧、谈判技巧，需要的是气节，而且是仅仅需要气节。气节的“气”，就是天朝气势。上国之臣可当下国之主，所以天朝使臣到了属国，骂人家国王跟骂自家孩子一样，这才算合格。

宋高宗向金称臣，每次金使来南宋，宋高宗总是想尽各种理由推病不见。这都不用问，天朝来使就是来骂人的。后来明清时期派往属国朝鲜的官员也就是一个礼部的中下级官员，照样把朝鲜国王骂成狗。真到了袁世凯这个级别顶着通商大臣的名头在朝鲜驻军的大将，实际上就是属国的太上皇。

气节的“节”就是天朝使者的符节。张骞也好、苏武也罢，把这个符节看得比命还重，所以他们为了保护这个符节，被扣押了。

王乌心说为这点事去贝加尔湖放羊实在是犯不上，所以王乌去见乌维单于的时候，屏退左右，只身前往。什么天朝气节，统统玩去。根据匈奴的规矩，下国来使朝见天朝单于，得换匈奴的衣服，把脸用墨涂成黑色，还不能带符节进来。王乌统统照办，不就是换身衣服嘛，又不要钱。涂个大黑脸就大黑脸。放下符节就放下符节，脸都黑了，还顾得上那条牛尾巴？

乌维单于见到王乌，那是非常喜欢，甚至误以为汉武帝示弱。你看这回来的这个小王的态度，就比那些个求放羊的好得多。聊聊吧，汉朝的条件是称臣，只要匈奴称臣，要媳妇给媳妇，要嫁妆给嫁妆，甚至想搬家去河套住都没问题。

乌维单于一听不对啊，你黑脸都涂了，怎么还谈让我称臣？得是你们称臣。但是考虑到王乌开出的价码太诱人，于是乌维单于模棱两可地告诉王乌，可以派太子去长安。王乌一听，这不就是说要称臣的节奏吗？乌维单于真淘气，还不明说。于是王乌赶紧回去通知汉武帝，说乌维单于要称臣。

出 处

王乌，北地人，习胡俗，去其节，黥面入庐。单于爱之，阳许曰：“吾为遣其太子入质于汉，以求和亲。”——《汉书·匈奴传》

汉武帝大喜，派出能代表天朝体面的使者杨信出使匈奴，谈谈具体太子入朝的细节。杨信这一去，双方就搞乱了。匈奴方面觉得是现在汉朝尿了，要面子非得说自己是天朝，事实上汉朝已经服软了，要不然汉武帝那性格，能让自己的使者这么卑谦地来谈吗。杨信认为是王乌已经谈妥了，匈奴㞞了，只不过碍于多年天朝的面子，所以嘴硬不承认，但是实际上匈奴已经服软了，要不能让太子入朝吗。

俩天朝外交官遇上了，场面就尴尬了。匈奴那边纳闷，老杨你倒是换衣服化妆啊，还有你手里那个破棍，赶紧放下，不得带入单于王帐。杨信大怒，你们全家都是老杨，叫我杨大人！换什么衣服？化什么妆？叫小乌维滚过来见我！

这样一搞，双方就杠上了。匈奴官员赶紧给乌维单于汇报，打算给杨信一个好看。不料想又有消息传来，据传说匈奴在西域最铁的兄弟乌孙要和汉朝和亲了。乌维单于迫于形势，得和杨信谈谈。但是，决不能堕了天朝的威风。可是杨信是个硬茬，油盐不进。乌维单于只好变通一下，汉朝规矩不是不换衣服不涂脸不放下符节吗。匈奴的规矩不是带着符节不能进王帐吗。干脆，就在草原上接见杨信，不去王帐不就完了。

就这样，亚洲最强大的两个帝国，或者说当时世界的两大帝国的高级谈判，在露天的环境中展开。双方谈判的基础，从汉文帝时代的和亲政策开始。乌维单于要求汉匈两国的关系恢复到汉文帝时代，汉朝把藩王的女儿嫁给匈奴单于，并附上一定标准的嫁妆。作为回报，匈奴不去打汉朝。杨信一听就怒了，牛也不是这么吹的啊，有能耐你倒是来打啊，上次郭吉那样劝你来打，你不是也不敢打？乌维单于退一步，说反正太子入朝这个条件我不接受。杨信一看，你爱接受不接受，不谈了，走人！

就这样，这场世纪谈判，谈崩了。汉武帝就纳了闷了，王乌去一趟，好歹双方交换了意见。老杨你去一趟，啥也没说，扭脸就回来了，气节是可嘉，但是事没办成啊。看来还是王乌比较有谱，再让王乌去一趟。

汉武帝可不知道王乌是怎么谈的，但凡汉武帝知道王乌的做法，得把王乌剁碎了。王乌再入匈奴，乌维单于很满意，好歹可以坐在帐篷里谈点实事，别老纠结那些没用的。乌维单于这次的意思是，愿意和汉朝结为兄弟之国，单于亲自到长安居住都行。王乌回去汇报，汉武帝大喜，赶紧给乌维单于修建豪华府邸。这时候匈奴使者也来了，说两国得互派高级官员来会晤，杨信、王乌这类人都做不了主。为表诚意，匈奴先派了一个贵族来长安会晤。结果这个匈奴贵族命比纸薄，到了长安就水土不服，一病不起。

汉武帝赶紧派太医不惜一切代价，用最好的药给这匈奴贵族治病。经过太医的缜密判断和精准用药，这位贵人还是死了。

这可尴尬了，人家使者死在长安了，怎么解释吧。汉武帝派路充国佩戴两千石官印带着匈奴贵族的灵柩回匈奴，一方面给予匈奴死者家属极高的丧葬费，一方面让路充国以汉朝高级官员的身份跟匈奴谈判。

乌维单于大怒，还谈个茄子？把我们的人给弄死了，来呀，把这个路充国扣押！乌维单于不仅扣押了路充国，还派大军攻打汉朝东部边境。汉武帝派平定西南夷的郭昌和灭掉楼兰、车师的赵破奴去边关迎敌，两国又进入了敌对状态。但是乌维单于佯攻之后就放弃了，回家默念：世界如此美妙，我却如此暴躁，这样不好，不好。

没办法，匈奴卧薪尝胆休养生息才几天啊，积蓄的实力根本不足以跟汉朝开战。汉朝百姓像韭菜，可以让汉武帝一茬茬收割。乌维单于就攒下这点牛羊马骡，不可能迅速恢复经济。等于实际上两国在元封四年后，进入了谁也不搭理谁的状态。

元封五年，在长安赋闲了十三年的大司马卫青在元封五年走完了自己传奇的一生，溘然长逝。这十三年来，汉武帝南征北战、东讨西伐。灭南越、朝鲜、滇国、楼兰、车师等国，臣服羌、氐、闽越、西南夷，但这一切跟职业军人卫青没有多大关系。但是卫青好歹得以善终，其他那些战功赫赫的将军们，诸如立有大功的路博德、杨仆、荀彘、赵破奴、李广利、郭昌等人的下场，还不如卫青。跟着一个伟大的君主当将军，终归是件危险的事，而且功劳越大越危险。

卫青死后，这位太子党的核心人物得到了汉武帝高规格的葬礼相送，以表彰其终生未灭一国的功绩。但是汉武帝也不可否认，卫青是汉军教父级的人物，包括霍去病在内的新生代将军都或多或少得到过卫青的教诲，这才有了汉军吊打一圈邻居的傲人战绩。

卫青死后，汉武帝少了一块心病。放眼全国，大汉帝国的版图在汉武帝时代超越了以往任何一个王朝。这话说得也有点大，毕竟在此之前，中国也没经历多少王朝。秦并岭南之后，都感觉那版图大得吓人了。汉武帝在秦国版图的基础上，收回了南越和周朝领土朝鲜，首次把版图扩张到云贵、甘肃。汉帝国如此庞大，地方官离中央远，且权力极大，这让汉武帝很不放心。各郡太守每天在想什么干什么，汉武帝不知道。这对于一个控制欲极强的君主来说，是寝食难安的。毕竟汉武帝不是历史上那些爱好写字、画画、做木匠的皇帝，他要牢牢掌控整个帝国。在这种情况下，汉武帝发明了一种加强中央集权的制度，影响了后世两千多年。

汉朝的一个郡，相当于现在一个省。这权力太大了，所以汉朝从汉武帝时代开始，就派中央巡视组到各郡去调查、刺探地方官的政绩。这些中央巡视组的领导，被称为刺史。到了汉武帝元封五年，由于汉朝发展成了一个疆域辽阔的多民族国家，所以汉武帝把全国分为十三个行政区域，每个区域从中央派过去一名刺史常驻地方。刺史是中央派去的，地位高于太守，这样保证了地方权力高度集中在中央。这十三个行政区域，就是汉武帝设置的冀、幽、并、兖、徐、青、扬、荆、豫、益、凉、朔方、交趾十三个州，刺史为每州的最高长官，太守次之。这就相当于明清时代的官职，本来省一级最高长官为布政使，俗称藩台。中央不放心布政使权力过大，所以派中央巡视组到地方巡查，明清时代的中央巡视组的长官不叫刺史，叫巡抚。后来巡抚在地方上不走了，就成了省一级的最高长官，俗称抚台。巡抚的权力，就比布政使大一级。这些制度，从根本上讲，就是从汉武帝设十三刺史发展来的，是专制政体的必备法宝。

其实在十三州当中，汉武帝最在意的就是益州。益州管理今天的四川和云贵，面积是十三州中最大的。同时，益州又是汉朝民族最多的州，形势复杂。但是汉武帝对益州寄予厚望，因为益州的事务，关系到汉朝能不能把匈奴踩在脚下俯首称臣。

这就奇了怪了，要说幽州、并州、凉州这些北方州郡跟匈奴有关系那没毛病。益州离匈奴那么远，跟匈奴有关系吗？那还真有。汉武帝跟匈奴争夺的焦点，已经从漠北转移到了西域。我在前边写张骞出使西域的时候聊过，张骞第一次出使西域被匈奴扣押，真正和张骞产生联系的是中亚的大宛、康居、大月氏、大夏，而他当时没去过新疆地区匈奴控制的西域各国。当时新疆境内的西域各国都是城邦小国，真正的西域大国还是中亚的乌孙、康居、大宛、大月氏。汉朝虽然不断在新疆地区撒钱争取这些城邦小国，但是这些小国惧怕匈奴，跟汉朝貌合神离，给钱就要，关键时刻该站队的时候他们挺匈奴。汉朝使者撒钱，城邦小国们还能热烈欢迎。汉朝使者一边撒钱一边去大宛、康居、乌孙、大月氏，这些小国就去匈奴那打小报告。

鉴于此，汉武帝根据张骞当年带来的地理资料和前线将士们的作战地图，和朝臣们经过研究发现，如果汉朝要联合安息（位置在今天的伊朗）、大夏（位置在今天的阿富汗）这些匈奴控制不住的国家，从益州往西南走，怎么算路程都比绕道新疆近得多。所以汉武帝才必得征服西南夷，建立郡县，修高速公路，目的就是联系中亚、南亚的国家一起对付匈奴。我们今天知道从益州往西也好，往南也罢。不是青藏高原就是云贵高原，直到今天，陆上交通都不算发达。汉朝人本着科学的精神，如同哥伦布推断地球是圆的就敢反其道而找印度一样，派人从四川往云南方向出发，寻找安息、大夏。但是使者们最远到达昆明，就不能再近前一步。

除了地形因素以外，当时昆明再往南就是蛮荒烟瘴之地，当地土人会杀人越货。汉武帝为此释放了长安城关押的亡命之徒，命郭昌带领征讨云南，斩杀了数十万当地土人。之后再派使者通过，也找不到安息和大夏。没辙了，还是从新疆想办法吧。

当时的西域各国，由于汉将赵破奴以闪电战灭楼兰和车师，开始对汉朝进行重新评估。看来汉朝不是钱多人傻，而是真有实力。西域各国中，真有能力组织十数万骑兵跟匈奴较量的，也就是大宛、康居、乌孙、大月氏。这里边汉武帝最看重的是乌孙，那么乌孙到底有什么神奇之处呢？我们先从一段故事了解这个国家。

乌孙人的老家跟月氏人一样，都在甘肃。游牧民族的邻里之间没有关系好的，往往因为抢地盘而大打出手。哪怕是这对难兄难弟都被匈奴撵出甘肃，两族在西迁的过程中也不断仇杀。乌孙的首领称昆莫，有时候也音译成昆弥。秦末汉初，乌孙昆莫难兜靡被月氏人杀害，其孙猎骄靡被冒顿单于收养，长大后复兴乌孙国，在巴尔喀什湖东南建立了强大的乌孙国。有这层关系，乌孙和匈奴的关系可见一斑。在整个西域的本地人中，乌孙人是个另类。因为大家都是黄种人，只有乌孙人是白种人。人家大宛、康居是欧洲来的，是白种人不奇怪。乌孙人从甘肃来居然是白人，那就太奇怪了。虽然乌孙人是白人，但是他们的语言饮食文化都跟匈奴一样，这种人要是到了欧洲，准被称为白匈奴。

乌孙人以前就知道匈奴强大，等到赵破奴破车师，乌孙人知道了汉朝的强大。于是跟汉朝互派使节，互相聊聊人生。乌孙昆莫的意思很明白，当初贵国使臣张骞来劝我们和亲，以共同对付匈奴，我们没有珍惜。现在想起来，真是追悔莫及。人生最痛苦的事莫过于此，如果大汉能再给我们一次机会，我们希望能揍匈奴一顿。

汉武帝很开心，于是继续和乌孙磋商和亲的细节。这个事情被匈奴乌维单于确认后，一怒之下就要点兵攻打乌孙。当然了，乌维单于这人就是雷声大雨点小，他也就是说说，不会动手的。但是匈奴作为一个老牌的亚洲强国，连随着亚历山大来到中亚的大宛、康居都惧怕匈奴，说明匈奴余威尚在，让乌孙感到不寒而栗。这时候乌孙昆莫要求倒贴千匹好马，要求汉朝赶紧和亲求保护。乌孙昆莫拿出来这千匹好马，可不是一个小的价码。在当时来说，论马的质量，天下第一是大宛马，天下第二就是乌孙马。汉武帝哪能让友邦赔了啊，于是把江都王的女儿细君公主嫁给乌孙昆莫，给的嫁妆自然非常丰厚。与此同时，为了争取乌孙，乌维单于也送去一个公主，跟乌孙昆莫和亲。老头一大把年纪了，突然间白得俩媳妇，可让老头犯难喽。乌孙昆莫经过一番思想斗争，看在乌孙国版图跟匈奴接壤且离汉朝太远的分上，封匈奴的公主为左夫人，封大汉细君公主为右夫人。匈奴习俗以左为贵，所以匈奴公主压了细君公主一头。但是为了讨好大汉，乌孙昆莫其实还留了一手。

这场政治婚姻，对细君公主来说，是场悲剧。嫁给一个老头，语言不通、习俗不同，这日子可怎么过？汉武帝也觉得细君公主不容易，所以年年派人给细君公主送特产。细君公主还没明白怎么回事，老头病入膏肓，遗言是让细君公主嫁给自己的孙子。细君公主一听，这是乱伦啊，坚决不从。汉武帝给细君公主下旨，说让她为了国家大事，尊重乌孙的风俗习惯，嫁给乌孙昆莫的孙子。

老头虽然封了匈奴公主为左夫人，看上去是匈奴压了汉朝一头。但是老头阴着呢，死了传位给孙子，细君公主成了乌孙的左夫人，匈奴公主可就歇菜喽。汉朝这回没话说了吧，姜还是老的辣。

出 处

汉元封中，遣江都王建女细君为公主，以妻焉。赐乘舆服御物，为备官属宦官侍御数百人，赠送甚盛。乌孙昆莫以为右夫人。匈奴亦遣女妻昆莫，昆莫以为左夫人……昆莫年老，欲使其孙岑陬尚公主。公主不听，上书言状，天子报曰："从其国俗，欲与乌孙共灭胡。"岑陬遂妻公主。昆莫死，岑陬代立。岑陬者，官号也，名军须靡。昆莫，王号也，名猎骄靡。——《汉书·西域传》

有了乌孙这个强大的中转站，汉朝的西域之路就畅通多了。通过这条后世人所说的丝绸之路，汉朝终于和安息国发生了联系。西域各国见当地大佬乌孙都服了，更加好奇汉朝到底是个什么样的国家。因此，从西亚到新疆，各国派往汉朝的使节络绎不绝。汉武帝为各位使臣展示的，并非中华传统文化，也非汉朝骑兵的赫赫威风。汉武帝展示给西域各国的内容第一条就是，汉朝是个疆域大到你们想象不到的国家。像乌孙这样的国家，在西域就算大国了。到了西亚，安息帝国更是当地大国。结果汉武帝迎接使者们从玉门关到长安，从长安到山东半岛的海边。这一道让使者们开了眼，汉朝也太大了吧。再一个，西域各国见到咸海、巴尔喀什湖甚至青海湖都觉得是大海了。如今来到了太平洋的西海岸，简直是刷新人生高度。

仅仅展示汉朝的辽阔，不足以体现汉朝的强大。不用我说，大家也能想象得到。西域使者一到，各大城市必须张灯结彩、搞隆重的接待仪式。史书所载，汉武帝带着外国使节所到之处，必须有丝绸、金银相赠，宴会接待规格绝对超越国宴规格。高到什么地步呢？汉武帝恢复了一千多年前商纣王的国宴规格，简单说就是四个字：酒池肉林。除了吃喝，各地还得组织大型文艺联欢晚会，表演各种文艺节目。这就叫天朝。

出 处

设酒池肉林以飨四夷之客，作《巴俞》都卢、海中《砀极》、漫衍鱼龙、角抵之戏以观视之。及赂遗赠送，万里相奉，师旅之费，不可胜计。至于用度不足，乃榷酒酤，管盐铁，铸白金，造皮币，算至车船，租及六畜。民力屈，财力竭。——《汉书·西域传》

如果说天朝仅仅是这样，倒也显不出"天"的伟大。西域不是盛产葡萄吗？看看长安的郊外，从西域引进的葡萄种植一眼望不到头。还有苜蓿、大宛马，大汉都有。这就叫你们有的天朝都有，你们没有的天朝也有。西域各国使节惊诧之余，也找到了一条发财致富的道路。出使汉朝是件多么幸福的事情，大汉明年见，大汉年年见。史书上对西域使节来汉的频次用了一个词，叫“更来更去”。意思是一个走了，一个又来。也就是络绎不绝。

效果呢？重要的是汉朝这样做的效果怎么样呢？史书所载：“然西域以近匈奴，常畏奴使，待之过于汉使焉。”看了吧，结果就是，他们来到汉朝该吃吃该喝喝该拿拿，一有大事，绝对站队匈奴。汉朝老百姓都吃不饱了，朝廷还得养这些白眼狼。其实更值得反思的是，养白眼狼的人，比白眼狼更值得指责。

汉武帝的外交政策，枉费国库，不仅没有争取到西域各国力挺大汉，反而引起了西域大国的巨大反感，甚至惹得刀兵又起。那么说汉武帝的炫富到底怎么又惹祸了呢？

大宛国的国宝就是汗血马，汉武帝最喜欢的马也是汗血马。对于汉武帝来说，千金易得，一马难求。所以每年汉使来到大宛国的目的就一个，那就是买汗血马。大宛国王不敢得罪汉朝，所以每次给个一匹两匹的，推说自己没那么多马。尤其是后来大宛的使者看到长安城外数不清的葡萄树、苜蓿还有马苑里的汗血马，顿感国宝外流真是祸患无穷。当有一天国宝成为汉朝的特产时，汉朝还会拿大价钱来收购这些西域名产吗？另外，汗血马属于军用物资，如果汉朝无节制地把大宛国的汗血马都买走，组成强大的汗血马骑兵团，那大宛国不就废了吗？于是，大宛国开始限制汗血马贸易，尽量不卖给汉朝汗血马。

有个历史问题经常会被忽略，那就是汉武帝派人往西域撒钱的同时，暴露了汉朝的一个致命弱点，那就是汉朝人在西域水土不服。每次汉朝派团队出使西域，比派去攻打匈奴都危险，团队死亡率都在一半以上。这也是西域离汉朝远的国家站队匈奴不怕汉朝的原因之一。

大宛国离汉朝太远了，汉朝人想要去大宛，得穿越整个西域。所以当汉朝无节制地买马时，大宛国宣称卖完了，大宛国没马了。太初元年（前104），有着丰富出使经验的汉朝使者却暗中打探到，大宛国有马，都藏在贰师城。汉武帝一看大宛国收了汉朝那么多好处，居然还敢耍心眼，于是以天朝上国的身份派出使者，带着大量的黄金和金马去贰师城换大宛国的真马。大宛国朝野震动，准有宛奸暴露了国家机密。于是大宛王紧急召开会议，商讨如何打发这批汉朝使者。大家的意见很统一，首先说汉朝的物资，大宛国已经得到不少了，不差这点金银；其次，汗血马是国家战略物资，不能外流；第三，汉朝使团来一次得死一多半人，真派军队来，战斗力不会太强；第四，大宛是发达国家，有城墙，可以凭城用弩，包管让汉军有来无回。

商量到这个地步，大宛国底气就足了。派人告诉汉朝使者，贰师城的宝马，不卖。汉朝使者勃然大怒，毫无风度地痛骂大宛官员，砸碎金马愤然离去。当场大宛的官员也怒发冲冠，你们要买我们家的东西，我们连不卖的权利都没有吗？因此，大宛官员派人尾随汉朝使团，到了边境郁成城杀人越货，出了口恶气。

消息传回长安，汉武帝发了雷霆之怒！敢杀天朝官员，简直是胆大妄为，为所欲为！贰师城的马朕要定了，马上远征大宛！

问题来了，谁去？怎么去？带谁去？这三大哲学问题困扰着汉武帝。而且，还有个问题不得不考虑。元封六年，匈奴乌维单于死了，继位的是乌维单于的太子儿单于。元封六年的下一年，就是太初元年。匈奴儿单于残暴嗜杀，不得人心。匈奴左大都尉秘密联系汉朝，要求带队投降汉朝。汉武帝大喜，在朔方给左大都尉建受降城，派赵破奴带兵两万去接应左大都尉。

这就意味着，最擅长西征的赵破奴不能去出征大宛。而且，朝中大臣认为大宛国不堪一击，当初赵破奴连破楼兰、车师两国，仅仅带了七百骑兵。大宛国大一点，有个两三千人马足够用的了。汉武帝一看这是镀金之旅啊，干脆就让宠妃李夫人的哥哥李广利去吧。

汉武帝册封李广利为贰师将军，从各藩属国抽掉了六千骑兵，另外还从地方上选拔上来几万流氓。这些人全归李广利指挥，又有汉朝派往西域的使团当向导，汉武帝感觉此战必胜，战争目的是夺马、给李广利封侯。

李广利带了几万大军到了西域，马上就遇到了问题，西域各国都不借道给汉军通过。为啥呢，当初赵破奴打车师，就因为隔着楼兰，所以先把楼兰灭了。这回李广利要穿越西域打最西边的大宛，还不得把沿途各国都灭了啊。匈奴人来了顶多是收税，从来没有灭国的事啊。虽然西域人不懂中文，但是假道伐虢、唇亡齿寒的道理还是懂的。所以李广利这一路，那是处处碰壁。

理论上汉征大宛有三条路，往北可以走准噶尔盆地，但是这条道离匈奴太近，容易被袭扰。往南可以走青海，沿昆仑山往西走。李广利只要不傻，不会走这条路。所以留给李广利的，只有中线走塔里木盆地这一条路。汉军所到之处，城邦大门紧闭，都不接待汉军，更别提给支援了。战线那么长，汉军的补给很成问题。西域各国再不提供支援，李广利只能一个国一个国地打，打败一个，就抢这一个国的粮食就地补给。如果碰上硬茬，短期内拿不下对方城池，那就得赶紧绕道。终于，李广利带领的先头部队终于到了大宛东部的郁成城。这时候，不掉队的汉军士兵还有几千人，而且这几千人，都跟逃难的难民差不多，毫无战斗力。

双方交战，诚如大宛王所料，汉军能历尽千辛来到大宛，已经没有战斗力了。汉军一触即溃，李广利跟副将们商量，再打就是全军覆没，还是就此打住，班师回朝。

太初二年，李广利历尽千辛万苦，到达了玉门关。李广利热泪盈眶，祖国啊，我终于回来了。边关将士把消息传回长安，汉武帝震怒。几万大军几乎全军覆没，只回来一两成人。这丢人现世的李广利，让汉武帝非常失望。汉武帝下旨，不许李广利进玉门关，打不赢大宛，就死外边。李广利也很绝望啊，这仗怎么打？要打大宛，得先干掉沿途十几个小国，后勤补给又跟不上，派来的军队又不是正规军，而是一帮流氓。李广利尴尬地驻军玉门关外敦煌郡，真个是有国难奔，有家难回。

出 处

（李广利）往来二岁，至敦煌，士不过什一二。使使上书言："道远，多乏食，且士卒不患战而患饥。人少，不足以拔宛。愿且罢兵，益发而复往。"天子闻之，大怒，使使遮玉门关，曰："军有敢入，斩之。"贰师（李广利）恐，因留屯敦煌。——《汉书·张骞李广利传》

当年夏天，儿单于发现了左大都尉的叛国行为，于是干掉了左大都尉，又派兵攻打前去迎接左大都尉的赵破奴。赵破奴又模仿了霍去病的作战风格，一路把匈奴骑兵打得北逃，还俘虏了数千人。赵破奴志得意满，班师回朝。就差四百里就能回到祖国怀抱的赵破奴，突然被前来救援的左贤王八万铁骑包围。赵破奴夜探水源，被匈奴活捉。其余汉军傻眼了，主帅被俘，回国就是死罪。两万汉军无人突围，或死或降，全军覆没。儿单于也算是为他爹乌维单于出了口气，顺势攻打汉朝边关，不克而回。

汉武帝好多年都没遇到失败的消息了，尤其是一年内两次大败，前所未有。过完年到了太初三年（前102），不得人心的儿单于死了，继位的是他叔叔呴犁湖单于。汉武帝派光禄勋徐自为到边关加强防御工事，光禄勋就是咱们之前说的郎中令，负责大内安全的两千石高官。此外，像韩说、卫青的儿子卫伉、路博德这些有名望的将军也到了边关镇守。但即便是这样，依然没挡住呴犁湖单于的大举进攻，定襄失陷，不少两千石高官死于这场战争。

右贤王攻破酒泉、张掖，杀数千人，洗劫而走。要不是将军任文追击右贤王夺回物资，汉朝将遭遇一场完败。此战之后，汉军在长城以北的防御工事尽毁，官兵伤亡严重。自乌维单于时代匈奴留下的心理劣势，在此战中一扫而光。在后卫青时代，汉军最能打的赵破奴被俘，让汉军士气大跌。

这场大战结束以后，朝臣纷纷上奏，请李广利回家，集中力量攻打匈奴。汉武帝不允，怒斩请李广利回家的官员。匈奴今非昔比了，乌维单于忍辱负重，默默地攒下了十数万精锐骑兵。汉军人才凋零，谁有本事远赴大漠再来一次漠北之战？倒是打大宛还有点可能。而且仗打完失败以后，汉朝在西域威信全无，成了正宗的“钱多人傻”。

因此，汉武帝决定就算倾全国之兵，也得抢来汗血马。呸，是也得宣扬大汉国威。汉武帝也是拼了血本了，在国内释放了几万死刑犯、征集了几万“恶少年”，又从边关挤出一个骑兵团，共计六万多人开赴敦煌，交给李广利指挥。什么叫“恶少年”呢？就是那种一脚能踹翻一辆小三轮，双手能抱走五个西瓜的好汉。物资方面，汉武帝从全国征调了牛十万头，马三万匹，驴、骆驼等数以万计，以及十分充足的粮食和兵器弓弩，全部交给李广利。除此之外，汉武帝又调集挖井工程兵、引水技术兵、向导斥候兵、驯马特种兵以及五十多位军官，统统调给李广利指挥。

为了保证李广利的大后方，汉武帝不惜集中边境防御匈奴的十八万正规军驻扎酒泉、张掖、武威，以便跟前线将士轮换，防御匈奴侵扰后方。至于边防的空虚之处，以及支援前线的运输兵，统统用新兵代替。李广利的主战部队已经是囚徒加流氓的新兵了，再找新兵从哪里找？汉武帝下诏，以下七种人无条件参军。分别是：犯罪的官吏、逃出汉朝被抓回来的脱汉者、倒插门的男人、目前身份是商人的、以前身份是商人的、父母是商人的、爷爷奶奶是商人的。

出 处

赦囚徒扞寇盗，发恶少年及边骑，岁余而出敦煌六万人，负私从者不与。牛十万，马三万匹，驴、橐驼以万数赍粮，兵弩甚设。——《汉书·张骞李广利传》

而发天下吏有罪者、亡命者及赘婿、贾人、故有市籍、父母大父母有市籍者凡七科，適为兵。——《资治通鉴·汉纪十三》

这样一搞，天下震动，百姓怨声载道。太初三年，贰师将军李广利再伐大宛。汉军军容甚整，攻城器械丰富。所以这次大军所到之处，西域城邦国门纷纷开门借道，还拿出钱粮劳军。几万大军到达轮台国，终于遭到了抵抗。李广利攻破轮台国，屠城之后扬长而去。攻破轮台之后，大宛就在前面。李广利兵分两路，一路校尉王申生带兵攻打郁成城，一路李广利攻打大宛首都。李广利兵围大宛城四面攻打，另派引水专家断绝城中水源。四十多天之后，城中贵族秘密开小会商议，汉军恨的是国王一人。汉军想要的，无非是贰师城的战马。如果为了一个国王和战马就让全城军民陪葬，犯不上。于是贵族们发动政变，斩杀大宛王，提其头去跟李广利谈判。谈判代表说了：“你们汉朝的仇人我们杀了，头也给你们送来了，贰师城的马你们也随便挑。我们希望这场战争就此结束，希望你们认清形势，不要把事做绝。如果你们不同意罢兵，那我们继续死守。而康居国的援军也快到达，到时候你们腹背受敌，可别怪我们没提醒你们。而且我们存粮极多，可以打持久战。我们抓到的战俘里边也有会打井的，不要以为引走了水源我们就会渴死。”

李广利以及军官们闻言大喜，这种劳师远征，能走到大宛就算胜利了，打消耗战根本不可能赢。李广利答应与大宛媾和，进入贰师城挑选了汗血马几十匹，好马三千匹。然后拥立了亲汉的大宛贵族为王，带着战利品班师回朝。而此时还有两件事是李广利没想到的：第一，其实康居的大军已经来了，只不过一直在观望，没出手；第二，攻打郁成城的王申生战死。李广利决不允许在同一个地方跌倒两次，于是派大将上官桀攻打郁成城。郁成王不敌，逃到了康居的队伍中。康居人识时务，杀掉了郁成王送给上官桀，大军凯旋，终于被允许通过玉门关。

而这次大胜而还的大军，也仅有一万多人。李广利一征大宛的时候，死的几万人要么是粮食不足饿死的，要么是被打死的。李广利二征大宛的时候，粮食非常充足，一路战死的也不多，结果还损失了几万人。这里边有什么猫腻呢？李广利以及军官们都很贪婪，克扣军饷，不恤士卒。这样导致士兵减员严重，死了一大半。但是不管怎么说，汉武帝对结果还是满意的，毕竟李广利抢回了汗血马，而汉武帝也可以名正言顺地给李广利封侯。

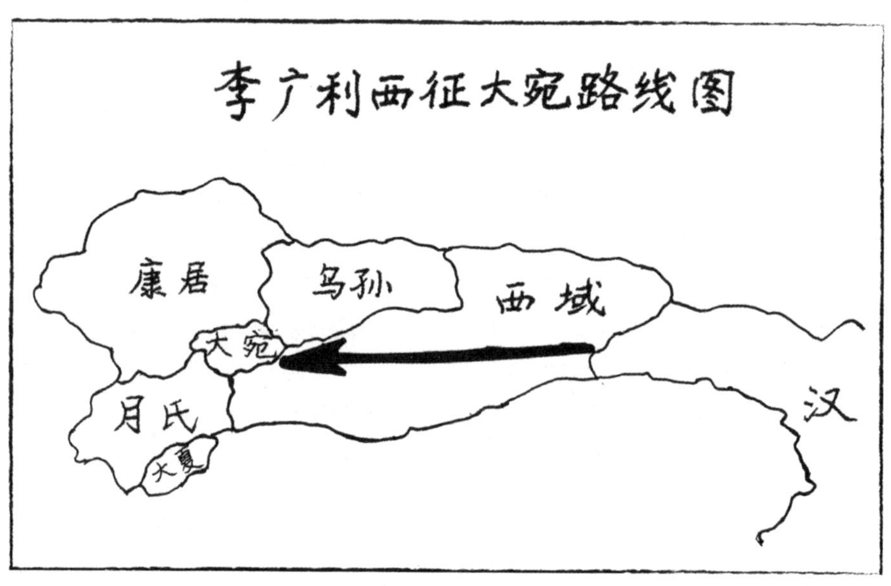

太初四年，李广利带兵回到了长安。汉武帝表彰了西征大军的功绩，封李广利为海西侯，食邑八千户。其余将官，皆有升赏。具体到士兵，过去有罪的都免罪。自费随军作战的，都加倍赏赐。普通士兵得到的赏赐，价值四万钱。一万人分四万钱的赏赐，我数学不好，你们自己算吧。

两征大宛，汉军损失小十万的人命，这都不算花了多少钱。为的就是几十匹汗血马和三千多匹好马。就算是为了三万匹神兽麒麟，损失这小十万的人命，到底值不值呢？如果统治者说值，那最多证明他没人性。为了马而牺牲人，这叫率兽食人。但是如果老百姓觉得值，那就是跪得不仅腿麻了，脑子也麻了。

这场前后历时四年的战争，客观上确实让西域各国怕了汉朝，那又怎么样呢？他们能为汉朝攻打匈奴吗？不会，无非是太子入朝接受供养。每年多来几次进贡，顺便带走更多的赏赐。很快，打脸的事就来了。

本来李广利二次出征的时候，匈奴打算奇袭李广利后方来着。但是架不住汉武帝准备充分，保证李广利大后方的是汉武帝调到甘肃的十八万正规军。在抗匈名将任文的震慑下，匈奴没敢轻举妄动，而是让楼兰王帮着打探消息。任文得到消息，马上报告汉武帝。当时的楼兰属于汉朝领土，楼兰王属于汉朝的藩王。任文派了一队警察，就把楼兰王押赴长安审讯。楼兰工眼泪哗哗的，对协助匈奴的事供认不讳。但是楼兰王反问汉朝官员，夹在汉朝和匈奴两个超级大国之间，除了两边听话，还有别的选择吗？如果朝廷不满意，那就把楼兰全国迁往内地，楼兰那块地方不要了。

楼兰王的话，其实非常实在。无论汉朝在西域撒钱也好，屠城也好，都改变不了西域各国首鼠两端的社会现实。那没办法，汉朝如果没能力罩着西域，那西域各国只能左右逢源。汉武帝佩服说真话的楼兰王，免了他的罪，让他回国。终汉武帝一朝，确实也没有直接统治西域。一直到汉宣帝神爵二年（前 60），汉朝接纳匈奴右日逐王的投降，才解除了匈奴对西域的武力威慑。至此，汉朝设西域都护府，正式统治西域。新疆自古以来就是我国领土不可分割的一部分，就从神爵二年开始。牵强点说，汉武帝太初四年，在轮台设了办事机构，方便出使西域的使团补给。但是这并不是统治机构，只是个办事处。

一年后的天汉元年，大宛人干掉了汉朝扶植的大宛王，另立新君。然后大宛跟汉朝约定，岁贡汗血马两匹。西域的形势趋于稳定。就在这个时候，匈奴又出事了。

第十六章 Chapter Sixteen

猜中了开头，没猜中结尾

汉武帝宠爱的人，分为三个梯队。比如以李夫人为代表的女人，以韩嫣为代表的男人，还有以李延年为首的阉人。这要换一般人，私生活的事别人本无权品头论足。但是牵扯到皇帝，那就不是小事了。就汉武帝后宫的局势，直接影响了汉朝和匈奴的关系。

在卫氏外戚逐渐衰弱以后，李氏集团迅速崛起。这没办法，纵使卫子夫返老还童，也比不上李家有李夫人和李延年这俩不同类型的人受宠。

再后来李延年的出现，可以说在一定程度上弥补了汉武帝心理和生理上的缺憾。李家在李延年的带领下，妹妹李夫人在后宫力压群芳，哥哥李广利破格拜将伐大宛，弟弟李季出入宫廷跟进自家一样。反正王太后也不在了，汉武帝可就由着性子作吧。在汉武帝的力挺下，不少人开始依附李家，让李氏外戚迅速崛起。这样的大家族，往往都是防火防盗防儿子坑爹。没想到李家正如日中天的时候，出来个弟弟坑哥。

话说太初年间，李家遇到了一个坎。大美女李夫人病重，宁死不见汉武帝，希望汉武帝永远记住她漂亮时的样子。失去了李夫人的李家，幸好有了李广利奉命征大宛。虽然起初李广利遭遇了惨败，但是看在李延年和李夫人的面子上，汉武帝并没有像以往那样把失败的大将判死罪，然后交钱赎命。汉武帝给足了李家面子，倾尽国本，再让李广利西征，目的是让李广利踏踏实实镀上这层金，好找机会给他封侯。就在李广利二征大宛的时候，李夫人死了。死就死了吧，李家不至于完蛋。但是，这时候李延年的弟弟李季，出大事了。

李家这么大的势力，李季想要什么样的人没有呢？可他口味重，偏偏爱上了汉武帝心爱的人。这个人是谁，史书上没有记载。但是可以肯定的是，这个人不是个女人，而是个阉人。李季上了汉武帝心爱的阉人，那就如同是把汉武帝的冕旒冠改成翡翠的。汉武帝大怒，以李季淫乱宫廷罪把李家灭族，只有正在西征的李广利这一支族人幸免。等于说李广利爵封海西侯荣贵长安的时候，已经变成独生子女了。

出 处

久之，延年弟季与中人乱，出入骄恣。及李夫人卒后，其爱弛，上遂诛延年兄弟宗族。——《汉书·佞幸传》

李广利幸免于难，但是依附于李延年的李党成员可就没那么幸运。这其中有个叫卫律的人，是李延年的死党，曾被李延年推荐当汉朝的外交大臣出使匈奴。卫律担心被牵连，于是带着一帮队友逃到了匈奴。

说到匈奴了，再简单说一句。太初四年，也就是李广利凯旋的那一年。在位不到一年的呴犁湖单于挂了，继位的是他弟弟左大都尉且鞮侯单于。而叛逃到匈奴的卫律，被且鞮侯单于封为丁灵王。卫律原本祖上是胡人，只不过他是被归化的汉朝人，所以他在匈奴生活得很开心。

且鞮侯单于是匈奴未分裂之前最屄的一个单于，匈奴也不容易，一千多年来才赶上这么一个屄货，还碰上了中原的强势君主汉武帝。在且鞮侯单于看来，当老大并不难，只需要考虑一个问题就够了，那就是万一汉武帝不按套路出牌，再来一次漠北之战咋办？

本身且鞮侯单于的威信就不够，在匈奴国内来说，呴犁湖单于隔过左右贤王、左右谷蠡王、左右大将传位给且鞮侯单于，本身那些大佬们就不服。对于且鞮侯单于来说，国内的危险，远大于国外的危险。所以，且鞮侯单于决定讨好汉武帝，必要的时候还能请汉武帝帮忙干掉政敌。

在且鞮侯单于之前，匈奴比较屄的单于，也就是乌维单于了。虽然乌维单于不再拿汉朝当属国看，也派出了使者跟汉武帝说好话。但是，乌维单于守住了匈奴人的底线，不称臣，不进贡，还以天朝自居。如果实在不行，可以考虑和汉朝平起平坐，跟汉武帝论哥们。

到了且鞮侯单于继位，他可不敢跟汉武帝论哥们。且鞮侯单于居然破天荒地认为自己是汉武帝的晚辈，而且派人去给汉武帝进贡。虽然没称臣，但是进贡了。不仅如此，之前扣押的汉朝使者还都放了，孝顺之心，远在长安的汉武帝都感受到了。

其实跟匈奴没法论辈，如果说看在冒顿单于调戏吕雉的分上，把冒顿和刘邦算一辈的话，且鞮侯单于是冒顿单于的重孙子，而汉武帝也是刘邦的重孙子。那且鞮侯单于认同自己晚辈的身份，汉武帝不吃亏。

因此，汉武帝决定派人去安抚一下且鞮侯单于，给点好处，表彰一下他孝顺的心。派谁去呢？那就派卫青爱将苏建的儿子，大内侍卫出身的苏武带队去安抚且鞮侯单于。苏武大家都熟悉，苏武牧羊的故事大家都知道。可能大家不知道的是，苏武是个比李广还倒霉的人，就因此陷入了命运的漩涡，躺枪才被扣押在贝加尔湖放羊。

苏武带着副手张胜不仅有出使匈奴的任务，还有释放之前扣押的匈奴使者的任务。匈奴都放人了，汉朝也得放人。但是当且鞮侯单于看到苏武和张胜带来的礼物和俘虏，这人突然膨胀了，他把客气当福气，认为是汉武帝怕了他，所以愣充大瓣蒜，不给苏武面子。

根据惯例，在谈不拢的情况下，汉朝使者那就不谈了，走人。但是苏武没走，继续和且鞮侯单于周旋。能让苏武不走的原因是他的副手张胜不走，因为张胜打算干票大的。

李延年被杀，其死党卫律带着队伍投降了匈奴。当时卫律跟部下说汉武帝要杀尽跟李延年有关的人，但是大家跑了以后发现，事情根本不是那么回事。人家李广利不仅没事，还封了食邑八千户的海西侯。再说了，陪卫律在这吃沙子，卫律倒是被封了丁灵王，其他人连达舒王都没混上。所以卫律麾下以虞常为首的部下秘密联系张胜，企图发动政变，杀卫律，劫持且鞮侯单于的老妈去汉朝。

张胜觉得此计可行，只不过在具体实施的时候，虞常的小弟不靠谱，有一个在关键时刻当了“二五仔”，出卖了虞常的团队。

且鞮侯单于闻讯勃然大怒，迅速逮捕了虞常等七十多人。苏武一看出事了，打算自杀。张胜拦住苏武，说万一虞常是个硬汉，打死也不招呢？

结果虞常不是个硬汉，一轮拷问之后，便供出了张胜。卫律主审此案，但是他不提审张胜，而是提审苏武。苏武很无奈，关我啥事？我又没参与。但是卫律说副使张胜出事了，主使苏武也难辞其咎。且鞮侯单于打算就此招降苏武，不料想苏武是个比金刚石还硬的烈性汉子，当场拔剑自刺。主审官卫律大惊，赶紧抢夺苏武的剑，传召匈奴医生给苏武疗伤。

匈奴的医生用尽了野路子，终于把断了气的苏武抢救了回来。且鞮侯单于佩服苏武的气节，让他且去疗养。等到苏武痊愈，且鞮侯单于命卫律再审此案，依然打算让苏武投降。为了劝降苏武，卫律同时提审苏武、张胜、虞常，然后当着苏武的面，杀掉了虞常。轮到张胜的时候，张胜马上投降，卫律的戏没法演了。于是说张胜犯罪，苏武连坐。苏武表示无所谓，反正不降，大不了再死一次。苏武提醒卫律，敢杀汉朝使者的南越、朝鲜都灭国了，大宛国虽然还在，但是当年杀汉使的国王却身首异处，你们看着办吧。

且鞮侯单于用尽了办法劝降苏武不成，把苏武流放到贝加尔湖放羊，这就是苏武牧羊的故事。苏武什么时候回国，那是后话。关键是张胜闹这一出，让刚刚缓和的汉匈关系又回到了敌对状态。战争的味道，也弥漫在汉匈两国之间。结果张胜啥事没有，苏武却倒霉地被发配北海，哪儿说理去。

苏武牧羊，细说起来就是一场典型的蝴蝶效应。如果不是汉武帝喜欢阉人，李延年就不会带动整个李氏家族；如果不是李延年带动整个李氏家族，就不会有李季淫乱后宫；如果没有李季淫乱后宫，就没有李延年和李季被族诛；如果没有二李被族诛，就不会吓跑卫律；如果没有吓跑卫律，就没有虞常企图拐走且鞮侯单于老妈；如果没有虞常企图搞事情，张胜也不会跟虞常搅和在一起；如果没有张胜和虞常搅和在一起，苏武也不会倒霉到去贝加尔湖放羊。

当然了在这场蝴蝶效应中，最倒霉的还不是苏武。有一位年轻人，可比苏武倒霉多了。

在汉武帝手下当差，有三大高危职业。第一个是将，升赏不看军功，看关系。所以卫青、霍去病、李广利有功必赏，杨仆、荀彘有功也是死罪。

第二个是酷吏，别看汉武帝用他们的时候，这些酷吏闹得欢，但是总有一天汉武帝会跟他们算总账。比如咱们之前提过的宁成、义纵、张汤、减宣、王温舒，都死得很惨。尤其是杀人狂魔王温舒，在太初元年被灭族，他俩弟弟跟着受牵连，也都被灭族。

第三个高危职业，就是职业官僚梦寐以求的丞相。截止到本篇，我一共写过汉武帝时代的十个丞相，这十个丞相里边只有公孙弘和石庆光荣地死在任上，其余的或死或免，都没好下场。尤其是公孙弘以后，李蔡、庄青翟、赵周都是死于莫须有的罪名。要不是在太初二年石庆幸运地病死了，结局也够呛能善终。

这样一来呢，大臣们算是看明白了。庄青翟、赵周、石庆都是太子党，他仨的特点都是当了丞相却没有权，然后死了。谁当丞相谁死的路数已经很清晰了，不是谁都有好运气能够病死在任期。这个位置，便成了烫手的山芋，谁也不想接。汉武帝不管，老规矩，还得挑太子党的人任相。自从卫青死了，太子党最有权势的人，就是太仆公孙贺。这是太子的亲姨夫，又有军功，可了不得。

但是公孙贺听说汉武帝要任他为相，那是吓得跪在地上不敢起来，绝不接受丞相的印绶。这谁受得了？石庆是文化人，每日战战兢兢如履薄冰地当丞相，处处小心，还经常被汉武帝找碴。公孙贺是胡人，论规矩肯定差很多，万一有个纰漏，最次也是回家自杀的罪过。这压力太大，干不了。

再一个，公孙贺对汉武帝那是惧怕到骨子里。当年公孙贺北伐匈奴，也是有战功的，爵封南奅侯。之前元鼎五年的时候，缺钱的汉武帝开始检验诸侯祭祀时上供的黄金纯度。凡是不符合汉武帝要求的，统统除爵。大汉朝跟着高祖爷打天下的一百四十三个侯爷后人，到汉武帝后期还剩四个。那年，公孙贺已经被除爵一次了，好在命还在。但是那次丞相赵周不仅因为这事夺爵，还自杀了。这回让公孙贺任相，根据惯例势必封侯。那公孙贺又回到了危险的境地，所以他十分激烈地拒绝任相。汉武帝发了怒，看样子是不接班马上死，接了班日后死，公孙贺无奈，之后流着泪当丞相，感慨世道是变了。

太初二年底，老好人御史大夫倪宽病死，转过年来汉武帝升延广为御史大夫。这回行了，朝中太尉之职空缺，丞相和御史大夫不敢管事，大权牢牢地掌握在汉武帝手里。之后就是李广利西征爵封海西侯，苏武出使匈奴被扣下牧羊。

天汉元年，苏武被扣之后，汉匈两国的火药味逐渐浓烈。汉武帝大赦天下，然后把释放的罪犯都迁到五原郡当兵，补充北方的军队。同年，赵破奴瞅准机会，从匈奴逃了回来。赵破奴的回归，最起码证明了这个悍将不会为匈奴所用。那就差不多了，汉武帝任用媳妇的兄弟打匈奴上了瘾，派海西侯李广利带三万铁骑出酒泉，往北攻打天山，去攻打匈奴右贤王。大将公孙敖、路博德兵分两路北伐，寻找匈奴的老窝。同年，投降汉朝的匈奴人介和王成娩被汉武帝封为开陵侯，带楼兰兵再伐勾结匈奴的车师。

这是一场大规模的战争，规模不亚于卫青、霍去病的漠北之战。但是这场战争的结果，却完全不同。同样是国舅爷，李广利跟卫青比，还差着行市呢。

李广利是北伐主力，公孙敖和路博德奉命为李广利打辅助。这仨人出征，压根不能精诚合作。这里边，资历最老的是公孙敖，几乎每次北伐匈奴，公孙敖都参与其中，但作用都不大。你想吧，光因为战败被革职就两次，公孙敖算是经验最丰富的一位。当然，他的经验是如何保护自己，而不是如何打败匈奴。让他给李广利打下手，都不如没人打下手。路博德那是有灭国之功的，让他给打败大宛都那么费劲的李广利打下手，他也不服。而且形势很明显，赢了是李广利大功，输了指不定谁背锅。

这样一来，这场战争过程就很简单。李广利北伐至天山，公孙敖、路博德一路瞎溜达。李广利在天山遭遇右贤王，公孙敖、路博德瞎溜达。李广利击败右贤王先头部队，斩首万余级，公孙敖、路博德瞎溜达。李广利携胜利之师见好就收，那俩人还在瞎溜达。结果就导致李广利回师的时候，被匈奴主力八万骑兵包围，公孙敖和路博德依然在瞎溜达。李广利血战，在敢死队队长赵充国的疯狂攻击下，汉军溃围而出，回到汉朝损失了六七成的兵力。李广利由大胜变成了大败。再看路博德和公孙敖，他俩溜达到今天蒙古国的涿涂山胜利会师。俩人热泪盈眶，都跑了这么远了，也没看见匈奴，咱们回家吧。路博德和公孙敖兵合一处，班师回朝。

这就是天汉二年这场汉匈决战的梗概，同年，得胜的右贤王救援车师，汉军战败，车师在天山以北的部众归降了匈奴，这也为后来车师分前后埋下了伏笔。

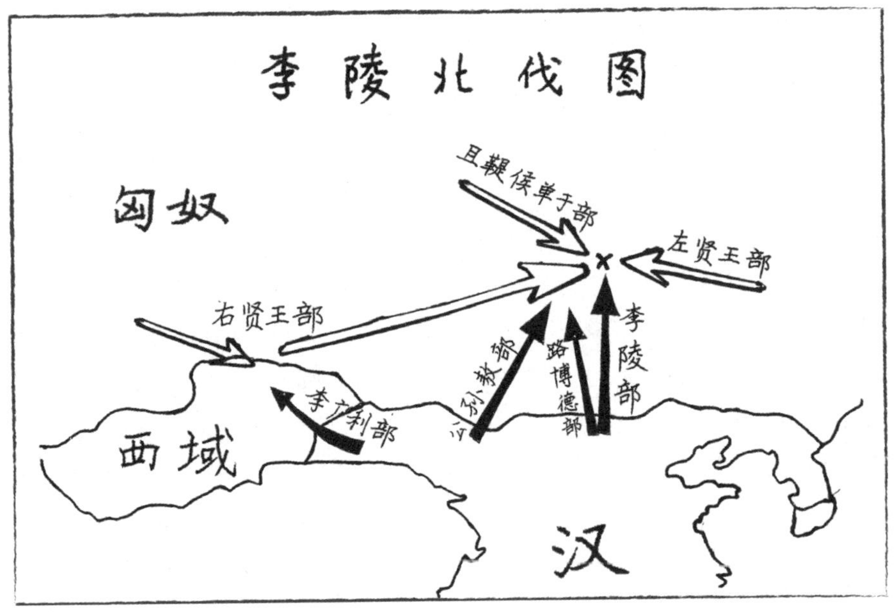

而导致李广利先胜后败的关键因素，却在一位传奇名将李陵身上。李陵将门出身，是飞将军李广的长房长孙。李陵的性格像极了爷爷李广和三叔李敢，也练成了一身好武功，非常想当超级英雄，大讲个人英雄主义。

在老李家的大官李蔡、李广、李敢都死了以后，李陵失去了家族的庇护，担任了陇西汉军的教官，兼任汉军侦察大队队长，曾多次深入大漠画地图。汉武帝是既爱惜李陵的武功和勇气，又担心他遗传了李广的砸锅光环。所以一直以来，李陵主要工作就是侦查和训练士卒，而没有出师征战。李广利伐大宛的时候，汉武帝想了又想，又把派遣出去的李陵按在敦煌，生怕他砸锅。

天汉二年（前 99）李广利北伐匈奴的时候，汉武帝原本给李陵的任务是押运粮草。李陵觉得自己训练多年的五千特种大队运粮草太可惜了，于是跟汉武帝提出自己出兵诱敌，引出匈奴主力，好减轻李广利的进军压力，毕竟李广利只有三万骑兵。

汉武帝听完心里不爽，认为是李陵不想做后勤工作，于是说没有多余的马给李陵。没想到李陵当场说要带五千步兵去诱敌，这下汉武帝没法说了，同时觉得自己可能误会李陵了。为了万无一失，汉武帝的战略是主力李广利攻击匈奴王庭，特种大队李陵引蛇出洞。为保李陵安全，特派路博德为李陵压阵，带兵接应引出匈奴主力的李陵。

命令下达后，路博德不爽了。路博德是有灭国之功的伏波将军，他连李广利都不服，何况是李陵呢。于是，路博德上书汉武帝，说如今秋高气爽，正是匈奴马肥的时候，不适合出兵，应该在来年的春天，他和李陵各带五千骑兵两路出兵，必能大获全胜。

汉武帝接本大怒，李广利五月份已经出兵了，这都到秋天了，打配合的部队居然要求来年再战，这不是要坑死李广利的节奏吗？一定是李陵后悔了，不敢带五千步兵出战，是他跟路博德合伙骗朕，朕偏不上当。

汉武帝下旨，说匈奴的部队骚扰西河郡（今晋陕交界处），路博德火速前往西河救援。李陵在九月必须出兵，前往浚稽山（今蒙古国图拉河）侦察敌情，如无敌军，可沿着赵破奴侦查的路线到朔方郡受降城休整。然后把沿途情况以及和跟路博德的对话，用快马传回长安。

李陵对这里面发生了什么，完全不知情。他不知道路博德在这里扮演了什么角色，更不知道路博德上奏来年出兵的事情。所以李陵从今天的内蒙古，往今天的蒙古国出兵，去引诱匈奴的主力。李陵一路到了浚稽山，派部将陈步乐绘制地图火速送往长安。汉武帝召见陈步乐，得知李陵特种大队誓死效忠，非常高兴。

然而就是这时候，匈奴的主力发现了李陵，调三万骑兵把李陵的五千步兵团团围住。五千步兵打三万骑兵，既是野战，又是客场，这在冷兵器时代，正常的结果就是骑兵一个冲锋，步兵全军覆没。但是李陵不是一般人，让这场遭遇战没按正常套路走下去。李陵军驻扎在两山之间，以大车作为营垒，李陵带兵列阵，前排重步兵持戟和盾防止匈奴骑兵接近，后排用弓弩手射击匈奴。这要是放到《魔兽争霸》里，算是经典的“SKY流”。这样匈奴骑兵一轮冲击之后，非但没有接近李陵特种大队，反而被射得落花流水。李陵保持阵型，缓步向前，匈奴落荒而逃，直到跑出汉军的射程，才算是喘了口气。简单一盘点，匈奴丢下了几千具尸体。

且鞮侯单于大惊，以为李陵部是汉军主力，所以紧急召唤左右贤王带兵勤王，围剿李陵部。也正是因为这个机会，李广利击败西路匈奴，斩首万余。李广利五月份出兵，不知道朝中发生了什么。李陵九月才出兵，所以李广利不知道李陵的作战计划，更不知道李陵被围。而且李广利攻打的天山一带，位置在今天的新疆。李陵被围在今天的蒙古国，所以根据当时的通讯情况，李广利不清楚李陵的情况。

李广利班师，而李陵也开始班师。不过李陵诱敌的工作完成得太好，导致且鞮侯单于带着左右贤王的主力八万骑兵开始攻击李陵。李陵的五千步兵，绝不是对手，因此他只能且战且退，往南转移。

李广利的退兵路线是从今天的新疆退往今天的甘肃酒泉，而李陵的退兵路线，是根据汉武帝的安排，从今天的蒙古国往今天的内蒙古河套地区退，所以俩人不是一个路线。李陵部连日苦战，退到了一个山谷又被包围。李陵让轻伤者继续作战，中伤者驾车，重伤者在车上射箭，总之不可弃战。退守山谷期间，李陵杀掉了随军女人，斩匈奴三千余人而突围，继续往东南方向退却。

且鞮侯单于跟众臣商议，说李陵部如此顽强，又往东南方退，会不会在朔方有埋伏呢？不过其他将领认为，匈奴这八万多骑兵，如果连汉军几千步兵都吃不掉，以后就没法混了。所以，这场战斗，就是决战，拼死也得干掉李陵。李陵经过了沼泽地，跟匈奴又在山谷间相遇。匈奴骑兵一天攻击李陵几十次，留下了两千多具尸体后才退去。而李陵部还有三千余人，除了伤病号，能打的还剩八百余人。这时候，汉军中有个叫管敢的人因跟上司不和，投降了匈奴，把李陵内部的情况对匈奴知无不言言无不尽。

且鞮侯单于大喜，带人猛攻山谷中的李陵。李陵和副将韩延年带兵强行南退，一天之内射光了五十万支箭。箭射光了，运箭的战车就没用了。李陵部丢下战车，跟匈奴短兵相接，展开了白刃战。汉朝的刀，叫环首刀。造型是今天日本刀和唐刀的鼻祖，只不过这种刀是直的。环首刀窄，用来刺击对手杀伤力极大，但是如果用来砍，砍上几次就折了。而且直刀本来就不是善于劈砍的武器，论砍还得是有一定弧度的弯刀。

所以这次白刃战，当汉军环首刀砍折以后，就只能赤手空拳或用战车上的车轴、车条当武器作战了。匈奴从山上滚下大石头，切断了李陵的退路。这时候，李陵部离汉朝国土远着呢。

出处

陵居谷中，虏在山上，四面射，矢如雨下。汉军南行，未至鞮汗山，一日五十万矢皆尽，即弃车去。士尚三千余人，徒斩车辐而持之，军吏持尺刀入狭谷，单于遮其后，乘隅下垒石，士卒多死，不得行。——《资治通鉴·汉纪十三》

入夜，李陵百感交集，武器都没了，再无能力组织部众抵抗了。所以李陵决定，去刺杀且鞮侯单于。李陵夜探匈奴军营，见无懈可击，只好再回自己的营地。打是不能打了，李陵为了救部下的命，决定化整为零，大家悄悄地分开走，让匈奴没法去追。趁着夜色，汉军全跑了。

这一跑，匈奴惊呆了。追都不知道怎么追，后来发现，李陵和韩延年带着十几号人跑，还有马，目标最大，所以匈奴派骑兵拼死追击李陵，右贤王的主力去围堵李广利。李陵再有百十里地就能到汉朝境内了，身后是匈奴数千骑兵。汉朝边防军已经得到了消息，但是摄于匈奴的军威，边关守将决定按程序办事，把关外情况上奏到长安。眼看匈奴追上来了，韩延年断后，为李陵争取时间。但是电光火石间，韩延年战死。李陵被包围，这时候，李陵下马放弃抵抗，其余将士四散而走。也正是这时候，右贤王调主力包围了李广利，让李广利从大胜变成了大败。

李陵的思路很清晰，抓走我一个，释放所有人。被抓未必有多大事，你看赵破奴，不仅被抓，还坑了两万正规军，不也没事吗。为今之计，只有先跟匈奴走，再找机会逃回来就行了。就这样，李陵没有抵抗，跟匈奴人走了，这个行为，被解读为投降。

边关的奏章好多天才到了长安，汉武帝接本一看，这都多少天了，李陵一定是战死了。汉武帝赶紧组织宣传，这可是爱国主义的典型，为国而死，何其光荣。朝中大臣纷纷赞扬，说李陵勇猛无双，虽然牺牲，但也足以震慑匈奴云云。没想到边关又传来消息，说李陵没有战死，而是被俘。汉武帝勃然大怒，李陵不识大体，为啥不自杀？李陵不死，爱国主义宣传没法进行了。群臣一看皇帝暴怒，于是纷纷改了口风，不再赞扬李陵勇猛，而是怒骂李陵这个汉奸。

由此可见，朝臣在汉武帝多年的恐怖调教下，已经成了一帮尸位素餐的马屁精。对于李陵事件，只有太史令司马迁仗义执言，说朝廷这帮身处后方的键盘侠大骂浴血奋战的李陵是汉奸，这太滑稽了。关键是李陵五千步兵对阵匈奴八万骑兵，本身就是不可能完成的任务。结果他转战千里，武器用尽而被俘虏，应该是留着后手，想要报效朝廷。

汉武帝一听就怒了，非说司马迁是个高端黑。司马迁只是陈述事实，结果心不干净的汉武帝非说司马迁说这话是讽刺李广利不救援李陵。司马迁百口莫辩，被判了死刑。那个年头判死刑是可以交钱免罪的，李广、公孙敖、赵食其都干过这事。但是司马迁一不是酷吏，二不是将军，没有那么多钱赎罪。因为钱没凑够，所以著名酷吏杜周把司马迁改判腐刑，从精神和肉体上双重迫害了司马迁。没多久，溜达了几个月的路博德和公孙敖班师回朝，说没找见匈奴。

其实这个事，李广利是无辜的，汉武帝责任也不大。这里边第一责任人就是路博德，他两头忽悠，没去接应李陵。第二责任人是公孙敖，这块地形他太熟悉了，他有三十年的北伐经验，能找不到匈奴主力？公孙敖就是典型的消极怠工。第三责任人就是汉朝边关守将，区区几千匈奴骑兵，他都不敢出关迎战，眼睁睁看着李陵被俘。第四责任人就是李陵自己，他自己说的五千步兵直捣匈奴王庭，并非汉武帝逼他。汉武帝怕他不行，告诉他虚晃一枪退回朔方受降城。只不过汉武帝也没想到，路博德这么阴，派他接应李陵，他来了一出没找到。

一年后，汉武帝幡然醒悟。但是他醒悟的程度比较低，仅仅是明白了五千步兵干不过人家数万骑兵，于是派公孙敖带兵深入匈奴境内接回李陵。瞧汉武帝派的这人，公孙敖和李家是有过节的。当初卫青组织漠北之战的时候，拿掉前将军李广，换上校尉公孙敖，目的就是让李广把功劳让给公孙敖。让公孙敖接应李陵，接不来罪过不小，要接来就得跟匈奴打仗。公孙敖自从元光五年被匈奴打败之后，就患上了匈奴恐惧症。元朔五年（前 124），公孙敖随卫青北伐，打了场顺风仗，跟着卫青蹭经验立功。元朔六年，升了官的公孙敖独立作战，无功而返。元狩二年（前 121），公孙敖配合霍去病作战，迷路而返。元狩四年，顶替李广突前的公孙敖把一把好牌打得稀碎，必胜的仗还让伊稚斜单于跑路了。

所以说这个人就有问题，兵油子一个。他没接到李陵，或者说他不想接李陵，所以溜达一圈回国，说李陵叛变，帮助匈奴训练士卒。汉武帝大怒，灭了李陵满门，让李陵不得不留在匈奴。

这场战争，无论是汉武帝还是李陵，都只猜到了开头，没有猜到结尾。李广利无辜背锅，而路博德却逃过了法律和道德的制裁。在那个时代，路博德可谓汉将中的第一人。漠北之战时他曾独立带队配合霍去病有功，灭南越他更是居功至伟。元封元年（前110），路博德第一次把海南岛纳入中国版图。就是这样一个有大功的强将，却未必是个好人。

这场耗资巨大的汉匈决战，以汉朝灾难性的失败而告终。然而这场灾难仅仅是个开始。

在我们传统的历史观中，每当有暴君的出现，必然伴随着英雄人物发动农民起义。我没怎么上过学，依稀记得课本上曾重点说过秦二世残暴昏庸，导致陈胜、吴广俩英雄起义；新朝王莽倒行逆施，导致“英雄联盟”绿林、赤眉起义；东汉末年桓、灵二帝亲佞远贤，导致张角发动黄巾起义；再后来就是唐朝后期黑暗统治导致了黄巢起义，并首次提出了“平均”的革命口号；明末的横征暴敛，导致了李自成、张献忠起义。尤其是李自成，提出了“均田免粮”的进步口号；清末政府腐败无能，导致了洪秀全发动了太平天国起义，颁布了《天朝田亩制度》和《资政新篇》，是中国古代农民起义的最高峰！

很少有人提及，在汉武帝天汉年间，也爆发了全国性的大面积农民起义。由于这些起义者并不高明，没有先进的口号，没有振臂一呼的领袖，所以不被大众所熟知。但是这场发生在伟大的汉武帝时代的农民起义，却蔓延数年，险些要了汉朝的命。

我们简单回顾一下汉武帝时代的一些伟大政策，这位号称是“罢黜百家、独尊儒术”的皇帝，曾被大臣汲黯揭穿是个假好儒的皇帝。其实汉武帝是假好儒，真好法，他对法家的喜爱根本无法掩饰。比如他把汉朝的酷吏政策发展到了顶峰，提倡严刑峻法，这就是典型的法家镇压人民的手段。汉朝的严刑峻法，跟法治社会根本不是一码事。你偷了邻居的鸡，那未必有事。但是你对抗官府，那就是就地毁灭的罪过。那怎么才算对抗官府呢？比如说盐铁官营以后，朝廷出品，必出次品，价格还高。你要说汉朝垄断矿产，质次价高的货仿佛还能掩盖过去，毕竟老百姓干不了这行当，没有对比就没有伤害。但是盐、铁谁不会啊？又不是技术含量超高的事。所以汉代垄断这两样，就禁止不了民间的所为私盐、私铁。民间没有强买强卖的本事，要想立足，只能是提高质量，降低价格，以性价比取胜。所以，老百姓只要有一点办法，就得买私盐。这种情况一直延续到清朝，盐务一直是朝廷关心的大事。那就行了，官府经营的盐你不买，那就是对抗朝廷。私自晒盐，死罪；买私盐，死罪。当刑罚最低是死罪的时候，那就无所谓。买包盐跟贩毒一个罪过，既然都是死刑了，索性把恶做到极致，反正横竖都是一刀。

就这样，在酷吏横行的天汉二年，又赶上朝廷派李广利大举进攻匈奴。老百姓没了活路，从东部远离长安的地区，开始爆发各种起义。大的组织能有数千人，小的组织也得百十号人。这帮人那是冤有头债有主，出门左拐是官府。他们抢夺武器库，攻打各级衙门，打开监狱的死牢。大到刺史、太守、都尉，小到县令、县长，起义军是逮一个杀一个。还不是一刀杀了那么简单，那是把满腔的仇恨都得发泄出来，一般情况下，官员落到起义军手里，都是被虐杀。街上的老百姓呢，分两种。一种是性本善，一种是性本恶。善人嗑着瓜子欣赏虐官，恶人挽起袖子就加入起义军一起动手。没本事劫掠官府的小组织，那就到农村劫掠老百姓。老百姓都被抢光了，也只好揭竿而起再去抢别人。一时间社会动荡，进入了无序状态。

这事一出，朝廷得平叛吧。御史中丞、丞相长史亲自督促地方官，结果剿匪不力。汉武帝一看不行，就派朝中的大官光禄大夫范昆、九卿之一的张德为钦差，带正规军平叛。老百姓组成的起义军，当然不是正规军的对手。朝廷的军队所到之处，大郡能杀上万人，小郡也轻松杀个三千多。除此之外，放跑起义军的带路党和给起义军提供饮食的百姓，也都牵连被杀。不管你是主动给起义军粮草，还是被起义军抢劫，都是死罪。

既然如此，与其坐以待毙，老百姓还是加入起义军更靠谱一点。一连数年，皆是如此。按下葫芦浮起瓢，起义军越杀越多。汉武帝大怒，颁布《沉命法》。该法规定，凡是地方上有出现起义团伙。地方政府如果不能及时发现和剿灭，那就从两千石的刺史、太守到地方的县令、县长一撸到底，全部处死。这就有意思了，当县令气喘吁吁跑到太守府报告他们县里有反贼聚众的时候，马上就会被太守抽一个大嘴巴。这如果报上去，剿灭不干净，全郡的官员都得处死。自从《沉命法》颁布以后，天下太平，汉武帝再也收不到闹反贼的奏章了。果然是卸掉杀毒软件，电脑就不会报毒。要不是革命的火焰烧到了长安附近，汉武帝还真以为天下无贼呢。

出 处

作《沉命法》，曰："群盗起，不发觉，发觉而捕弗满品者，二千石以下至小吏，主者皆死。"其后小吏畏诛，虽有盗不敢发，恐不能得，坐课累府，府亦使其不言，故盗贼浸多，上下相为匿，以文辞避法焉。——《资治通鉴·汉纪十三》

这可咋办啊，汉武帝只好放弃酷吏，起用暴胜之为指挥使，全权负责剿匪大业。暴胜之剿匪，讲究的是恩威并济，剿抚结合，绝不乱杀人。所以暴胜之所到之处，剿匪大业胜利进行，地方官也愿意配合暴胜之工作。暴胜之从长安，一路剿匪来到了渤海郡。渤海郡有个儒生叫隽不疑，得到了暴胜之的邀请，特来拜会。隽不疑来到暴胜之的办公地点，卫士让隽不疑过安检，把剑交上去才能见暴大人。隽不疑不给，说剑是君子的防身武器，不能解下来，请你像个球一样离开。卫士一看这人，骂人都那么文雅，又不配合安检，于是上报暴胜之。暴胜之听说后，开门亲自来请，双方友好会晤，大聊剿匪事宜。俩人对剿匪的思路出奇的一致，因此暴胜之把隽不疑推荐给朝廷，隽不疑获封青州刺史。

隽不疑为官，所抓到的犯人，能不判死刑的，尽量不判死刑。所以他的辖区贼人感念隽不疑的好，不再作恶。而隽不疑政绩好，朝廷表彰。正是在暴胜之和隽不疑的思路指导下，汉武帝后期的农民大起义才渐渐平复。江湖传言，隽不疑以布衣之身直接升到了两千石高官，都是他平时行善积德，救人活命导致的。

当时也有个大善人叫王贺，曾官拜绣衣御史，主管一方剿匪大业。当时酷吏流行，王贺采用恩威并济之法，被同僚告状，说他渎职，被免官。王贺听说暴胜之用他当年的办法平定了叛乱，一路官运亨通。而隽不疑也用他的方式，当上了青州刺史。王贺仰天长叹，说听闻救活一千人的善举，可封官拜爵。我当初救了一万多人，却被免官，可能我的后代里边，得出贵人吧。

没想到，一句吐槽的话却一语成谶。王贺的后人当中，有个人叫王莽。

叛乱是平定了，但是朝廷大伤元气。这个事件也直接导致了汉武帝下《轮台罪己诏》，那是后话。

汉武帝晚年的这场农民大起义还是被平定了，跟秦末农民起义相比，这次起义的参与者多为穷苦人，不掺杂任何贵族复国的因素。在整个西汉历史上，这次农民起义也是规模最大的一次，虽然没有推翻汉朝，但也给予了汉武帝以沉重地打击。

这次农民起义也让汉武帝所谓的丰功伟绩黯然失色，因为和他同时代的百姓并不觉得他伟大，甚至视他如仇寇。但是老百姓怎么看，汉武帝还顾不上。因为在天汉四年，汉武帝又要伟大一次了。

这就是曹相国说的，治国最重要的还是市狱二事。用今天的话说，就是经济和法制。造反也好、反社会也罢，都是一个人恶念被集中召唤后的结果。无一例外，农民起义的大佬们烧杀抢掠的手段比朝廷带来的危害还大。我们歌颂起义者或者批判起义者的时候，更有用的就是反思如何杜绝恶人的恶念被勾起来。毕竟这个社会上，大家都是凡人，每个人的内心都隐藏着恶念，谁也不能免俗。

在我们歌颂汉武帝开疆拓土雄才大略的时候，跟汉武帝生活在同一个时代的中国人民，并不觉得他伟大。但是老百姓怎么看，汉武帝还顾不上。因为在天汉四年，汉武帝又要伟大一次。

天汉年间的汉朝，正处于一个多事之秋。在对外方面，天汉二年的北伐匈奴，随着李广利的仓皇而逃和李陵的力竭被俘而宣告彻底失败。对内方面，国内农民起义此起彼伏，难以辖制。哪怕是朝堂上，接替延广干了一年多御史大夫的王卿，也因罪自杀。天汉这四年间，自然环境还真对得起这个年号，老天足足有两年的大旱。到了天汉三年秋天，匈奴见汉朝好欺负，又开始入侵雁门关，雁门太守畏敌如虎，被朝廷处死。总之，这是个混沌的世道。

对于汉武帝来说，国内的事都好办，流贼也好，灾民也罢，都是想混碗饭吃。既然如此，那就再把他们召集起来，再组织一次北伐。天汉四年，汉武帝决定再次北伐。一来可以转移矛盾，二来可以报天汉二年的战败之仇，三来让公孙敖找机会接回李陵。

主意不错，那么谁去打呢？汉武帝的正规军精锐，是驻扎长安的南北二军以及驻扎在长城沿线的边防军。这些精锐之师，不到万不得已，汉武帝不会拿出来的。所以我们能看到，汉武帝灭南越、平闽越、打西南夷、取朝鲜、征大宛都是用的炮灰军队，而不是调用正规军。这些炮灰军队的人员主要是犯人、流氓、商人组成，死绝了汉武帝也不心疼。反倒是赵破奴到北方接左大都尉被突袭干掉了两万正规军，让汉武帝好生心疼。李广利伐大宛的时候，汉武帝给李广利的也是炮灰，任文带了十八万正规军驻防甘肃以防万一，却始终没踏出国门半步。其实汉武帝的正规军是很能打的，李陵那五千步兵，就已经表现出了超强的战斗力。

天汉四年这场北伐，汉武帝还是舍不得用正规军。为啥呢？当炮灰的那些人，就算不战死在匈奴手里，朝廷也得剿灭他们。用他们打匈奴，打死谁对汉武帝来说都是好事。正规军是用来保政权的，万一正规军出个纰漏，刘氏江山不保啊。

汉武帝下诏征兵，征上来的是两种人。一种是热血青年，属于正儿八经愿意打匈奴捐条命的勇士。这种人无论从哪个角度讲，都比躲在角落骂同胞是汉奸的人可爱得多。另一种是被动征进军队的，也就是所谓的“七科谪”。具体说就是犯罪的官吏、逃出汉朝被抓回来的脱汉者、倒插门的男人、目前身份是商人的、以前身份是商人的、父母是商人的、爷爷奶奶是商人的这七种人。国内正在闹起义，所以不缺死刑犯。凡是活捉的，都调往边关。这一次，汉武帝组织了他职业生涯中最大规模的一次北伐。

李广利还是北伐主力，带骑兵六万、步兵七万，共计十三万大军出朔方；路博德带一万大军，协助李广利进军；韩说带步兵三万出五原，以牵制匈奴；公孙敖带了一万骑兵、三万步兵出雁门，一来袭击匈奴，二来寻找李陵。这加在一起，一共二十一万大军，是汉武帝一朝最大规模的北伐战争。

卫青、霍去病威震天下的漠北之战，也就动用了十来万人。这次李广利、路博德、韩说、公孙敖带了二十一万人，却打得一塌糊涂。这四位将军中，论本事还是人家路博德最大。最起码这四位里面，只有路博德任右北平太守的时候，有独立对匈奴作战胜利的经验。可是在这场战争中，路博德地位最低，还是让他做接应工作。路博德消极怠工，那是肯定的。公孙敖早就修炼成老油子了，他是个不求有功，但求安全的人，指望他克敌制胜，那是很难的。韩说要不是仗着他哥哥韩嫣是汉武帝的好基友，而韩嫣又被王太后逼死，韩说也坐不到这个位置。李广利的本事，跟卫青没法比，再加上这几位队友的帮衬，想打赢都难。

战争一开始，汉军大举进攻匈奴。且鞮侯单于经过缜密分析，认定了这次汉军的主力就是李广利，其余都是来蹭经验的。所以且鞮侯单于把重要物资转移到今蒙古国图拉河北岸附近的大后方，然后亲率十万骑兵渡过图拉河背水一战，攻击李广利部。与此同时，左贤王带本部人马迎战公孙敖部。李广利与且鞮侯单于大战十几天，不能取胜。而路博德的部队迟迟不见踪影，扛不住的李广利撤兵南下。韩说的三万人散了散步，也掉头回国。公孙敖自带战败光环，跟左贤王一交手，马上失利，赶紧撤兵南下。这场汉武帝职业生涯最大规模的北伐战争，宣布结束。

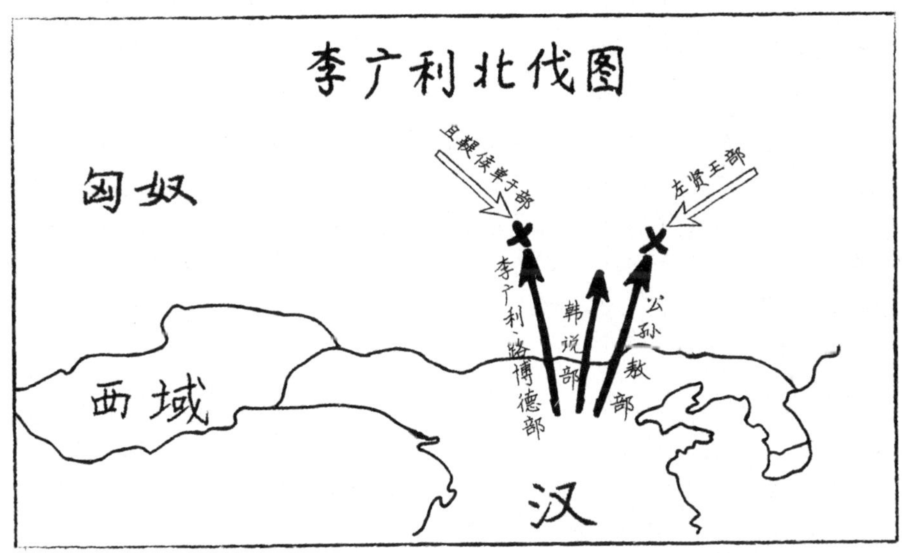

这场发生在天汉最后一年的战争，对历史产生了三大影响，改变了历史上三大帝国的走势。这头一个，就是大汉帝国。对汉王朝来说，这场战争的战败，导致了国内矛盾的加剧和财政困难。转过年来的太始元年，汉武帝又开始故技重施，掠夺国内的富人阶层，以缓解财政的危机。接着大赦天下，缓解社会矛盾。汉武帝自此开始重新思考治国政策。

对于匈奴帝国来说，且鞮侯单于在这场战争后便病入膏肓，转年便死了。且鞮侯单于一死，按匈奴规矩，应该是左贤王继位。结果匈奴国丧期间，且鞮侯单于的长子左贤王没能来到现场。匈奴贵族们以为左贤王也病了，就自作主张，立了且鞮侯单于的小儿子左大将为单于。左贤王走到半道听说弟弟接班了，以为是场政变，吓得没敢去王庭，而是掉头回自己的封地。这时候左贤王走了半路又折回去的消息传到王庭，左大将赶紧派人召唤左贤王回来继位。左贤王连忙拒绝，说自己确实病了，不能担任单于。左大将真心不想篡位，于是派人跟左贤王说，让左贤王继位，让左贤王将来死后把位子传给左大将。左贤王一听是这个理，于是回去接班，是为狐鹿姑单于，左大将就升为左贤王。结果后来在汉宣帝年间，左贤王死在狐鹿姑单于前边了。那么狐鹿姑单于是立自己儿子当左贤王，还是立自己侄子当左贤王？思来想去，狐鹿姑单于立了自己的儿子当左贤王，立侄子为日逐王。日逐王肯定不服啊，这为将来匈奴内讧，埋下了伏笔。

这场战争最大的影响，是对未来大唐帝国的影响。公孙敖为掩盖战败的事实，向汉武帝进言，说不是他接不来李陵，实在是因为李陵在帮助匈奴练兵。汉武帝勃然大怒，斩杀李陵全家，自此断送了这位良将回国的念想。李陵始终不明白，汉武帝为什么突然杀他全家，他自认没有那么大的罪过。没多久，李陵遇到了汉朝使者，汉使指责李陵帮助匈奴练兵。李陵勃然大怒，埋怨汉武帝不调查清楚就动手杀人。帮匈奴练兵的是降将李绪，而不是李陵。

李陵的恶气不能不出，于是派出部下杀掉了李绪。李绪是匈奴太后的人，所以匈奴太后就要杀李陵。且鞮侯单于舍不得杀李陵，见李陵孤苦一人，就把自己的女儿嫁给李陵当老婆，又封李陵为右校王，调他去西伯利亚管理坚昆诸部，远离匈奴太后的视线。

李陵及其后人一直管理昆坚诸部，后来就发展为黠戛斯族。黠戛斯族的特点是部众主体为白人，而统治阶级是李陵的后人，也就是黄种人。关中李氏家族的后人传到了隋朝，变成了关陇贵族，再后来建立大唐。黠戛斯人不远万里来到长安认亲戚，后来得到大唐皇帝的册封，成了唐朝在北方最忠实的盟友。无论蒙古高原上的主宰是突厥还是回鹘，黠戛斯一直是唐朝制约漠北的秘密武器。哪怕是唐朝后期国势大衰，唐朝的好朋友回鹘对唐朝下黑手，也是黠戛斯出兵灭了回鹘，解决了唐朝的危局。

出 处

黠戛斯既破回鹘……自谓李陵之后，与唐同姓。——《资治通鉴·唐纪六十二》

总之天汉四年的这场战争，让汉匈两国都消停了好几年。巧合的是，这场战争之后，不仅是匈奴陷入了储君之争，汉朝也正式拉开了太子之争的序幕。

第十七章

Chapter Seventeen

长安往事

在没有秘密建储制度之前，中国历史上但凡是在位时间长的皇帝，必有太子之争。最典型的是在位六十一年的康熙，两度废立太子，乱得一塌糊涂。在位六十年的乾隆赶上秘密建储制，中间他自己换了几次继承人，只有他自己知道。在位四十七年的耶律洪基，其太子耶律浚也陷入政治斗争被废黜。在位四十八年的万历皇帝，赶上了“国本之争”。嘉靖皇帝在位四十五年，有俩太子死他前边。汉武帝在位五十四年，如果和太子能和谐相处，那汉朝历史就是一本童话。

在那个天有不测风云的年代，皇太子和皇帝之间有个矛盾永远都不可调和。那就是皇上您啥时候死？您要是不死，要不要我帮您死？这个事倒不能完全用亲情、孝道、贪欲等世俗的观点来解释。不是太子，永远不知道太子的苦。老皇上明天死，今天立个太子，那完全没问题。怕就怕一当十几年太子或者几十年太子，太子永远都活在忐忑中，老爷子到底想不想换人？那可不好说，但凡能活的皇帝，多数能生孩子。太子一般是老大，随着弟弟们增多，就意味着皇上的选择也在增多。而中国人又有爱小儿子的传统，所以老大越来越害怕。比如中国最后一个皇太子胤礽，活活当了四十多年的太子，康熙的身体还很棒，他都担心自己活不过康熙。再看他背后的弟弟们，老三文采出众，老四精明干练，老八人脉广泛，老九学贯中西，老十出身尊贵，老十四威震西疆。最后胤礽难免陷入巫蛊案，两度被废。

在汉朝历史上，皇帝和皇太子之间的矛盾，也一再上演。比如汉高帝时代，汉高帝刘邦最爱三儿子刘如意，横竖看太子不爽。要不是吕后拥有超强的手腕控制住局势，皇太子刘盈足以被废好几次了。汉高帝废太子，是个不成功的典型。而汉景帝废长立幼，就是个成功的典型。汉景帝联合长公主把太子刘荣废为临江王不算，还派酷吏郅都以莫须有的罪名审死刘荣，为汉武帝的继位扫除了障碍。

汉武帝的长子刘据，干了三十多年太子。除了胤礽太子在位四十年的记录之外，我国古代估计当太子时间最长的就是刘据。太子能不能善终，全看姥爷家的实力。胤礽能平安当太子，少不了他姥爷噶布喇和三姥爷索额图的庇护。赫舍里家族的人都下台了，胤礽也就悬了。刘据能安稳当太子，那是靠了以舅舅卫青为首的卫氏家族。等到了太始年间，卫氏家族的主要人物卫青已死，卫皇后失宠，再也没人能撑起卫氏家族，更没人能保得了太子。

汉武帝对太子刘据，并不是非常满意。刘据一来没有什么过人之处，二来他不带神秘光环，三来他看似压不住卫氏宗族。但是刘据依然在太子位置上待着，原因就是汉武帝看其他儿子也是这个类型，没有太靠谱的人选去取代刘据。比如李夫人的儿子刘髆，就在天汉四年（前 97）被汉武帝摁在巨野县当昌邑王，少在朝中给李广利以不好的错觉。

转过年来就是太始元年，刚过完春节，汉武帝就开始有步骤地削弱太子党的实力。公孙敖的夫人莫名其妙就被卷入了一场小规模巫蛊案，公孙敖受牵连，被判了腰斩、夷三族。这位昔日卫青过命的好兄弟，屡次战败没有被赐死，反倒是因为一件小到连史官们都懒得记的案子，给灭了三族。之后，汉武帝设定了一个值，凡家产超过设定值的富豪，再次被掠夺家产发配茂陵邑。这俩事干完以后，汉武帝宣布：大赦天下。

太始二年，酷吏御史大夫杜周去世，平定农民起义的暴胜之升任御史大夫。太始三年，汉武帝巡游了一圈东海之后回到长安，六十多岁的汉武帝迎来了自己小儿子刘弗陵的出生。老来得子，汉武帝非常开心，说明自己体格还不错。再一算日子，刘弗陵是钩弋夫人怀孕十四个月才出生，这在古代是神仙下凡的表现。刘弗陵出生就自带神秘光环，光凭这一点，就足够他打败所有哥哥们。再看刘弗陵母族的势力，其母钩弋夫人全家都是普通老百姓。这让汉武帝很高兴，这意味着刘弗陵只能依附于父亲求发展，而不像刘据可以依靠卫党保身家。刘弗陵的出生，就意味着太子刘据变成悲剧。

刘弗陵的母族说起来，还真不一般。刘弗陵的姥爷赵老爷子是个太监，具体说因为犯事成了太监，后来就死在了长安。老赵这辈子最大的财富就是知道了汉武帝迷信，也不知道他怎么嘱咐的家里，在汉武帝巡幸钩弋夫人老家河间国的时候，术士非说老赵家闺女是个贵人。汉武帝赶紧叫人把老赵家闺女叫出来聊聊，结果邻居们都说，这丫头残疾，从生下来双手就只能握拳，不会伸开。汉武帝见了赵家小丫头，用手一掰，姑娘的手就能伸直了。也有记载说，赵姑娘把手伸直后，里面有个小玉钩。汉武帝一见大喜，带回宫去，封为拳夫人，居住钩弋宫。这一年，钩弋夫人还未成年。

很明显这是一个局，老赵家为的就是逆袭人生，成为新的外戚。而老色鬼汉武帝是看人家姑娘漂亮，为了掩盖自己对幼女的渴望，而默认了这个局。

钩弋夫人生下了刘弗陵，汉武帝突然下令，把钩弋宫的宫门改称尧母门。这一下，群臣哗然。尧母门？那尧母门的主人是钩弋夫人，钩弋夫人的儿子，不就是尧吗？这就是皇上给发信号了，要废长立幼。

当大家都在观望的时候，最积极响应这个号召的，就是著名酷吏江充。江充本名江齐，是汉武帝哥哥赵王刘彭祖家的亲家。江齐的妹妹漂亮，嫁给了赵国太子刘丹。本来江齐的人生，在那个时代算不错的。倒霉就倒霉在他的妹妹跟着刘丹不受宠，老叨叨刘丹那点破事。刘丹也没啥大毛病，就是当时皇族圈流行的乱伦。江齐跟刘丹提意见，这事暴露了，刘丹恼羞成怒，买通杀手要做掉江齐。江齐一害怕，就跑到了长安，化名江充，状告刘丹跟亲姐姐乱伦。汉武帝大怒，废了刘丹的赵国太子之位。自此江充步入仕途，成了一名合格的酷吏。

就在汉武帝把钩弋宫的大门改成尧母门之后，当别人还在观望的时候，江充已经准备出手了。太始三年，太子家臣开太子专车走在皇上专用的驰道上。这事不新鲜，谁闲得管这事啊。但是江充却借此发难，扣了太子的专车。太子闻讯赶紧去找江充，希望江充给个面子，大事化小。江充不为所动，马上去报告汉武帝。江充为啥不扣了车马上报告呢？因为只有太子来说情之后，这事才不会有临时工背锅，只能有太子背锅。

这事其实很反常，因为告太子的状，是作死的行为。皇上一般不愿意皇家有丑闻爆出，汉文帝那么好的脾气，遇见张释之告太子的状，还得请出薄太后让张释之给个面子高抬贵手。这次江充敢告太子的状，也让长安百官都为他捏了一把汗。不过一切都不出江充所料，汉武帝高规格表彰了江充的行为，把江充夸奖为一个刚直不阿的江青天。汉武帝虽然没说别的，但是信号更明显了。既然江充是对的，那意思就是太子是错的。这就是汉武帝有意识地把太子的过错昭示天下，为下一步计划做准备。江充兵行险着，居然押宝成功，自此威震长安。

那么说有没有人为太子求情呢？没有。太子党的成员除了丞相公孙贺再无大人物，虽然公孙贺一言不发，但并不代表公孙贺能在这场风波中置身事外。从公孙敖的灭族再到尧母门再到江充公然挑战太子，这只是个前奏。一年之后，大戏才正式上演。

大戏的开始，我们先把目光投向明朝。那是大明万历四十三年五月初四的傍晚，突然就有个疯子闯入大内，手持木棍在太子所居的慈庆宫上演全武行。该疯子叫张差，因战斗力不行，被太子内侍韩本用当场缉拿。经过刑部审议，这个说话颠三倒四的疯子清晰地供出了他的上线是马三道、李守才、孔道，而马三道的上线是太监庞某、刘某。根据张差交代的地址，刑部赶紧拘捕马三道等人，经核实，幕后指使是宫里太监庞保、李成。

问题来了，庞保、李成是俩低等太监，断然做不出谋害太子的大案子。庞保、李成的主子，是权倾后宫的郑贵妃。种种迹象表明，郑贵妃就是谋害太子的真凶。只不过郑贵妃权势极大，没人敢查罢了。群臣纷纷上本，弹劾郑氏外戚。

但是郑贵妃却大呼冤枉，可案情让她百口莫辩。这时候舆论已经起来了，大家纷纷说郑贵妃是个谋害太子的恶人。但是，刑部却迟迟没有让张差、马三道、庞保这三条线三头对案。神宗皇帝让郑贵妃去求太子，太子趁机为郑贵妃求情，令刑部处死张差，发配马三道等人之后，再会同刑部、大理寺、都察院三司会审庞保、李成。由于张差已死，马三道等人被发配，所以庞保和李成因证据不足而释放。几天后，庞保、李成被谋杀，此案告悬。

这就是明末三大案之一的梃击案，其幕后真凶到底是谁，已经没有确凿的证据去寻找。可以肯定的是没有人指引，疯子张差到不了太子居住的慈庆宫。今天咱们买张票去故宫，不看地图去找清代太子居住的毓庆宫，一天之内也够呛能找得到。由于张差是个疯子，他只知道两级上线，所以永远也指认不出幕后大老板。而如果真是郑贵妃派人刺杀太子企图让自己的儿子朱常洛当太子的话，为啥不给张差配刀呢？总之此案过后，郑贵妃千夫所指，太子爷被赞宽宏大量。之后太子爷平安登基，而郑氏因为梃击案一蹶不振。

接近两百年后，清嘉庆帝从圆明园回宫，走到神武门（紫禁城后门）的时候，突然闯进来一个持刀刺客。神武门守卫呆若木鸡，额驸拉旺多尔济带御前侍卫将刺客拿下。经审讯，这位刺客名叫陈德，原是御厨。退休后的陈德丧偶，俩儿子未成年，岳母瘫痪在床。所以他生活无望，产生了厌世情绪。为了死得轰轰烈烈，这哥们儿决定舍得一身剐，要把皇帝拉下马。陈德成功了，押赴菜市口凌迟，史书留名。陈德的成功，那是因为他对紫禁城后门一带熟悉，要不然一般人可不知道皇帝的进宫路线。十年后，天理教入宫行刺，由于不认道，刺客进宫之后就蒙了，所以造成了进则无路，退则不出的尴尬局面，行刺很快就失败了。

中国的皇宫，倒也不是安保工作特别到位，关键是皇宫更像个迷宫，如果是外人误入，则进退两难。如果是宫内没有人接应，进去之后可就出不来了。但是历史上确实有神秘人物进入皇宫后成功跑出，这个案子，就发生在汉武帝征和元年（前 92）。

此案发生的两年前，也就是太始三年（前 94）。皇六子刘弗陵出生，汉武帝改钩弋夫人和刘弗陵娘俩居住的钩弋宫为尧母门，放出了疑似要废长立幼的讯号。同年，酷吏江充找太子的麻烦，得到了汉武帝的表彰。一年前，也就是太始四年，汉武帝一整年没闲着，从泰山到雍城再到边关北地郡巡幸祭祀了一年。

到了征和元年的第四季度，汉武帝正在建章宫休息，忽然亲眼看见有个神秘人带剑进入中龙华门。汉武帝大喊一声拿下，这人扔下剑就跑了。或者说这哥们儿扔下剑就消失了，汉武帝的侍卫们从建章宫扩大范围搜索到整个长安城，又扩大到整个关中地区和上林苑进行地毯式搜索十一天，一无所获。

出处

上居建章宫，见一男子带剑入中龙华门，疑其异人，命收之。男子捐剑走，逐之弗获。上怒，斩门候。冬，十一月，以三辅骑士大搜上林，闭长安城门索；十一日乃解。巫蛊始起。——《资治通鉴·汉纪十四》

这案子比明末梃击案玄乎吧，手段比清代陈德、天理教专业吧。这个暂时不能定性为刺客的神秘人，就这样消失得无影无踪，如果不是他扔在中龙华门的那把剑还在，人们都怀疑这个神秘人是否真的存在过。

汉武帝大怒，处死建章宫“传达室大爷”。那案子还查吗？还查什么，毫无线索。这种事简直是超自然事件，那年头一般不怀疑是外星人，而是怀疑这是有人把皇上做成小人用针扎，导致出现这样一个邪祟行刺。侍卫们也愿意相信这个解释，这样就能掩盖他们抓不到人的罪过，以免重蹈建章宫“传达室大爷”的覆辙。总之，舆论从神秘人身上，迅速转移到了巫蛊事件上。到底是谁要谋害皇上？谁也不敢讨论。

年底，又有两个案子发生。第一个案子是个司空见惯的贪墨案，丞相公孙贺的长子，时任太仆的公孙敬声被举报私自挪用北军军费一千九百万钱。公孙敬声这大老虎何其可恶，被汉武帝依法下狱。第二个案子离奇，不知道为啥，汉武帝亲自下令拘捕阳陵大侠朱安世。但是朱安世如同中龙华门的神秘人一般，怎么也抓不到。丞相公孙贺上书，愿亲自成立专案组，捉拿朱安世以赎公孙敬声之罪。很快，汉武帝怎么也抓不到的朱安世，被公孙贺拘捕，押赴长安入狱。按照惯例，朱安世到底犯了什么王法，由廷尉去审理。而犯人能不能为自己说话，全看皇帝心情。比如当年汉景帝时代，临江王刘荣在大狱里想给亲爹汉景帝写上一本自白书，汉景帝不想看，主审官郅都就能拦住这封自白书上达天听。魏其侯窦婴出面都没用，刘荣惨死狱中。这回朱安世入狱，汉武帝特别想看他的自白书。所以江湖出身的朱安世，就能把自白书从容地传递到汉武帝的龙书案上。这封自白书没有朱安世对自己的罪行供认不讳，而是举报公孙敬声和阳石公主私通，他们为了掩盖罪行，在皇上去甘泉宫的驰道上埋下木偶，企图诅咒皇上。

这个罪名大了，公孙敬声和阳石公主的关系可不一般。阳石公主是皇后卫子夫的女儿，而公孙敬声的亲妈是皇后卫子夫的亲姐姐。也就是说，这俩人是同一个姥姥的表兄妹。汉武帝顺藤摸瓜，马上逮捕了丞相公孙贺、太仆公孙敬声父子。据说案件事实清楚，公孙贺父子供认不讳。但是，这爷儿俩都在狱中死亡，没有明正典刑。他俩一死，汉武帝把公孙家灭族，又杀了卫子夫的两个女儿阳石公主和诸邑公主，还杀了卫青的长子卫伉，这一圈下来，太子党团灭，只剩下一个年老色衰的皇后卫子夫和光杆太子刘据。这就是汉武帝一朝最大的巫蛊案，一场跌宕起伏的玄案。

这案子非常玄，从一开始就玄。再从头捋一下这个案子，首先我们要明确走中龙华门的神秘人，绝不是因巫蛊而起的灵异事件。这个人出现在中龙华门，肯定不是行刺。如果他是个刺客，不可能悄无声息地走到汉武帝的住处。同理可证，此人来到中龙华门，不是从宫外通过一道道门进来的，而是从宫廷内部出来的。因此才有可能是汉武帝首先发现了他，而他扔下剑之后跑路，之所以没被发现，最可能的结果就是这哥们儿就是个侍卫，回头换件衣服就去抓刺客，所以谁也找不到他。谁敢在建章宫窝藏这样一个人？只可能是汉武帝。而汉武帝导演这出中龙华门灵异事件，就是为了让大家相信，长安出了巫蛊事件。

接着，公孙敬声和朱安世的案子发了。公孙敬声贪污这个案子在当时来说不算大，那时候死刑都能交钱免罪，贪污一千九百万钱，公孙家把钱补上，再交一笔罚款，大不了削职为民呗。公孙家很有钱，千八百万的不叫个事。但是，汉武帝严肃对待，非把公孙敬声逮捕不可。再说朱安世，号称阳陵大侠。这透露出什么讯号呢？首先，朱安世是个江湖头子。其次，那是以前的事了。汉代称大侠的都是江湖头子，但是阳陵是汉景帝的陵寝所在。而汉代皇帝的陵寝所在，都是汉朝流放有钱人的地方。既然朱安世是阳陵大侠，说明他已经被汉武帝流放一次了，已经不当大哥好多年，空有虚名而已。汉武帝时代的大侠，最有名的是郭解。而郭解这个名字能被汉武帝知道，还是因为郭解走了卫青的门路，让卫青帮着求个情。但是朱安世是如何被汉武帝熟知，我们不知道。离奇的是汉武帝抓不到的人，公孙贺抓到了。而朱安世居然对公孙家的事情了如指掌，公孙敬声和阳石公主私通，这么重要的情报，酷吏们没查到，朱安世咋知道的？太子的车走在通往甘泉宫的驰道上，都能被江充扣车。公孙贺是如何堂而皇之地在驰道上挖个坑埋下木偶的呢？

这就说明，极有可能这个朱安世就是汉武帝的人，作用就是构陷公孙贺家族。公孙贺案结案后，连卫伉都被杀了，唯独本案重要涉案人员朱安世的后事没有交代，给人以无限的遐想。这场巫蛊风波吹过之后，太子党被连根拔起，汉武帝成了最大的获利者。公孙贺死后，相位空悬，汉武帝升中山王刘胜的儿子刘屈氂为丞相。刘屈氂是汉武帝的亲侄子，也是西汉历史上唯一一个刘氏皇族当丞相的例子。汉武帝为什么会选刘屈氂做丞相呢？那当然是大有深意。在刘屈氂为时一年的丞相生涯中，确实为汉武帝解决了不少问题。而失去庇护的太子，又是如何一步步走向败亡的呢？

在征和二年（前91）闰四月的腥风血雨中，太子党成员损失殆尽，皇后卫子夫和皇太子刘据都陷入了深深的恐惧中。然而就在公孙贺父子的巫蛊案结案之后，汉武帝马上离开了长安城，住进了甘泉宫，对外称病。皇上病了，皇后和太子都派人来问安，但是汉武帝一个都不见。

这样一来，长安城中名义上地位最高领导是刘据，行政最高领导是丞相刘屈氂。但是汉武帝临走的时候交代，由太子监国。汉武帝在甘泉宫表现出病得很重，随时要咽气的感觉。汉武帝的状态，引发了酷吏江充的高度重视。江充已经得罪太子了，如果不在皇上咽气前干掉太子，那自己全家都得死于非命。一种无形的压力和紧迫感，笼罩在江充的心头。

虽然说太子党已经完蛋了，但是就一个光杆太子，也不是江充之流可以撼动的。这么多年来，江充能张罗出的太子罪过，无非是违反交通管制、不孝顺。不孝顺还没确凿的证据，只是停留在“我觉得他不孝顺”这个阶段。民间有个故事，说太子的鼻梁很高。有一次汉武帝病重，太子要去探望，江充提前告诉太子，皇上厌恶大鼻子，进门的时候要把鼻子捂住。太子照办，探视完毕之后，江充背后进谗言，说太子捂着鼻子进来这是讨厌皇上的味道。

出 处

卫太子大鼻。武帝病，卫太子入省，江充曰：“上恶大鼻，当持纸蔽其鼻而入。”充语武帝曰：“太子不欲闻天子脏臭，故蔽鼻。”武帝怒太子，太子走还。——《三辅故事》

这故事荒诞不经，毫无逻辑可言。同时也证明了，江充想要害太子，并不是太简单。老话说疏不间亲，人家爷儿俩互相比较熟悉，外人想要插一杠子，弄不好就是个死罪啊。就在江充着急的时候，汉武帝比他还急。眼看江充不如义纵、王温舒之流胆大，于是汉武帝给江充提了个醒，说自己做了个噩梦，梦见有一大群人要行刺。江充一拍大腿，有了！

江充赶紧上奏，说这明显是有人在搞巫蛊谋害皇上。汉武帝很高兴，让江充彻查巫蛊案。巫蛊这个事，其实在当时很流行。后宫的小主们争风吃醋，往往都会在屋里埋小人诅咒对手。这个作用呢，相当于画个圈圈诅咒，就是图个痛快。基本上争风吃醋的小主们，屋里都有木偶人。像卫子夫这样的人，则不需要诅咒她眼中后宫这些小蹄子。妃子们争宠失势的一方，就会举报对手屋子里埋着木偶人，木偶人没有脸，所以告状的都说对手是在诅咒皇帝。汉武帝命人调查，那是一挖一个准。为这事牵连的后妃、巫师、大臣达数百人殒命。江充这次调查巫蛊案，不是为了向后妃们下手。而是先向汉武帝展示一下自己的办事能力。屋里埋着木偶人，挖出来不叫本事。作为一个酷吏，江充要让汉武帝看到，无论是谁，他江充都能挖出来木偶人。这个很简单，江充带着巫师先在长安市民家里做实验。不管市民家里有没有木偶人，反正去挖木偶人的临时工们都能挖出来。是怎么做到的呢？很简单，挖木偶人的，就带着木偶人去，愣说是从人家家挖出来的，重要的角落还会被撒上血污作为铁证。被抓的老百姓不认账啊，我连啥叫巫蛊都不知道，凭啥说我用巫蛊诅咒皇上？

一分钟后，老百姓认罪了。因为江充审案子简单粗暴，就说是你诅咒皇上，你不承认就用烙铁烫，一烫就认罪。一刀砍了也算痛快，烫死太痛苦了。当然了，也有那铁骨铮铮神经末梢欠发达的铁汉，烫死也不认。江充也有办法，可以零口供定罪。把这位铁汉的邻居抓来，把烙铁拿出来，问邻居是否看见这位铁汉搞巫蛊？邻居不是铁汉，受不了烙铁，只好指认铁汉是在搞巫蛊。行了，有了人证就能结案。

这样一个个审，效率太低。江充让市民举报，你不举报别人，那你就是搞巫蛊。这样一来，民间互相诬告，以能给邻居制造“证据”的胜出。这个局面，从长安城蔓延到郊县，从郊县蔓延到整个关中，最后是周边郡国，被认定为搞巫蛊的无辜人，江充杀掉了好几万。

自从《商君书》问世以来，酷吏们就用这手段玩弄百姓，诱发百姓趋利避害的本能，从而变成一个坏人。你不坏没法生存，这才是专制帝王的王道，也是老百姓的亡道。

几万颗人头，是江充向汉武帝递交的完美答卷。汉武帝很满意，江山代有混蛋出，江充的方式简单粗暴，比张汤的引经据典有效率得多。江充试探性地上奏，说宫中有巫蛊之气，如不除掉，皇上的病就不能好。汉武帝很高兴，江充这是上道了，去吧，放手去做吧。

江充得令，回到长安城，进入未央、长乐二宫进行调查。未央宫里有太子，长乐宫中有皇后。江充就要在这两大宫殿群中搞事情。不过这里毕竟是皇宫，为了保证江充入宫查案看上去公平、听上去公正、尽量公开的三原则，汉武帝给江充派了三个副手。这头一个，是韩嫣的弟弟韩说。韩说掌兵，能协助江充使用暴力。第二个御史章赣，这哥们儿是个公证员，所以只看不说，工作重点是把江充的不合法写成合法。第三个是宫中太监苏文，他熟悉宫中形势，也深得皇帝要害太子的内部消息，有他在，没意外。

这里边可以重点聊聊苏文，苏文这个太监，跟江充一样，也是在众多同行中以编瞎话编得漂亮而得到汉武帝的信任。在几个聪明的太监领悟到皇帝和太子的矛盾之后，就比着给太子编瞎话，说太子怎么怎么不好。这里边编瞎话最多的，就是苏文、王弼、常融三位。

王弼由于编瞎话说的都是小事，比如太子又随地吐痰了等，毫无新意和创意，所以惨遭淘汰。最终“决赛 PK”，在苏文和常融之间展开。苏文的决赛作品是，趁着太子去长乐宫拜见皇后，由于这娘俩聊得时间长了点，苏文上奏说太子在长乐宫调戏宫女。而常融的最后作品是汉武帝在一次生病中召见太子，常融先一步告诉汉武帝，太子听说这事以后大喜。后来太子眼泪汪汪地来了，常融的诬告显然太假，汉武帝一怒之下斩了常融，留下了苏文。苏文告状，那是稳准狠，最起码让太子以后不敢多去看皇后，这就难以得到皇后的谆谆教诲和商议大事。

出 处

上与诸子疏，皇后希得见。太子尝谒皇后，移日乃出。黄门苏文告上曰：“太子与宫人戏。”上益太子宫人满二百人。太子后知之，心衔文。文与小黄门常融、王弼等常微伺太子过，辄增加白之。——《资治通鉴·汉纪十四》

这回江充入宫办案，有苏文带路，那是事半功倍。江充在太子寝宫和皇后寝宫进行了地毯式挖掘，挖得连床都没地方搁。江充挖掘的面积越大，就意味着他带来的木偶人越多。果然，这些木偶人算作是太子诅咒皇帝的证据。不信是吧，太子宫还有很多帛书。这个写着“我要篡位”，那个写着“我要弑君”，这都是证据。江充一脸无辜，这事大了，得上报皇上。

太子刘据大惊失色，身边连个商量事的人都没有。情急之下，把少傅石德叫来商量。石德是前丞相石庆的儿子，爷儿俩都是太子的老师。但是，石德不是太子党，他早就跟太子划清了界限。要不是看在他父亲石庆的面子上，他都不来。

不过由于他是太子的老师，所以石德担心自己会被汉武帝认定为太子党，因此他又不得不来跟太子站在一起。石德说巫蛊案一起，就不要想着给自己辩白。公孙贺父子的下场就是例子，就是皇上想要杀人，到底是否真有巫蛊事件，并不重要。很明显这些木偶人是江充放的，如果太子想要活命，就赶紧矫诏逮捕江充，逼他承认是他放的木偶人陷害太子，如此或许还有一线生机，但也不排除他见了皇上还会胡说八道。还有一种可能，那就是皇帝已经病入膏肓，甚至已死，奸臣想要学赵高搞政变，太子爷您就是扶苏啊。

太子一琢磨，不好太暴力，还是亲自去趟甘泉宫。如果皇上还在，就亲自申冤。如果皇上不在，就赶紧登基。但是，江充不会给太子这个机会，非得让太子等着，他先派人去把案情呈报给皇上再说。太子一看，皇上如果先看到江充的报告，那还说什么啊。因此太子刘据不得不采用石德的计策，假传圣旨逮捕江充、韩说。而这个时候，苏文却悄悄跑路了。

江充没料到太子来这一手，胳膊拧不过大腿，被太子的人抓走。而韩说带着兵呢，拒不奉诏。韩说也没料到，传召使者效仿“窃符救赵”中的朱亥刺杀晋鄙，见韩说不奉召，突然就拿出大锤把韩说给砸死了。

一切准备好了之后，太子愤怒地亲自斩杀江充，烧死江充带来的巫师，正式站在了汉武帝的对立面上。

征和二年的长安城，度过了一个阴风惨惨的夏天。有关太子刘据造反的林林总总，经常是人们茶余饭后的话题。如果要弄清楚里面的内幕，我们先来总结一下在这场巫蛊事件中，汉武帝玩了什么套路。

汉武帝突然离开长安城，去甘泉宫避暑，临走之前把朝中大事都托付给太子。看上去这是一幅父亲信任儿子的和谐画面，没有人去怀疑，汉武帝把国家都托付给长期不受宠的太子，其实是要害他。但是往后，情况就不一样了。

汉武帝到了甘泉宫就病了，皇后和太子分别派使者去问安。按照常理，汉武帝应该接见他们，如果无大碍，则嘱咐一下皇后和太子不要担心；如果很严重，得叫太子来托付后事。但是，汉武帝拒绝接见使者。那太子怎么想？皇上病得轻还是重？还是已经死了？不知道，完全没有任何消息传来。

在这期间，汉武帝暗示江充自己做噩梦，江充则以调查巫蛊为由，诛杀京畿地区数万民众。但是在此之后，汉武帝还说有人搞巫蛊。江充秒懂，京畿地区只有皇宫没有查，皇上这是暗示他去皇宫搞事情。至此，江充在奸臣韩说、御史章赣、太监苏文的配合下，诬陷太子搞巫蛊。

太子要去甘泉宫解释，江充拦着不让，非要让太子就地认罪不可。太子实在没办法了，矫诏杀了韩说、江充，但是跑了章赣和苏文，至此，不管太子爷的巫蛊案是真是假，矫诏擅杀大臣的死罪是坐实了。而在这期间，汉武帝没有一道圣旨传到长安，太子依然不知道汉武帝的死活。在这个节骨眼上，汉武帝希望看到的是丞相刘屈氂效仿周公斩杀叛乱的管叔、蔡叔那样干掉太子，只不过汉武帝没想到这个侄子在关键时刻撒丫子跑回家了，连丞相的印绶都没拿，这让汉武帝很恼火。汉武帝的套路，就差在刘屈氂最后的临门一脚上。

接下来的故事就有意思了，太子刘据想要起兵，那么说他起兵干啥啊？这是个很重要的问题。他想杀汉武帝？那不会，因为他不知道汉武帝是否还活着。如果他真心想要弑君篡位，就先在未央宫举办登基大典，自然会有人愿意当这个开国功臣。唐肃宗就是这么干的，先登基再通知唐玄宗您老退休了，没毛病。而且太子身在长安，干这事很方便。但是太子没这么办，那他想干啥？他想去甘泉宫。

太子要去甘泉宫确认一下汉武帝的死活，如果汉武帝活着，他就解释一下这一系列事情的前因后果。如果汉武帝已死，他就得诛杀瞒丧不报的奸臣。太子的用意，就是这么简单。太子起兵，只是为了自己能安全地到甘泉宫。而在这时候，太子能调动的部队，只有皇后掌管的长乐宫侍卫。

这时候，章赣和苏文都向汉武帝报告，说太子谋反。汉武帝不当回事，派人去长安传召太子。这位使者出去溜达一圈，就回去当众宣布长安戒严进不去，太子造反成功。汉武帝首先关心的是，刘屈氂怎么处理的？答曰，丞相怕事情传开了，就回家了。汉武帝很失望，传旨刘屈氂，封锁长安城，捕杀叛乱者，不可巷战，不让叛军离开长安就行。前边传召太子的使者进不去长安，后边给刘屈氂传旨的使者进长安没受到任何阻拦，很明显前边那个是在表演。

出 处

使者不敢进，归报云："太子反已成，欲斩臣，臣逃归。"上大怒。丞相屈氂闻变，挺身逃，亡其印绶，使长史乘疾置以闻。上问："丞相何为？"对曰："丞相秘之，未敢发兵。"上怒曰："事籍籍如此，何谓秘也！丞相无周公之风矣，周公不诛管、蔡乎！"乃赐丞相玺书曰："捕斩反者，自有赏罚。以牛车为橹，毋接短兵，多杀伤士众！坚闭城门，毋令反者得出！"——《资治通鉴·汉纪十四》

这情况更能说明，太子根本没有造反。因为使者自由出入长安传旨，而刘屈氂也能顺利地下令关闭长安城门。太子一看情况有变，叛乱的奸臣可能不光在甘泉宫，长安城也有。因此太子释放长安囚徒，把他们武装起来，让石德和张光分别带领，用以保卫太子。在这期间，太子还能召集部分长安官员开会，开会的内容是怀疑汉武帝病重，被奸臣控制在甘泉宫。这说明什么？说明太子没有造反，他依然承认汉武帝的合法地位。一个造反的人，这时候一定得宣布汉武帝已死，才好登基平叛。太子开会的同时，汉武帝秘密地回到了长安，进驻建章宫，又秘密调集长安周围的卫戍部队，交给刘屈氂指挥。

很多电视剧、文学作品都有太子矫诏调兵的情节。其实不完全是那么回事。当初汉武帝离开长安之前，把国事托付给太子。因此太子拥有全套的国家印信符节，所以他调兵不用矫诏。诸吕之乱的时候，周勃凭符节都能调动北军，何况太子呢。太子调兵，合理合法合规。那么说太子为什么调不动正规军呢？这里边就能看出来汉武帝套路深了。

汉武帝把符节印信都给了太子，然后却秘密通知长安卫戍部队，调兵的符节换新版，老版的作废。汉朝调兵符节一直为红色，而汉武帝秘密地把它改成红色符节加黄色的穗子。长安的军官都知道，而太子不知道。这才导致太子拿着红色符节合理合法的调兵，成了矫诏调兵。

出 处

初，汉节纯赤，以太子持赤节，故更为黄旄加上以相别。——《资治通鉴·汉纪十四》

太子一看长安的南军调不动，就凭符节调外地的匈奴骑兵来长安平乱。汉武帝赶紧派人通知胡人骑兵，说红色符节是假的，不许听调。太子等不来匈奴骑兵，就凭符节去北军亲自调兵。北军使者任安跪接符节，然后跑回大营关门落锁。太子爷崩溃了，连作废的符节都没了。

太子不知道他爹给他的符节是作废的，他认为是长安的南北军都造反了。为了自保，太子发动四万长安市民，也不提去甘泉宫见皇上的事了，先保卫皇后是正事。等到太子带着一帮民众到了长乐宫附近，正赶上刘屈氂带着正规军杀了过来。太子一看，奸臣果然造反，这带着军队杀到长乐宫，不就是造反吗？所以太子跟刘屈氂在长乐宫附近短兵相接，血战五天，死者数万。这时候，长安城的舆情监督员们散布消息，说太子造反。

皇上不在，太子跟丞相在皇宫附近打起来了。吃瓜群众理论上应该先想到的是丞相造反，但是在舆论的导向下，市民纷纷相信是太子造反，导致太子手下的乌合之众一哄而散。

太子一看叛军厉害，决定逃走。因此太子奔长安南门，打算出城。负责长安南门守卫的，是丞相属官司直田仁。田仁一看是太子带着孩子逃难，考虑到太子有可能会东山再起，就放了太子出城。刘屈氂带兵赶来，见太子跑了，愤怒地要斩田仁。御史大夫暴胜之是个不明真相的围观群众，他不明白刘屈氂为啥这么愤怒，于是拦住刘屈氂，说田仁这样的两千石高官，必须得有皇帝审批才能杀。刘屈氂又不能说皇上密旨要杀太子，只好恨恨作罢。转脸就去建章宫甩锅，说不是他无能，是暴胜之从中作梗。汉武帝大怒，怒斥暴胜之阻拦刘屈氂执法。暴胜之秒懂，自己闯了大祸，于是自杀谢罪。事情到了这个地步，皇后卫子夫也明白了皇帝的用意，在长乐宫自杀。长安群众景建擒获太子老师石德，大鸿胪商丘成擒获太子门客张光，所谓的“太子叛乱”，就这样平定了。

但是，这个“平叛”过程，完全超出了汉武帝的预期，这个事办得让汉武帝非常愤怒。本来按照汉武帝的策划，江充逼反太子，刘屈氂雷厉风行地斩杀太子，这事就算完了。回头汉武帝如何扮演无辜，拿谁垫背，那都是后话。但是刘屈氂这个废物，把汉武帝的一手俩王四个二的牌，打成了四个二带俩王一块出，还被人家四个三给炸了。该动手的时候，刘屈氂因为胆小，先回家了。不该动手的时候，圣旨上强调不许跟太子进行短兵相接，刘屈氂居然带人在长乐宫外跟太子的人血战五天，死了几万人。最可恨的是，自己人自己管教不好，还让太子跑了。

长安市民信了舆论，说太子造反。这种事知识分子也这么想吗？很快，壶关三老令狐茂的奏章就上来了。令狐茂在朝廷已经定性的太子叛乱基础上，为太子求情。令狐茂说，父慈子孝，子不孝有可能就意味着父不慈。太子作为皇位的合法继承人，说他造反，太荒唐了。江充一个小人居然能隔断皇上和太子对话，手法拙劣地给太子栽赃，逼得太子上天无路入地无门。太子调兵不过是为了自保，能有什么险恶用心？皇上不调查，就让丞相带兵攻打太子，谁也不敢进言为太子说句公道话，我觉得恨惋惜。希望陛下停止对太子的进攻，还是好言抚慰太子还朝。我这都是忠言，皇上不爱听，就直接杀掉我吧。

汉武帝接本一看，果不其然，本来想让刘屈氂背的锅，还是让朕亲自背。为了甩锅，汉武帝接本后不仅没有怪罪令狐茂，还表示令狐茂说得对，自己并不想真的加害太子。但是，汉武帝并没有下诏赦免太子。也就是说，追杀太子的任务，还在继续。

太子带着俩儿子逃到了湖县，也就是今天的河南灵宝市境内，躲在一家贫民家庭里。太子回头一琢磨，马上就明白了。这是个君让臣死，父叫子亡的故事。太子住在这户人家，看到了一个中原富庶之地的普通人家穷到了什么地步。只多了他一个大人和两个孩子吃饭，全家都陷入了经济危机。主人家心善，只好编草鞋卖钱来供养太子。如果这家人卖草鞋的摊子被抄了，那就危险了。

在汉朝，老百姓一天只吃两顿饭。太子突然吃两顿，还顿顿是稀的，实在受不了啊。太子回忆起在县城还有个旧相识，是个有钱人。你想吧，能跟太子攀上关系的，必定不是凡人。主人家奉命去县城找这个富人来接济太子，不知道是谁走漏了风声，官兵很快就围住了太子的住所。来的人没有一句好言劝慰，太子心如刀绞，悬梁自尽。士兵当中，有个叫张富昌的士兵见太子还不出来束手就擒，便一脚踹开了屋门。官兵见太子已死，新安令史李寿第一个冲进去解下来太子的尸首，扛起来就走。为啥呢？新安令在湖县办案，不赶紧把太子尸首抢走，功劳算谁的？眼前的变故令收养太子的百姓十分愤怒，挥拳就跟官兵打了起来。官兵任务完成，为了免生枝节，便挥刀斩杀了这家的男主人，捎带手杀掉了太子的俩儿子。很快，杀掉汉武帝一个儿子和俩孙子的李寿和张富昌都被封侯！

出 处

太子亡，东至湖，藏匿泉鸠里；主人家贫，常卖屦以给太子。太子有故人在湖，闻其富赡，使人呼之而发觉。八月，辛亥。吏围捕太子。太子自度不得脱，即入室距户自经。山阳男子张富昌为卒，足蹋开户，新安令史李寿趋抱解太子，主人公遂格斗死，皇孙二人并皆遇害。上既伤太子，乃封李寿为邗侯，张富昌为题侯。——《资治通鉴·汉纪十四》

汉武帝终于如愿以偿地逼死了太子。在这场动乱中，参与迫害太子的人都受到了封赏。除了李寿和张富昌以外，商丘成升任御史大夫，补了暴胜之自杀后留下的空缺。而帮助过太子的人，都死得很悲惨。但是有个人很特殊，你很难说他对汉武帝是有功还是有过。这个人就是丞相刘屈氂，就因为他办事不力，让汉武帝很被动。但是汉武帝完全没有追究刘屈氂一点点责任，这倒不是因为刘屈氂深得皇帝宠信，而是因为刘屈氂还有个作用没发挥出来，这才让汉武帝暂且留他一命。

征和二年的夏天，汉朝皇室中死了一位皇后、一位太子、两位皇孙。而杀害皇孙的凶手，还被汉武帝封了侯。在汉武帝的内心，只有胜利不够完美的遗憾，而没有亲人惨遭屠戮的悲伤。太子一死，汉武帝连做戏都懒得做了。

汉武帝的遗憾，就是丞相刘屈氂办事不力，本来该刘屈氂斩杀太子，事情才算完美。结果事与愿违，刘屈氂没有成为凶手，还为汉武帝引来了一系列的麻烦。那么说汉武帝为什么希望刘屈氂杀太子呢？锅甩给谁不行？为啥非得是刘屈氂？这就得从刘屈氂的社会关系入手来看。

丞相刘屈氂和贰师将军李广利是亲家，李广利是昌邑王的舅舅。如果是刘屈氂杀害太子，汉武帝可以说是刘屈氂为了让昌邑王登基，才对太子下毒手，这样捎带手就能把没除干净的李氏外戚也连根拔起。

既然刘屈氂办事不力，那就先留他一命。只要太子之位空悬，刘屈氂和李广利一定会有所动作。

事情一定会向着汉武帝期望的那样发展，只不过又出了一个小插曲，让事情变得没那么圆满。征和二年的秋冬之际，匈奴入侵上谷、五原二郡，当地官吏不能阻止，匈奴趁势杀人放火抢东西。国难当头，汉武帝忍了一个冬天，转过年来刚过完春节，汉武帝就巡幸安定、北地二郡。匈奴见汉武帝来到北方边关巡视，便率军西进，攻打五原、酒泉。守关都尉战死，汉朝西北遭到了匈奴的劫掠。与此同时，车师国又蠢蠢欲动，企图在西域叛乱，配合匈奴的行动。

汉武帝一看，这次匈奴不是来砸个摊子、强拆个民房那么简单，看来是要搞大动作，又得是一场大战。汉武帝向来不怕打仗，国内三四千万人口是有的，拿出一千万人来死磕，他也在所不惜，虽然他没跟要拿去送死的百姓商量，就这么愉快地决定了。

汉武帝大战匈奴，分三个阶段。第一个阶段是李广、程不识、韩安国的时代，他们擅长防守反击。

第二个阶段是卫青、霍去病的时代，他们擅长直接出击。

第三个阶段就是李广利、赵破奴、路博德的时代，他们的特点就是擅长各自为战。

在征和三年的这场战争中，汉武帝能用的军事人才，连凑数的都不够了。路博德镇守居延，也就是王维诗里边那句“单车欲问边，属国过居延”的居延，位置在今天的内蒙古额济纳旗。路博德死在任上，不能参与这次战争。

李息自从平羌族之后，就任护羌校尉，镇守今天甘肃和青海交接的地方，后来也死在任上，干不了这活了。

赵破奴这个“小霍去病”也因为巫蛊事件，惨烈地被斩。这些还是能打的，不能打的公孙敖死于巫蛊案，公孙贺也因为巫蛊事件暴毙狱中，韩说迫害太子被太子的人打死，暴胜之因为说了句公道话自杀。

因为各种巫蛊事件，死了一堆将军，导致汉武帝没有能用的人了。李广利就先不杀了，还得让李广利出征。单丝不成线，孤木不成林，所以汉武帝还得给李广利找个副手。但是真没像样的人了，那就新任御史大夫商丘成去吧，这家伙在捕杀保护太子的老百姓的时候，作风勇猛。再一个，当初太子调胡兵入长安的时候，侍郎马通飞马传谕胡兵，调兵符节换新版，老版作废。马通还顺便捉拿了太子的调兵使臣，还曾捉拿太子的老师石德。他骑马这么快，打仗一定没问题。凭什么啊？就凭卫青当初就是骑马骑得好。就马通吧。那妥了，汉武帝下令，李广利带兵七万出五原，商丘成带兵两万出西河，马通带骑兵四万出酒泉，匈奴降将成娩调西域六国军队合围车师。

李广利在出征之前，丞相刘屈氂依照惯例率官员送别李广利到渭桥，李广利嘱咐亲家刘屈氂，太子之位空悬，早劝皇上立昌邑王为太子，大家都有好处。刘屈氂说瞧好吧，一准把这事给办了。就这样，李广利心无旁骛地带兵出征，跟匈奴决战。

汉朝四路大军出征，最顺利的是成娩，他办事不亚于后来的班超，不用汉朝正规军，便擒获车师王，大获全胜。李广利、商丘成、马通这三路人马，那就有意思了。首先说李广利这人打仗，风格就是彪悍。对他来说，指挥的艺术、战术的运用都不重要。他从一出道就是带炮灰出战，所以习惯性用炮灰跟对手死磕，打死谁都是给汉武帝做贡献。所以说这样的人跟职业军人不一样，他不像周亚夫、卫青这样的将军有大局观，他只拼人头。这也就是为什么汉武帝每次让李广利出征，从不给他正规军的原因。过去李广利打仗，职业军人任文、路博德、公孙敖都不跟他配合，说白了李广利也不需要配合，所以有李广利挂帅出征的战争，每次都是他不管别人，别人也不管他。

商丘成出征，纯属赶鸭子上架。他在城里殴打个卖瓜的小贩还行，真让他指挥两万人上战场，他根本就不行。不过商丘成很聪明，他绝不跟敌人死磕，而是学习公孙敖的战术，出去溜达一圈就回来。就这还被李陵带兵追杀了九天，要不是商丘成跑得快，这回就壮烈殉国了。马通也是如此，打仗不是老本行。所以他鼓噪呐喊，声势浩大地假装汉军主力到天山溜达一圈，吓得人家匈奴大将偃渠没敢冒失出击。马通当然也不敢出击，双方耗着纯属浪费时间，所以马通带兵就撤了。要不是成娩提前扫平了车师，马通的部队从天山回国的路上，必遭伏击。

也就是说，这场战争真正和匈奴交手的，还得是李广利。李广利经过多年的战场磨炼，怎么说也比那些个业余选手强很多，更何况他手下有七万人，都是能死磕的主。匈奴军师卫律和左大都尉用谋，决定在山谷用五千精兵伏击李广利。结果李广利不信邪，带着七万人死磕，撵得卫律这五千人四散逃跑。李广利一琢磨，差不多得了吧，见好就收，把捷报送往长安，班师回朝。可就在这时候，长安那边传来消息，出事了。

原来在李广利出征不久，丞相刘屈氂还没来得及奏请立昌邑王为太子，就有太监郭穰实名制举报，说刘屈氂密谋立昌邑王为帝！

立昌邑王为太子和立昌邑王为帝，那是俩概念。请立太子最多是办事糊涂，请立为帝那可是谋反。事实上刘屈氂就是想运作昌邑王为太子，这些他也不避讳，当着百官的面，他也和李广利交换过意见。而且就算是刘屈氂请立昌邑王为太子，也是合理合法，不需要搞小动作。汉武帝一共有六个儿子，太子爷刚死，皇二子元封元年就死了。皇三子、皇四子的母亲身份低微，而皇五子昌邑王的母亲是夫人，相当于后来说的贵妃，皇六子的母亲是婕妤，比夫人低两级。很明显，根据立嫡的原则，昌邑王确实最符合标准。在太子之位空悬的时候，丞相奏请立太子，也是丞相的职责所在。

可就在丞相还没来得及行使职责的时候，谋反的大帽子扣下来了。刘屈氂不服，他不会，也没必要扶植昌邑王谋反。不服没关系，查啊，汉武帝最讲证据。江充虽然死了，但是江充的手段还在。这一搜，就搜出来刘屈氂夫人为了让昌邑王为帝，用巫蛊术诅咒汉武帝的“证据”。现在事实清楚，那就可以结案了。刘屈氂谋反，按律当诛。很快，刘屈氂被腰斩，家人被斩首。

杀完人了，接着查，刘屈氂为啥会想着拥立昌邑王谋反，而不是拥立燕王、广陵王谋反呢？很明显嘛，他亲家是李广利，李广利的外甥是昌邑王。没毛病，可以牵扯到李广利了，正好李广利也快回来了，先把他的家人抓起来要挟他。

出 处

会内者令郭穰告“丞相夫人祝诅上及与贰师共祷祠，欲令昌邑王为帝”，按验，罪至大逆不道。六月，诏载屈氂厨车以徇，要斩东市，妻子枭首华阳街；贰师妻子亦收。——《资治通鉴·汉纪十四》

李广利得到消息，让原本胜利的喜悦，一下沉入了湖底。刘屈氂死无对证，那么李广利背负的谋反罪名怎么解释呢？李广利想到了一件往事，当初他们李家犯案，弟弟李延年、李季都被灭族，只有他李广利不仅没有受牵连，还封了海西侯。原因就是当初他李广利灭了大宛，军功大盛。当然了，这只是李广利自己一厢情愿的想法。荀彘、杨仆都有灭国之功，一样被杀。但是李广利为了活命，打算搏一把。于是他调转方向，继续北伐。想用一件卫、霍一样的功劳，抵消这次灾难。

但是李广利没卫、霍的本事啊，但是他有决心。李广利亲率两万骑兵北上，大战匈奴左贤王、左大将带的两万精骑。李广利抱着敢死队的决心，击溃匈奴，杀左大将，左贤王仓皇而逃。这一战，是李广利军事生涯最辉煌的一战。两万对两万，他打败了匈奴的左贤王，还杀了左大将。正常情况下，李广利这时候班师回朝，基本上就是新一代的卫青。但是李广利不敢，还想继续立功，于是催军北伐，继续深入敌后。

李广利信心满满，但是他的部将却不想再打了。军中长史认为李广利这是为了自己活命，用兄弟们的命去填坑，心太坏了。李广利怒斩长史，带兵回燕然山休整。这时候，匈奴那边不干了。现在的匈奴有卫律和李陵，相当于战斗机器安上了大脑。李广利强弩之末骗得了匈奴，可骗不了卫律和李陵。这场战争，其实李广利的风格像胡人，猛攻猛打。而匈奴的风格像中原人，死磕不行，但能用谋。

这不嘛，匈奴主力五万大军来到了燕然山。两军会战一天，双方死伤严重。但是到了晚上，匈奴人居然在李广利军营面前挖反坦克壕。李广利一看不对啊，匈奴人秀逗了？这招是中原人为了抵御胡人骑兵冲锋用的招，现在胡人居然在中原人面前挖沟，这是要闹哪样？怕我了？不管怎么说，挖就挖吧，匈奴不挖，我还想挖呢，这回省事了。

李广利还没搞清楚怎么回事，匈奴铁骑迂回到李广利部背后发动突然袭击。李广利恍然大悟，这回被人包了饺子，面前是战壕，过不去。打也打不赢，跑也跑不了。就算跑了，汉武帝不问他谋反罪，也得问他战败罪。李广利百般无奈，下马投降。

匈奴人欢呼雀跃，原来这就是汉朝第一大将李广利，他都投降了，那感觉就像曹操得到关羽投降的感觉。很快，作为匈奴俘虏汉军最高军衔的将军，李广利力压都尉出身的卫律和加强旅长出身的李陵，成了匈奴的一哥。

消息传回长安，汉武帝从容地把李广利家人灭族。至此，卫氏、李氏两大外戚全部团灭。而汉武帝活着的四个儿子中，只有刘弗陵在长安。太子没有人选，刘弗陵没有爵位，一切都恰到好处。两年，十多万精壮劳动力死于非命。民间依然人心惶惶，老百姓时刻绞尽脑汁编排理由去诬告可能会诬告自己搞巫蛊的人。整个国家被弄得乌烟瘴气，变成人间炼狱。不过好在汉武帝的目的都达到了，所以他是时候甩锅了。

第十八章 Chapter Eighteen

轮台罪己诏

征和三年（前90），在汉武帝的运作下，太子刘据被活活逼死。参与逼迫太子的帮凶都加官晋爵，汉武帝又杀了丞相刘屈氂，逼反了贰师将军李广利。看上去一切都是那么顺利，但是沸腾的民怨一刻也没停息过。皇上杀儿子就杀儿子，非得裹挟着老百姓互相诬告对方搞巫蛊。死的都是善良的人，活下来的都是没底线的。北方的匈奴看着都新鲜，在没有战争的情况下，大汉朝内部出现了大规模的人口减员，多好的事。你指望匈奴杀人，他们劫掠一次杀个三千两千人就算了不得了。汉武帝随随便便搞点事，就有几万、十几万甚至几十万人人头落地。谁比谁狠？

每当人们在正常的生活下不能生存的时候，奸邪之人就会浮出水面搞事情。征和三年的九月，原城父县令公孙勇和门客胡倩趁着世道乱，就琢磨着发笔横财。由于当时民间互相诬告巫蛊，导致不少人揭竿而起。公孙勇和胡倩就到了淮阳郡圉县（今河南杞县），假装朝廷的钦差，目的是蒙下级的接待费。胡倩先去圉县，自称是光禄大夫，奉旨剿匪。圉县令哪见过这么大的官啊，不敢怠慢，好吃好喝好招待，还得给上差意思意思。胡倩一看当官就是好啊，于是收下了这点意思，表示挺不好意思。圉县令赶紧安慰胡倩，希望上差一定收下这点意思，千万别觉得不好意思，其实都是些小意思，希望上差能懂下官这点意思。

广阳太守田广明听说其治下的圉县出现了九卿级的高官，于是也赶紧过来意思意思。结果田广明一来，就察觉到胡倩这个光禄大夫差点意思。他懂的那点官场黑话，也就蒙蒙县令，蒙不了太守。稍微一套话，田广明就发现胡倩是个山寨的光禄大夫。经过突击审讯，胡倩对冒充钦差骗钱的事供认不讳。田广明把这个案子定性为谋反，处死了胡倩，并在圉县设伏，等待着胡倩的大老板公孙勇自投罗网。公孙勇对圉县的情况浑然不知，身着绣衣，座下豪华马车，以绣衣御史的身份到了圉县。但他没有得到胡倩的待遇，刚到圉县就被县尉魏不害给“咔嚓”了。汉武帝表彰了识破假钦差的相关人员，封魏不害等功臣为侯。

出 处

岁余，故城父令公孙勇与客胡倩等谋反，倩诈称光禄大夫，从车骑数十，言使督盗贼，止陈留传舍，太守谒见，欲收取之。广明觉知，发兵皆捕斩焉。而公孙勇衣绣衣，乘驷马车至圉，圉使小史侍之，亦知其非是，守尉魏不害与厩啬夫江德、尉史苏昌共收捕之。——《汉书·酷吏传》

这个事性质很恶劣，冒充玉皇大帝都没冒充官员的罪过大。而这种假钦差的出现，跟民间此起彼伏的民变有着直接的关系。而民变的发生，跟老百姓不堪相互诬告的压迫有直接的关系。况且根据令狐茂的奏章上看，民间的精英阶层，已经开始怀疑逼死太子的幕后真凶就是汉武帝。而老百姓对汉武帝搞得这出民间相互诬告深恶痛绝，从而引发对汉武帝的深恶痛绝。鉴于此，既然太子已经死了，汉武帝是时候收收民心了。

汉武帝开始小规模地改变以往的政策。在以前，老百姓诬告邻居搞巫蛊，不管有没有证据，官府都受理，不加调查直接杀人的事时有发生。现在汉武帝开始调整政策，要求有关部门必须严查证据，没证据的就不再追究。这样一个小政令，马上让民间的风气大为改观。作为一个老百姓，不需要先下手为强去告黑状了，告了也没用。而百姓也不需要害怕被诬告，反正他没证据。很快，汉武帝的形象高大了很多。百姓认为皇上的本意是好的，底下这些官员太坏，领会错了皇上的意思，才办坏了事。百姓不会去想，当官的如果还没你懂皇上的意思，怎么去管“机智如你们”的待宰羔羊啊。

另一方面，汉武帝对太子谋反案的定性，态度暧昧不决。按说儿子弑父，臣弑君的罪过，必须坚决打倒在地，再踏上一万只脚，令其永世不得翻身。但是汉武帝迟迟不给案子盖棺定论，还屡屡表现出对太子的同情。令狐茂公开上书为太子鸣冤，汉武帝也没有发怒。这些信息表达了什么？高官要员们不敢去触碰。作为既得利益者，他们没必要以身犯险。反倒是一个底层职员，看到了晋级的希望。这个人叫田千秋，职位是汉高帝寝陵护卫队的一个小队长。田千秋可能是被迁到关中的齐国田氏的后裔，这次他瞅准了机会，上书汉武帝为太子鸣冤，奏本上说：儿子调动老子的军队，最多是鞭刑的罪过。太子爷怎么就是死罪呢？田千秋怕不牢靠，又在后面补了一句：这是一个白发老者给我托梦，让我上奏的奏章。

田千秋高明就高明在最后一句。田千秋是汉高帝陵墓的护卫，那这个托梦的老者，不就是指的汉高帝刘邦吗。汉武帝马上召见田千秋，说太子一案必有蹊跷，只不过别人都没看出来，只有你得到了太祖爷的指点，来重审这个案件。接着，汉武帝册封田千秋为大鸿胪，位列九卿，专业调查太子案。这就是等于汉武帝昭告天下，太子的冤案不是我造成的，而是奸臣把事做得太真，除了升仙的汉高帝刘邦，普通人谁也看不出有问题。朕作为天子，只是知道此案有蹊跷，却不知道蹊跷在哪儿。还是请太祖爷的使者给好好查查吧。

这案子太好办了，反正比江充诬陷太子简单得多。经过田千秋调查，太子是无辜的，都是江充使坏。由于江充已死，汉武帝灭了江充全家，让死了的江充背下了所有的锅。还有当年在湖县对太子动手的人，也都判了灭族。苏文搬动是非，被判了火刑。然后，汉武帝大修太子纪念堂，也就是传说中的思子宫，以表示对太子的哀思。

这一套活干完之后，汉武帝的形象马上高大了很多，也得到了百姓们对他白发人送黑发人的同情。而这所有的悲剧，都由江充来买单。先前迫害太子封侯的倒霉蛋们，也用全家人的性命结束了封侯的荣耀。而这一切，唯一的获利者，就是靠投机上位的田千秋，他从一个郎官一跃成为九卿之一的大鸿胪。

转过年来，也就是到了征和四年的正月，汉武帝巡幸大海的时候，非要趁着渤海浪高 1.5 米的风浪出海找神仙。老头倔起来谁也拦不住，直到汉武帝亲眼看见波涛汹涌的大海，才表示大臣们刚才的建议很好嘛，就听你们一回。既然不出海，那在海边待着也没意思了，回长安。到了二月份，万里无云的雍城上空突然响了三声炸雷，紧接着就有两颗陨石落地。

汉武帝很害怕啊，这仿佛是不祥的预兆。本来在正月的时候，汉武帝见海浪太高，已经决定回长安。就在陨石事件后，汉武帝又去祭祀了泰山。等到汉武帝回到长安，又去祭祀了明堂。之后汉武帝召见群臣，居然破天荒地对大家说：朕继位以来，所干的事大多狂悖，以至于让百姓愁苦，朕很后悔。打今儿起，再有对百姓不利的政策，全部废除。

别管他过去干了多少缺德事，汉武帝这一句话就能为他的伟大形象增添光彩。但是，汉武帝是真心悔过吗？他自己干了哪些害民的事，还需要别人提醒吗？需要，非常需要。就在这时候，大鸿胪田千秋上奏，说神仙方士们老说能找到神仙，几十年了，他们也没成功，应该遣散这些人省工资。汉武帝大喜，就这么办。那么盐铁官营的事怎么不提？那可不行，花钱的事可以停，赚钱的事还得继续。

六月，汉武帝拜田千秋为丞相，爵封富民侯。这在汉朝历史是绝无仅有的几个月内由郎官升任丞相的案例。皇上这么搞，群臣都不服气。田千秋就是个郎官出身，要学问没学问，要资历没资历，要功劳没功劳。但是汉武帝喜欢他，谁敢说个不字？大家一琢磨，反正丞相也不是什么好差事，田千秋愿意干，那就让他干吧。

田千秋的升迁，那是一件轰动亚洲的大事。就连汉武帝派往匈奴的使者，也被匈奴人追问，为啥汉武帝升田千秋为丞相？使者没啥可说的，就说田千秋是因为上书言事就被封了丞相。匈奴人笑话汉武帝任相不用贤才，随便一个人都能当丞相。使者一回国，就被汉武帝关押。什么叫因为田千秋上书言事就被立为丞相？这不是变相告诉匈奴人汉武帝用人草率吗？

出处

反汉使者至匈奴，单于问曰：“闻汉新拜丞相，何用得之？”使者曰：“以上书言事故。”单于曰：“苟如是，汉置丞相，非用贤也，妄一男子上书即得之矣。”使者还，道单于语。武帝以为辱命，欲下之吏。良久，乃贳之。——《汉书·公孙刘田王杨蔡陈郑传》

但是不管怎么说，田千秋上位后用实际行动昭示天下，自己是个称职的丞相。在田千秋任相之前，最起码公孙弘之后的李蔡、庄青翟、赵周、石庆、公孙贺、刘屈氂六代丞相都是没什么建树的丞相，在田千秋之后魏相之前的四代丞相也没什么建树，在同行的衬托下，田千秋识大体、爱惜民力的形象和举措，反而让人赞叹。在田千秋任相期间，汉武帝的暴君形象得到了极大的改观。最终以汉武帝的伟大和底下官僚的昏聩解释了汉武帝时代的种种暴政。

汉朝内政趋于平静之后，汉武帝的目光又瞄向了匈奴。不过这次他没有派兵打仗，而是有了新的思索。

在汉武帝的职业生涯中，办过最大的事就是北伐匈奴。征和四年，这场打了近乎半个世纪的战争，让汉武帝有了新的思考。几十年了，上百万人因为战争丢掉了生命，数十名将星因此而陨落，耗费的钱粮不计其数。那么汉朝换来了什么呢？

汉武帝把河套地区纳入版图，然后呢？在河套地区幸福居住的是归降汉朝的匈奴人。汉武帝把河西走廊纳入了版图，本来汉武帝要拿河西走廊送给乌孙，人家乌孙不要，汉武帝才往河西地区迁入汉人、羌人、西域人、匈奴人，导致河西地区自古以来就是杂胡聚居。

总的来说，这是一笔赔钱的买卖。汉武帝之所以会有这样的思考，是因为匈奴依然蠢蠢欲动，仍没放下天朝的架子。而汉朝在逼反李广利之后，再无大将可用。假如还有能打的人，汉武帝也不会对战争有反思。就因为不能打了，汉武帝才会思索战争的意义。

李广利投降匈奴之后，汉朝的北伐计划彻底失败。但是无论成功还是失败，钱可是一文都没少花。这次失败造成的损失，让敛财高手桑弘羊都很头疼。为了能增加国库收入，桑弘羊绞尽脑汁，把人民身上的油水榨尽。汉武帝变相地接受田千秋的建议遣散术士，也是为了省笔开销。桑弘羊经过分析，奏请汉武帝在轮台进行屯田，一来增加收入，二来牵制匈奴，三来震慑西域。

汉武帝一分析，桑弘羊敛财可以，对兵事还是不甚懂啊。轮台这个地方，在今天的新疆轮台县，离汉朝的最西边界敦煌郡玉门关的直线距离是八百多公里。前边提到过两次轮台，一次是李广利西征大宛的时候，在轮台遭遇抵抗，轮台也因此被灭国。还一次是李广利打败大宛之后，汉朝在轮台设置了一个办事处，由汉朝大使和校尉统领几百人驻扎在轮台，为汉朝往来西域的使者提供补给。也就是说，轮台属于汉朝领土在西域的一块飞地。桑弘羊的主意，就是在轮台扩大屯田面积，从内地调人来这里驻防、耕作。

汉武帝一听就不靠谱，轮台离汉朝太远，几百个人在这里，没人会太在意。但是如果在这里驻防几万人，扩大几百亩耕地，那就会引起西域各国的恐慌，会导致西域各国的敌视。就算西域各国不对轮台动手，也保不齐人家会倒向匈奴。再一个，往轮台迁人太麻烦了。走一路得死三分之二，种点粮食也养不活几万大军，还得从内地调粮食，想想都是灾难。

为此，汉武帝专门下了一道诏书驳回了桑弘羊的建议，并恢复了文景时代的一些经济政策。由于这道诏书有汉武帝自黑的内容，所以后世称这道诏书为《罪己诏》。这道诏书因桑弘羊奏请轮台屯田而起，所以此诏书又被称为《轮台罪己诏》。很多人都把这道诏书作为汉武帝知错能改的例子说事，但是如果真要看懂了这道诏书的内容，大家就会发现。所谓的《轮台罪己诏》，跟“轮台”还有那么一点关系，跟“罪己”没什么关系。

上乃下诏，深陈既往之悔，曰： 前有司奏，欲益民赋三十助边用，是重困老弱孤独也。而今又请遣卒田轮台。轮台西于车师千余里，前开陵侯击车师时，危须、尉犁、楼兰六国子弟在京师者皆先归，发畜食迎汉军，又自发兵，凡数万人，王各自将，共围车师，降其王。诸国兵便罢，力不能复至道上食汉军。汉军破城，食至多，然士自载不足以竟师，强者尽食畜产，羸者道死数千人。朕发酒泉驴、橐驼负食，出玉门迎军。吏卒起张掖，不甚远，然尚厮留其众。曩者，朕之不明，以军侯弘上书言“匈奴缚马前后足，置城下，驰言‘秦人，我若马’”，又汉使者久留不还，故兴遣贰师将军，欲以为使者威重也。古者卿大夫与谋，参以蓍龟，不吉不行。乃者以缚马书遍视丞相、御史、二千石、诸大夫、郎为文学者，乃至郡属国都尉成忠、赵破奴等，皆以“虏自缚其马，不祥甚哉！”或以为“欲以见强，夫不足者视人有余。”《易》之卦得《大过》，爻在九五，匈奴困败。公军方士、太史治星望气，及太卜龟蓍，皆以为吉，匈奴必破，时不可再得也。又曰：“北伐行将，于鬴山必克。”卦诸将，贰师最吉。故朕亲发贰师下鬴山，诏之必毋深入。今计谋卦兆皆反缪。重合侯得虏候者，言：“闻汉军当来，匈奴使巫埋羊牛所出诸道及水上以诅军。单于遗天子马裘，常使巫祝之。缚马者，诅军事也。”又卜“汉军一将不吉”。匈奴常言：“汉极大，然不能饥渴，失一狼，走千羊。”

乃者贰师败，军士死略离散，悲痛常在朕心。今请远田轮台，欲起亭隧，是扰劳天下，非所以优民也。今朕不忍闻。大鸿胪等又议，欲募囚徒送匈奴使者，明封侯之赏以报忿，五伯所弗能为也。且匈奴得汉降者，常提掖搜索，问以所闻。今边塞未正，阑出不禁，障候长吏使卒猎兽，以皮肉为利，卒苦而烽火乏，失亦上集不得，后降者来，若捕生口虏，乃知之。当今务在禁苛暴，止擅赋，力本农，修马复令，以补缺，毋乏武备而已。郡国二千石各上进畜马方略补边状，与计对。

我简单为这道诏书做个阅读理解，谈谈我的看法。诏书的第一部分，汉武帝驳回了桑弘羊提出的加税、轮台屯田的建议。原因是加税会加重农民负担，轮台路途遥远，补给跟不上，所以不能屯田驻兵。

那么桑弘羊为什么会出此下策呢？原因就是李广利北伐对国家消耗太大，而这次全军覆没的消耗战，得找个人负责。谁该对此负责呢？肯定是汉武帝啊，他让打的。但是，这锅汉武帝不想背，所以在《轮台罪己诏》的第二部分，汉武帝为自己辩解，找人背李广利失败的黑锅。

诏书上说，派李广利北伐是朕一时糊涂。但朕一时糊涂，是因为边关的军官上了匈奴的当，上书说匈奴称大汉人为“秦人”，还笑话大汉缺马。再加上这些年匈奴扣押使者不还，所以朕为了国家尊严，才决定让李广利去虽远必诛。当然这事不是朕一拍脑袋决定的，朕跟所有朝臣商量过，还跟成忠、赵破奴商量过。大家都说打匈奴，还一定能打得赢。术士们用各种方式占卜、望气，皆言匈奴必败，贰师将军是最佳人选。这样朕才决定北伐，还嘱咐李广利不可深入敌后。谁知道占卜的结果跟实际都是相反啊？人家匈奴的术士诅咒汉军成功，又占卜汉军一将不利，人家都说中了。

言下之意，这事不是汉武帝自己决定北伐的，是所有人都支持北伐，而且术士们占卜结果跟现实相反，这事都赖术士们业务不行，人家匈奴的术士怎么能诅咒汉军且占卜正确呢？

在诏书的最后，汉武帝说：贰师将军战败，朕深感痛心。轮台屯田的建议劳民伤财，朕不忍心听这样的建议。大鸿胪所奏刺杀单于的计划，一方面咱们大汉王朝体面，所以不能这么做。一方面人家匈奴也有安检，这事不能成功。所以，眼下的要务不是找匈奴复仇，而是鼓励农民生产粮食，恢复国家马匹的数量，补充边境军事力量。各地官员都要报上繁殖马匹的计划和补充边疆军事力量的计划，年底都得报上来。

等于说这封《罪己诏》，绕来绕去没有罪己的内容。奏请加税和轮台驻军的是别人，误中匈奴奸计的是军侯弘，同意出兵的是满朝文武，占卜不准的是术士，不按计划北伐的是李广利，战败的主因是匈奴的诅咒。那“己”有什么罪？没罪，顶多是误信了术士的话，反正术士也都遣散了。那这道奏章的重点是什么呢？一是不许轮台屯田，二是要求地方各级官员发展畜牧业，以补充边关的战马。换言之，假如汉朝还有足够的战马，是不是就可以继续北伐了？

汉武帝的总结，跟明末崇祯皇帝的总结差不多。朕躬无罪，诸臣误朕。

总之呢，汉武帝决定罢兵搞发展，发展的主要方向，还是偏重于军事。丞相田千秋的爵位“富民侯”就是汉武帝的决心，不知道如果人民真的富了，汉武帝会不会再定一个标准，把家产达到该标准的人再迁走。但是眼下，客观上汉武帝任用农学家赵过为搜粟都尉，传播种地高产的办法。

汉武帝这套把戏，给了御用文人大唱赞歌的素材。但是千年后的司马光却不买汉武帝的账，并尖锐地指出，先有昏君后有奸臣，绝不是先有奸臣后有昏君。皇上喜欢什么，就有什么样的人依附皇上。儒生如此、酷吏如此、术士如此、奸臣也如此。只要汉武帝想做上古明君，还愁没有上古贤臣辅佐吗？如果没有，那就是汉武帝不想做上古明君那样的君王。

出 处

臣光曰：天下信未尝无士也！武帝好四夷之功，而勇锐轻死之士充满朝廷，辟土广地，无不如意。及后息民重农，而赵过之俦教民耕耘，民亦被其利。此一君之身趣好殊别，而士辄应之，诚使武帝兼三王之量以兴商、周之治，其无三代之臣乎！——《资治通鉴·汉纪十四》

汉武帝在汉朝休养生息表示不再对匈奴用兵的时候，匈奴内部也出现了一个不小的风波。因为巫蛊事件而叛逃匈奴的李广利，作为匈奴的“一哥”，他遭到了同行的羡慕嫉妒恨。要不说只有同行之间才是赤裸裸的仇恨呢，过去匈奴的汉人大臣当中，卫律是“一哥”。后来又来了李陵，挑战卫律的地位。但是卫律没动杀李陵的念头，就是因为李陵刺杀了匈奴招揽的总教头李绪，匈奴皇太后气得要杀李陵，且鞮侯单于为了保护李陵，把李陵调到西伯利亚管理坚昆诸部。所以远离匈奴中央的李陵，对卫律产生不了威胁。李广利来了就不一样了，狐鹿姑单于恨不得拿李广利当神仙膜拜，李广利到底压了卫律一头。

说起来李广利和卫律都是老相识了，卫律是李广利的弟弟李延年的党羽，当初李延年被灭族，卫律怕被牵连才逃往匈奴。如今李广利的到来，让卫律想不起往日的情分，只看到了眼下的尴尬。所以卫律趁着匈奴太后病重，买通匈奴巫师，说且鞮侯单于在位的时候就说过如果活捉李广利，就拿李广利祭天。如今活捉了李广利，为啥不按照老单于的说法去做？狐鹿姑单于闻言，只得把李广利给杀了，祭祀天地。可怜的李广利，投降不到一年，还是被杀了。

李广利半生戎马，是个不得军心的将军。你说他没本事，那也不客观。西征大宛和北伐匈奴的战争中，李广利多少有些亮点。只不过他不恤士卒，在最后一战的时候大军心气不齐，所以几万大军表现出的战斗力，不如李陵五千步兵强悍。投降匈奴之后，人家卫律、李陵都很快建立了自己的嫡系力量，而李广利光杆一个，所以狐鹿姑单于说杀他，绑上就给杀了，一点都不复杂。

李广利的死，也不是巫蛊事件的结尾。毕竟这场牵扯到十数万人命的惨烈事件，所波及的人员太多。这时，巫蛊事件的另一个后续事件发生在长安。

尾声　兔死狗烹

汉武帝终究还是给太子谋反案定了性，那是一场由江充策划，苏文煽动，众帮凶合力完成的一起逼反太子的恶性事件。所以，起初那些参与迫害太子而被封官拜爵的功臣，马上就被定性为了奸臣。比如在湖县逼死太子的魏不害等人，还没明白侯爷是怎么回事，就被斩了。这一下，当初紧密围绕在汉武帝周围迫害太子的急先锋们，都感到了后背冒凉气。

后元元年（前 88）六月，那个带兵活捉太子心腹张光的御史大夫商丘成离奇地卷入了新的巫蛊案，商丘成懂规矩，别给朝廷添麻烦了，干脆自杀，还能死个痛快。商丘成的死，牵动了很多人脆弱的神经。尤其是马通，感到惶惶不可终日。

当初太子的心腹就俩人，一个是门客张光，另一个就是少傅石德。带兵逮捕张光的商丘成死得很离奇。那逮捕石德的马通，仿佛家里随时都能被挖出木头人。简单说，马通被灭族的希望非常大。他们老马家也倒霉，马通的哥哥马何罗又是江充的心腹。如果上面追查，也是灭族的罪过。等于马通和马何罗哥俩，都面临着被灭族的危险，这得多可怕。与其坐以待毙，马氏兄弟决定干票大的——弑君。

马氏兄弟忠心为汉武帝办事，但是看着这些执行汉武帝杀太子任务的同事们一个个被灭族，哥俩深深地感到了绝望。皇上这是翻脸比翻书都快，政治诚信为零啊。既然活不成了，那就拉老头一起陪葬。

马何罗官拜侍中仆射，也就是侍中的头儿。马通厉害了，那是重合侯，还掌兵。他们一直在观望、谋划，想找个机会动手。皇上嘛，都得有个私人会所玩耍。老在皇宫待着，规矩太多、太压抑。所以，历代皇上都会修建比皇宫还富丽堂皇的“私人会所”。很著名的有秦始皇的阿房宫、明武宗的豹房，清朝皇帝的圆明园。汉武帝也有私人会所，比如甘泉宫、林光宫。

就在商丘成自杀后，汉武帝出门散心，就去了林光宫玩耍。马何罗、马通、马安成兄弟三人随王伴驾，行刺计划也就在此行当中。这三位马爷脸上挂相，汉武帝的好基友金日磾早就看他们奇怪。只不过证据不足，金日磾这个匈奴汉子还算耿直，一直没举报。就在大家到了林光宫以后，汉武帝又对外宣称身体不适，躲进卧室不见人。马氏兄弟一看好机会，当天夜里就出去干掉了宫外汉武帝的心腹守卫，转天一大早，马何罗带刀入宫，准备行刺。

马何罗这人，心理素质太差，业务能力也不行。真要行刺，也得先隐藏杀气。但是这哥们儿一进宫就神情紧张，时不时摸着袖子里的刀，不知道是不是给自己壮胆。当时一大早，汉武帝正在睡觉。金日磾起来上厕所，突然觉得太安静，有点不对。所以，出入汉武帝卧室不用打招呼的金日磾进入汉武帝的大殿，坐在汉武帝卧室门口的席子上，闭目养神。

马何罗踏进大殿，看见金日磾坐在那里，吓了一大跳。但看金日磾在闭目养神，马何罗迅速往汉武帝卧室跑去，这一跑，撞倒了大殿里的瑟。这个瑟是古代乐器，类似今天的古筝。李商隐说“锦瑟无端五十弦”，大家可以想象一下五十弦的瑟有多大。这玩意儿被马何罗撞上了，那动静得多响。不光是动静大，马何罗撞到瑟之后，人还摔了个四仰八叉。这时候，闭目养神的金日磾纵身跃起，扑向倒地的马何罗，疾呼马何罗造反！

打架都见过吧，这俩人就在地上厮打成一团，谁也站不起来。这么大动作，早把汉武帝惊醒，大内侍卫也拔出环首刀冲进了大殿。汉武帝大喊一声，不许动手，以免伤到金大人！

出处

明旦，上未起，何罗无何从外入。日磾奏厕，心动，立入，坐内户下。须臾，何罗袖白刃从东厢上，见日磾，色变；走趋卧内，欲入，行触宝瑟，僵。日磾得抱何罗，因传曰：“马何罗反！”上惊起。左右拔刃欲格之，上恐并中日磾，止勿格。日磾投何罗殿下，得禽缚之。——《资治通鉴·汉纪十四》

就这样，这场行刺案，变成了马何罗跟金日磾的单挑。金日磾是个人高马大身强力壮的匈奴汉子，单挑马何罗很快占据了上风。金日磾摁住马何罗，交给侍卫绑了。马何罗行刺失败，汉武帝身边侍卫中第一高手上官桀奉命诛杀马通和马安成。上官桀属于典韦、许褚那样的人物，有万夫不当之勇，很快干掉了马通叛乱集团，马家惨遭灭族。

马家这三位昔日汉武帝最忠实的走狗，终是免不了兔死狗烹。在汉武帝眼中，没有谁是不可以用来牺牲的。正如他自己评价自己，是个“弃妻子如敝屣”的人。跟汉武帝合作，终归是件非常危险的事。伴君如伴虎，汉武帝翻脸比翻书都快。

马家行刺案是太子事件的余波，这一波刚平，下一波又起。后元元年，李夫人的儿子、李广利的外甥昌邑王薨，谥号哀。这位曾经的太子大热门死了，汉武帝的儿子们都不淡定了。眼下汉武帝还有仨儿子活着，分别是燕王刘旦、广陵王刘胥、皇子刘弗陵。虽然种种迹象表明，汉武帝有意立刘弗陵。但是燕王刘旦认为，他才是当太子的最佳人选。为啥呢？第一，目前的皇子中，燕王最长。第二，目前皇子中，燕王学问最好。第三，目前这些皇子中，燕王爵位最尊。如果按顺序来的话，太子之位，非燕王刘旦莫属。

但是汉武帝不提这茬，燕王着急啊。他作为皇子中唯一的亲王，远在燕国。而长安城中有个年幼的刘弗陵。皇上老不明立太子，万一老爷子驾崩，大臣们拥立长安城唯一的皇子刘弗陵咋办？必须得给皇上提个醒。但是这话不能明说，总不能上折子告诉汉武帝，该我当太子了吧。

燕王很聪明，他不说太子的事，在奏章中说居然有人行刺皇上，做儿子的很担心。因此，燕王跪求不在燕国享福，而是去未央宫担任侍卫，保护汉武帝。汉武帝一看就怒了，小样，就你那点道行，还敢跟朕面前装大尾巴狼。不就是想当太子吗？要是轮得到你，能放你去燕国上任吗？朕当年还是胶东王呢，一天也没去胶东国上任。于是，为了再把事情挑明一些，汉武帝怒斩燕国使臣，削燕国三个县。使者死得很冤枉，送个快递被斩了，哪说理去。

燕王刘旦吓坏了，再也不敢提去长安的事了。而燕王刘旦同父同母的亲弟弟广陵王刘胥，则更不可能当太子。刘胥是个武夫，但是行为不检点。亲王刘旦都没戏，郡王刘胥就更没戏。等于燕国使者被斩首以后，全天下都知道了，大汉王朝下一任皇帝就是小皇子刘弗陵。

汉武帝非常喜欢刘弗陵，因为这个娃虽然小，却身体结实，脑子好使。汉武帝越看这个娃，越像当年那个能背诵古代圣君治国办法的自己。但是汉武帝迟迟没有立刘弗陵为太子，一来是因为娃太小，没有找到合适辅佐娃的大臣。二来是刘弗陵的母亲钩弋夫人及其背后的赵家人都很有心机，不可不防。你想吧，一家普通的老百姓，能编出这么离奇的故事，又能买通皇上身边的术士，这家人得多厉害？或者说这家人背后的势力得多厉害？

汉武帝岁数大了，没精力再去挖掘赵氏背后的势力。杀完卫氏、李氏外戚以后，汉武帝用脑过度，大伤元气。既然如此，那就没必要再去调查赵氏外戚及其背后的势力，不如来个一劳永逸。汉武帝分析群臣：忠臣者，莫过于好基友金日磾；能臣者，莫过于田千秋；武臣者，莫过于上官桀；理财者，莫过于桑弘羊。但是这里边能辅佐幼主的，没一个靠谱的。金日磾是匈奴人，最大的特长是养马，玩心计差太远，不行。田千秋岁数也不小了，为人不够霸气，出身也不好，难当大事。上官桀终究是个武将，脑子不行。桑弘羊小人一个，早晚得被清洗。汉武帝思来想去，只有这个人能担当大事。

此人就是大名鼎鼎的霍光，霍去病的异母弟。不过在当时，霍光并不是个太出名的人物。霍光自从被霍去病带到长安，就担任汉武帝身边的侍卫、秘书等职位。霍光能在汉武帝身边低低调调的任职，是因为他有个跟金日磾一样的先决条件，那就是帅。汉武帝是个颜控，能在他身边任职的，都是颜值爆表的人物。不同的是霍光为人谨慎，又受过良好的教育，是个能办事的人。毕竟汉武帝要找的辅政大臣，相当于下一届大汉王朝的国家元首，光忠心不会办事可不行。

霍光在汉武帝身边几十年，汉武帝对霍光十分了解。只不过汉武帝漏算了一条，刘弗陵的生命太短了。汉武帝派人画了一幅《周公辅成王图》送给了霍光。基本上就是先给霍光交个底，千钧重担你来挑，该怎么做你心里得有数。几天后，汉武帝因为“你瞅啥”这样的小事，杀了钩弋夫人。这一刀下去，赵氏外戚有什么阴谋，或者说赵氏外戚背后有什么阴谋，都不重要了。未来太后都死了，哪家外戚能治得了霍光？而霍光的宗族里边，霍去病已死，也不会翻起多大浪来。有兴趣大家可以对比一下霍氏和王莽家在朝的官员数量和职位，就知道霍光为啥篡不了位了。

汉武帝杀钩弋夫人，可以说是冷静到了极致。他要保刘氏江山，就必须杀了可能会危害刘氏江山的钩弋夫人。同时也证明了，汉武帝这个人无情到了极致。能不能不杀钩弋夫人而制约赵氏外戚呢？当然可以啊，恪守非功不封侯，外戚不封官的原则，太后也无能为也。比如诸吕之乱以后，大家都恪守制约外戚的政策，薄太后在位，薄氏外戚也没起来。从龙功臣薄昭，也就是当了个地方官。后来朝中有周勃、周亚夫父子在朝，窦氏外戚的窦长君和窦少君都没封侯拜相，窦太后也就不能擅权。反倒是汉景帝破坏祖训以后，窦氏外戚和王氏外戚先后崛起。汉武帝时代，皇帝又亲手培养了卫氏外戚、李氏外戚。不过那都不重要了，汉武帝的执政理念就是，用你，你就是万户侯，不用你，就灭族。

虽然汉武帝赐给霍光《周公辅成王图》，但是依然没有明发上谕立刘弗陵为太子。

在后元二年，过完年后的汉武帝去了一趟甘泉宫。二月初，汉武帝又去了五柞宫。结果汉武帝一到五柞宫，就病得很严重，看样子是回不了长安了。随行大臣中，光禄大夫霍光、太仆上官桀、驸马都尉金日磾急坏了，这不在长安，皇上万一有事，咋整？

这三位虽然也是两千石的高官，但是长安城两千石的高官多了，三公中的太尉和御史大夫职位空悬，丞相田千秋不能服众，看上去汉武帝这次病重，是件非常危险的事。霍光情急之下，顾不得许多忌讳，泣涕上问，万一这次皇上有个好歹，后事如何安排？汉武帝也情知这个坎不好过了，就说参考送给霍光的《周公辅成王图》，立刘弗陵为帝，霍光辅政。

有些话，与其留给别人议论，不如自己先说出来好。霍光知道自己的短板，这些年担任的不是郎官就是侍中，肯定不能服众。于是顿首力辞，说辅政大臣之职，非金日磾莫属。金日磾赶紧推辞，说他是个匈奴人，不如霍光辅政合适。而且如果大汉朝让一个匈奴人辅政，会让匈奴国笑话的。

二月十二号，汉武帝正式明发上谕，立八岁的刘弗陵为皇太子。二月十三日，汉武帝再次明发上谕，升霍光为大司马、大将军，金日磾为车骑将军，上官桀为左将军，由此三人为辅政大臣，霍光为首辅。此外，升桑弘羊为御史大夫，协助丞相田千秋处理政务。二月十四日，汉武帝驾崩。葬茂陵，庙号世宗，谥号武。

二月十五日，皇太子刘弗陵继位，是为汉昭帝。霍光为首辅，政由己出。天下人为之惊叹，名不见经传的霍光突然成了帝国的首辅，都想一睹其风采。霍光召见尚符玺郎，要求郎官把皇上的玉玺交出来，郎官宁死不从。霍光一看是个硬汉，就升了这哥们的官，换了个好名声。这就好比杀人未遂，送人一笔钱，这不代表凶手就是正义的。但是没有人去质疑霍光，自此霍光踏踏实实辅政，成了汉帝国实际领导人，开起了属于霍光的一个新时代。当年，尴尬的是匈奴再度大举入侵汉朝，抢劫一番走人。

回顾汉武帝传奇的一生，历史上两位杰出的史学家，给出了截然不同的评价。东汉的史学家班固说，汉武帝接手了一个烂摊子，然而这位英明的君主拨乱反正，一改文景之时只考虑人民休养生息而忽略礼仪制定的弊端，继而罢黜百家，独尊儒术，兴办太学，整顿祭祀礼仪，定历法，调音律，祭祀天地神灵，册封周朝后裔，使得国家有三代之风。像汉武帝这么雄才大略的君主，还不改变文景时的简朴作风，就算是《尚书》《诗经》歌颂的上古贤君，也不过如此。

很明显，这是瞪着眼说瞎话。

而宋朝的司马光，却有截然不同的评价。司马光拿出砸缸的力气，说汉武帝穷奢极欲，严刑峻法。对内大兴土木奢侈成性，对外讨好四夷。还迷信怪力乱神，四方巡游无度。导致百姓疲敝，逼良为盗。这样的皇帝，跟秦始皇没啥区别。但是，秦朝二世而亡。汉武帝为啥没亡国？那是因为汉武帝恪守先王之道，亲贤远佞，接受忠言，喜好人才，赏罚分明，晚年还能改过自新，寻找贤臣辅佐幼主，最终没走上秦朝的老路。

很明显，这是另有所指。

这两位史学家对汉武帝的评价，可以说是一点都不客观。首先说班固，他在《汉书》中记载了不少汉武帝的劣迹，但是在评论中，班固把能用的好词都用在了汉武帝身上。这没办法，一方面东汉自称是西汉的延续，所以班固不能去评价汉武帝不好。另一方面，班固时代的汉明帝，其职业生涯很多事做得跟汉武帝差不多。比如迫害藩王、北伐匈奴、利用外戚、经营西域等。如果班固批评汉武帝，那就有批判汉明帝的嫌疑。所以班固在写《汉书》时，于评论中高度赞扬了汉武帝。

而司马光则是另一种情况，当时正赶上司马光和王安石斗法，到底还是司马光更胜一筹。所以司马光在呈上《资治通鉴》讲治国的时候，更多的是向宋神宗提交自己的政治主张。他骂汉武帝的那些，是不希望宋神宗去做的。他夸汉武帝的那些，是希望宋神宗照做的。你看司马光夸汉武帝恪守先王之道，就是提醒宋神宗别跟着王安石乱改。亲贤远佞都不用问，佞臣就是王安石。改过自新就是说虽然任用王安石了，及时改正还是好的嘛。任用贤臣，当然指的是他司马光。

所以这两位专家的发言，可以选择性参考。那么怎么评价汉武帝呢？我也妄言一回。

历史上，很多人都把秦始皇和汉武帝归为一类皇帝。秦始皇这个暴君是洗不白了，这样看汉武帝也是个暴君。但是暴君和暴君还不一样，秦始皇是个非常直接的暴君，朕就拿老百姓不当人，尽可能地榨干百姓。但是汉武帝不一样，人家自称爱民如子，但是害民的手段比秦始皇有过之而无不及。简单说这是个虚伪至极的人物，他说爱儒家，却为了术士杀儒生；他说爱人民，却用尽残酷的办法危害人民的财产和生命的安全；他说爱老婆，但是他的女人没有一个有好下场；他说爱亲戚，结果宗亲和外戚都被他迫害残杀过；他说爱大臣，结果丞相、酷吏、将军都鲜有善终；他说爱太子，结果刘据就那样憋屈地被逼死了。

如果单从政绩上看，汉武帝一生办过两件大事，一件是加强皇帝集权，一件是北伐匈奴。加强皇帝集权包括推恩令、刺史制度、独尊儒术等，这些事都只对他自己有好处，咱们犯不着为他鼓掌叫好。北伐匈奴更是尴尬，打了半辈子，死了几十万人。最后的结果是匈奴威胁边疆的事情依然时有发生，而河套地区，最终便宜了投降汉朝的匈奴人。等于这几十年的北伐，依然不解决问题。

但是我们也不能说汉武帝对后世一点好事也没做，最起码《太初历》的制定，一直影响到今天。我们中国人就是在有了《太初历》之后，才以正月为岁首。而二十四节气的制定，今天看来没啥用，但是在古代是对农业生产的重要指导。什么节气该做什么，全靠二十四节气提醒。在漫长的历史岁月中，后世所有历法的修改和制定，都是在《太初历》的基础上进行。

除此之外，古代那些鼓吹汉武帝伟大的御用文人说的那些例子，实在是拿不出门。比如制定祭祀的礼仪，跟老百姓有关系吗？比如制定国家乐曲，跟老百姓有关系吗？李延年制定国家乐曲，最著名的曲子有俩，一个歌颂汉武帝的马，一个歌颂李夫人。你说这个怎么歌颂？

非要歌颂的话，那就是汉武帝居然容得下汲黯、东方朔提意见。尤其是“真相帝”汲黯，屡屡戳穿汉武帝的虚伪。汉武帝最多把他调出朝廷中央，而没有痛下杀手。这最起码证明，那个时代，说话是不一定有死罪的。当然也有不幸的例子，比如司马迁，因言获罪，惨遭腐刑。

这就是古代皇帝的标准，一个只知贪图享乐的皇帝是昏君，一个边贪图享乐边杀人的皇帝就是明君。据说汉武帝是个“明君”，据说汉武帝时代是个盛世，那扪心自问，谁愿意生活在那样一个“明君”统治下的，却用白骨堆积出来的盛世呢？

附 录

汉武帝时期大事年表（公元前 156—公元前 87）

年号	时间	年龄	大事
景帝前元元年	公元前 156 年	1 岁	7 月，汉武帝刘彻生于猗兰殿。
四年	公元前 153 年	4 岁	立为胶东王。
七年	公元前 150 年	7 岁	立为皇太子。
后元三年	公元前 141 年	16 岁	即皇位，是为武帝。
武帝建元元年	公元前 140 年	17 岁	1. 诏举贤良方正直言极谏之士。2. 行三铢钱。3. 免丞相卫绾，以窦婴为相，田蚡为太尉，赵绾为御史大夫。
二年	公元前 139 年	18 岁	1. 窦太皇太后厌儒干政，赵绾下狱自杀，窦婴、田蚡免官。2. 纳卫子夫为夫人，升卫青为太中大夫。3. 初置茂陵邑。
三年	公元前 138 年	19 岁	1. 代王登、长沙王发、中山王胜、洛川王明来朝。2. 闽越攻东瓯，遣使发兵救之，徙东瓯人于江淮。3. 张骞初使西域。4. 建上林苑。
五年	公元前 136 年	21 岁	罢三铢钱，行新铸半两钱。
六年	公元前 135 年	22 岁	1. 窦太皇太后 5 月崩世。2. 罢丞相许昌，以舅田蚡为丞相。3. 闽越攻打南越，遣将攻之，未至，越人杀郢降。
元光元年	公元前 134 年	23 岁	1. 初令郡国举孝、廉各一人。2. 诏举贤良、文学，亲策之。
二年	公元前 133 年	24 岁	汉伏兵马邑，诱击匈奴，断绝与匈奴和亲。
三年	公元前 132 年	25 岁	黄河于淮阳缺口，发卒 10 万塞之，无功。
四年	公元前 131 年	26 岁	杀前丞相窦婴，田蚡病死，以薛泽为丞相。
五年	公元前 130 年	27 岁	1. 使唐蒙通夜郎，置犍为郡，使司马相如通西南夷。2. 置一都尉，属蜀郡。3. 陈皇后以巫蛊罪被废居长门宫。4. 张汤与赵禹共定律令。

续表

年号	时间	年龄	大事
六年	公元前 129 年	28 岁	1. 始税商贾车船，令出算。2. 开漕渠。3. 匈奴扰上谷，遣卫青、李广、公孙敖、公孙贺等击之，唯卫青胜，封关内侯。
元朔元年	公元前 128 年	29 岁	1. 定二千石不举孝廉罪法。2. 匈奴入渔阳、雁门等地，遣卫青、李息分道还击，卫青胜。再用“飞将军”李广为右北平太守，匈奴数年不犯右北平。3. 卫夫人生皇子据，被立为皇后。4. 置苍海郡。
二年	公元前 127 年	30 岁	1. 颁“推恩令”削藩国势力。2. 匈奴攻入上谷、渔阳，遣卫青、李息等击之，收复河南地（今河套），置朔方郡、五原郡，筑朔方城。
三年	公元前 126 年	31 岁	1. 罢苍海郡、罢西夷，独置南夷、夜郎两县一都尉，专营朔方城。2. 张骞自大月氏还，拜为太中大夫。
五年	公元前 124 年	33 岁	薛泽免相，以公孙弘为相，封平津侯。2. 遣卫青等击匈奴右贤王，大胜，拜卫青为大将军。3. 置博士弟子 50 人，免除其赋役。
六年	公元前 123 年	34 岁	遣卫青统六将两次出定襄击匈奴，斩俘万余人，封霍去病为冠军侯、张骞为博望侯。
元狩元年	公元前 122 年	35 岁	1. 淮南王安、衡山王赐反，事泄自杀，受牵连者死数万人。2. 张骞遣使寻求身毒国，重开西南夷。3. 立刘据为皇太子。4. 开创年号纪年法。
二年	公元前 121 年	36 岁	1. 丞相公孙弘死，以李蔡为丞相，张汤任御史大夫。2. 骠骑将军霍去病出陇西击匈奴，俘浑邪王太子，得休屠王祭天金人。3. 霍去病、公孙敖分道出北地，张骞、李广分道出右北平，击匈奴。霍去病越居延，至祁连山，大捷，夺取河西之地。4. 匈奴浑邪王降，设五属国。
三年	公元前 120 年	37 岁	1. 作昆明池教习水战。2. 始立乐府，以李延年为协律都尉。3. 胶东王薨，分其二子为胶东王和六安王。
四年	公元前 119 年	38 岁	1. 造皮币、“白金”，销半两钱，更铸三铢钱。2. 管盐铁、算缗钱。3. 遣卫青、霍去病击匈奴，漠北大决战，从此“漠南无王庭”，加卫青、霍去病大司马衔。4. 张骞再次出使西域。5. 李广自杀。

续表

年号	时间	年龄	大事
五年	公元前 118 年	39 岁	1. 罢三铢钱，铸五铢钱，汉币制稳定。2. 丞相李蔡自杀，以庄青翟为相。3. 封汲黯为淮阳太守。
六年	公元前 117 年	40 岁	1. 使杨可主持告缗。2. 遣使巡行郡国，查盗铸金钱者，并检举兼并之徒及为吏有罪者。3. 霍光为官，霍去病射杀李敢。同年，霍去病死，葬茂陵旁，墓像祁连山。
元鼎元年	公元前 116 年	41 岁	徐偃巡郡国矫制。
二年	公元前 115 年	42 岁	1. 御史大夫张汤自杀，丞相庄青翟下狱自杀，以赵周为相。2. 起柏梁台，以铜作承露磐。3. 以孔仅为大农令，桑弘羊为大农丞，置均输、平准，通货物、利百姓。4. 废“白金”，统一在上林苑三官铸钱。5. 张骞第二次出使西域。6. 设酒泉、武威郡。7. 求汗血马。8. 平阳公主下嫁卫青。
三年	公元前 114 年	43 岁	初定年号，以 2 年前于汾阴出宝鼎之年为元鼎元年，再追订即位次年为建元元年，从此中国历史始用皇帝年号纪年。
四年	公元前 113 年	44 岁	1. 始巡郡国，至荥阳而还。2. 遣使谕南越王内属，比内诸侯王。3. 乐成侯丁义举荐栾大。
五年	公元前 112 年	45 岁	南越吕嘉反，遣路博德、杨仆等征讨。
六年	公元前 111 年	46 岁	1. 平南越，置 9 郡。2. 平西南夷，置 5 郡。3. 东越王余善反，遣将击之。4. 分酒泉、武威，置张掖、敦煌 2 郡。5. 穿六辅渠。
元封元年	公元前 110 年	47 岁	1. 率 18 万骑北巡，遣使谕告匈奴单于臣服。2. 封禅泰山，下诏改元，以十月为元封元年。3. 置平准，升桑弘羊为治粟都尉兼大农令，掌盐铁，主均输与平准。
二年	公元前 109 年	48 岁	1. 发卒数万塞瓠子河决口，令群臣自将军以下皆负薪，终填黄河决堤。2. 遣荀彘、杨仆水陆两路征伐朝鲜。3. 滇王降，赐滇王印，以其地为益州郡。
三年	公元前 108 年	49 岁	1. 遣将军赵破奴俘楼兰王，破车师。2. 朝鲜降，设 4 郡。
五年	公元前 106 年	51 岁	1. 大司马卫青死。2. 初置部刺史，巡察郡国。

续表

年号	时间	年龄	大事
六年	公元前 105 年	52 岁	汉乌和亲，细君远嫁乌孙。
太初元年	公元前 104 年	53 岁	1. 定太初历，以正月为岁首，改元太初。2. 筑受降城于塞外。3. 遣贰师将军李广利西征大宛。
二年	公元前 103 年	54 岁	1. 丞相石庆卒，以公孙贺为相。2. 李广利攻宛失利，遣使截退兵于玉门。3. 赵破奴没于匈奴。
三年	公元前 102 年	55 岁	李广利再征大宛。
四年	公元前 101 年	56 岁	李广利伐大宛胜，斩大宛王首、获汗血马归，自敦煌筑亭至盐泽，于轮台渠犁置卒屯田，供出使西域使者之用。
天汉元年	公元前 100 年	57 岁	遣苏武等出使匈奴。
二年	公元前 99 年	58 岁	1. 遣李广利击匈奴于天山，胜还。2. 李陵降匈奴。3. 作“沉命法”。
四年	公元前 97 年	60 岁	1. 遣李广利等击匈奴，战不利，引归。2. 族诛李陵家。
太始元年	公元前 96 年	61 岁	徙郡国吏民豪杰于茂陵。
二年	公元前 95 年	62 岁	赵国中大夫白公奏穿渠引泾水，成白渠。
三年	公元前 94 年	63 岁	钩弋夫人生子弗陵。
征和元年	公元前 92 年	65 岁	大搜上林苑、长安城，巫蛊始起。
二年	公元前 91 年	66 岁	1. 族诛丞相公孙贺，以刘屈牦为相。2. 巫蛊之祸，太子刘据、卫皇后自杀。
三年	公元前 90 年	67 岁	1. 丞相刘屈牦因与贰师将军李广利谋立昌邑王为帝，下狱腰斩。2. 匈奴入五原酒泉，遣李广利击之，李广利率 7 万众降匈奴。3. 田千秋讼太子冤，族灭江充，建思子宫，为归来望思台于湖县。
四年	公元前 89 年	68 岁	1. 纳田千秋之议，悉罢诸方士求神仙事。2. 以田千秋为丞相，封富民侯。3. 下轮台罪己诏。4. 以赵过为搜粟都尉，推广“代田法”。5. 设立司隶校尉。
后元元年	公元前 88 年	69 岁	1. 金日磾擒马何罗，平宫变。2. 逼死钩弋夫人。
二年	公元前 87 年	70 岁	1. 立刘弗陵为太子，托孤于霍光、金日磾、上官桀等。2. 二月，崩于五柞宫，葬茂陵。

汉武帝时期匈奴单于继位顺序表

单于称谓	在位时间	主要历史事件
军臣单于	公元前158年—公元前126年（公元前141年汉武帝即位）	**公元前158年冬，匈奴侵入上郡、云中。稽粥死，军臣单于即位。** 公元前135年，汉武帝发兵30余万，准备在马邑附近诱击匈奴，无功而返。 公元前133年6月，汉武帝使四将军，兵30余万，诱击匈奴，无功。 公元前129年，匈奴攻入上谷，汉卫青等四将军各率万骑分道出击。秋，匈奴攻入汉塞，韩安国屯渔阳。匈奴生擒李广。 公元前128年秋，军臣单于命匈奴兵分三路，同时突破长城，大举入侵汉边境，被卫青率军击退。 公元前127年，匈奴侵入上谷、渔阳。卫青在河南地大败匈奴，逐匈奴白羊王、楼烦王，取河南地，设朔方郡，筑朔方城。
伊稚斜单于	公元前126年—公元前114年	**公元前126年冬，军臣死，伊稚斜立篡位，匈奴爆发内战，太子於单出降汉。**匈奴攻入汉代郡。又攻入雁门。 公元前125年夏，匈奴攻入汉代郡、定襄、上郡。 公元前124年春，匈奴右贤王兵临汉朔方城，汉以卫青等十余将往征。 公元前123年2月，汉卫青统六将军击匈奴。赵信率部投降了匈奴。 公元前121年3月，汉霍去病发动了打通河西走廊的军事行动。秋，匈奴浑邪王杀休屠王，并率其众降汉。 公元前120年秋，匈奴攻入右北平、定襄。 公元前119年春，漠北之战打响。匈奴伊稚斜单于战败而逃，从此，匈奴漠南无王庭。随后，匈奴伊稚斜单于向汉请求和亲。 公元前115年，汉于原浑邪王地设酒泉郡，休屠王地设武威郡。

续表

单于称谓	在位时间	主要历史事件
乌维单于	公元前114年—公元前105年	**公元前114年，匈奴伊稚斜死，乌维立。** 公元前112年，匈奴联合攻打西羌攻打汉，西羌攻克汉的安故、令居，包围抱罕；匈奴攻入五原。 公元前110年10月，汉武帝北巡、登单于台、向匈奴挑战，匈奴单于杀主张接见汉使者，拘汉使。
詹师庐单于（儿单于）	公元前105年—公元前102年	**公元前105年，乌维死，詹师庐即单于位。**匈奴王庭益西北。匈奴境大雨雪。国中不安。 公元前104年，汉在塞外筑受降城。 公元前103年，汉2万骑侵匈奴，被歼，赵破奴被擒。匈奴攻入双边。
呴犁湖单于	公元前102年—公元前100年	**公元前102年，詹师庐死，呴犁湖即单于位。**汉于五原塞外数百里至千里，筑城障。秋，匈奴攻入汉定襄、云中、酒泉、张掖等郡。 公元前101年，汉使楼兰王侯伺匈奴。冬，匈奴尽归向所拘汉使，使人聘于汉。
且鞮侯单于	公元前100年—公元前96年	**公元前100年3月，**汉使苏武送匈奴使之留在汉者。武以密谋匈奴事发，被拘。**呴犁湖死，且鞮侯立为单于。** 公元前99年5月，汉击匈奴于天山。军还，为匈奴所围，大败。李陵败降匈奴。汉以匈奴叛王介和王成娩将楼兰兵击车师，为匈奴救兵所败。 公元前98年秋，匈奴攻入雁门。 公元前97年正月，汉分路击匈奴，无功。
狐鹿姑单于	公元前96年—公元前85年（此时汉武帝已驾崩）	**公元前96年，且鞮侯死，狐鹿姑即单于位。** 公元前91年秋，匈奴攻入上谷，五原。 公元前90年3月，汉李广利击匈奴，败降。匈奴介和王率六国兵攻车师。狐鹿姑致书汉武帝，约边界。 公元前87年，汉武帝刘彻驾崩。

汉武帝时期主要职官一览表

部门	职官	职掌	秩禄	备注
三公	丞相（相国）		金印紫绶，秩俸万石	高祖十年更名为“相国”。
	太尉 / 大司马	专掌武事	金印紫绶，秩俸万石	汉武帝建元二年，省去太尉，后又置大司马。
	御史大夫	对百官公卿的一切行政活动进行监察	银印青绶，秩俸是中二千石	
九卿	太常	掌祭祀礼仪	银印青绶，秩俸中二千石	景帝时改称“太常”。
	光禄勋	掌宫殿掖门	银印青绶，秩俸中二千石	之前称为“郎中令”，汉武帝太初元年改称“光禄勋”。
	卫尉	掌宫门卫屯兵	银印青绶，秩俸中二千石	
	太仆	掌舆马	银印青绶，秩俸中二千石	
	廷尉	掌刑狱	银印青绶，秩俸中二千石	
	大鸿胪	掌宾客朝觐及边地各民族之事务	银印青绶，秩俸中二千石	汉武帝时改称“大鸿胪”。
	宗正	掌亲属诸事务	银印青绶，秩俸中二千石	
	大司农	掌谷货	银印青绶，秩俸中二千石	汉武帝时改称“大司农”。
	少府	掌山泽租税	银印青绶，秩俸中二千石	
列卿	执金吾	掌徼循京师	银印青绶，秩俸中二千石	之前称为“中尉”，汉武帝太初元年改称“执金吾”。
	典属国	掌蛮夷降者	秩俸中二千石	
	将作大匠	掌治宫室	秩俸中二千石	景帝时更名“将作大匠”。

续表

部门	职官	职掌	秩禄	备注
宫官	詹事	掌皇后太子家事	秩俸中二千石	
	长信少府	掌皇帝后宫诸事	秩俸中二千石	
	大长秋	皇后卿	秩俸中二千石	
	太子太傅 太子少傅		秩俸中二千石	
军官	大将军			汉武帝初为卫青而设。
	骠骑将军	掌兵及征伐之事	秩俸中二千石	
	车骑将军			
	卫将军			
	前后左右军			
	列将军			
京畿	京兆尹	治内史事，察问出入	秩俸中二千石	“京兆尹”“左冯翊”“右扶风”合称“三辅”，均为汉武帝时期所改。
	左冯翊	治左地事，察问出入	秩俸中二千石	
	右扶风	治右地事，察问出入	秩俸中二千石	
郡国	太守	掌治其郡	银印青绶，秩俸中二千石	
	郡丞	辅佐太守	铜印黑绶，秩俸六百石	
	长史	边郡有之，掌兵马	秩俸六百石	
	都尉	掌佐郡守，典武职甲卒	比二千石	
	农都尉 属国都尉	主屯田殖谷 主蛮夷降者	比二千石	皆武帝初置。
	内史、相	治民如郡太守	二千石	诸侯王国所设之官。
	中尉	掌武职，如郡都尉	比二千石	

续表

部门	职官	职掌	秩禄	备注
县	县令 县长	掌治其县	县令一千石至六百石 县长五百石至三百石	
	县丞	辅佐县令，兼主刑狱囚徒	四百石至二百石	
	县尉	掌缉捕、武事	四百石至二百石	
	计食 佐吏		百石以下	
监司	京畿司隶校尉	察三辅、三河、弘农	比二千石	汉武帝政和四年设置，持节，捕巫蛊，督大奸猾。
	刺史	奉诏条察州部	刺史六百石	汉武帝时设置十三州部刺史，以“六条问事”，为监察官性质。

征引书目版本

书名	作者	版本
《史记》	（汉）司马迁	中华书局 2019 年版
《汉书》	（汉）班固	中华书局 2019 年版
《资治通鉴》	（宋）司马光	中华书局 2015 年版
《明夷待访录》	（明）黄宗羲	中华书局 2011 年版
《后汉书》	（南朝宋）范晔	中华书局 2019 年版
《三辅决录·三辅故事·三辅旧事》	（汉）赵岐 等撰 （清）张澍 辑 陈晓捷 注	三秦出版社 2006 年版

图书在版编目（CIP）数据

汉武帝的外儒内法 / 孔令堃著 .— 南京：江苏凤凰文艺出版社，2021.5
ISBN 978-7-5594-5639-7

Ⅰ.①汉… Ⅱ.①孔… Ⅲ.①汉武帝（前 156- 前 87）－生平事迹－通俗读物 Ⅳ.① K827=341

中国版本图书馆 CIP 数据核字 (2021) 第 019779 号

汉武帝的外儒内法

孔令堃 著

出　　品　九志天达
责任编辑　白　涵
策划编辑　曲安娜
营销编辑　黄志瑛
责任印制　刘　巍
出版发行　江苏凤凰文艺出版社
　　　　　南京市中央路 165 号，邮编：210009
网　　址　http://www.jswenyi.com
印　　刷　三河市祥达印刷包装有限公司
开　　本　710 毫米 ×1000 毫米 1/16
印　　张　20.5
字　　数　295 千字
版　　次　2021 年 5 月第 1 版
印　　次　2021 年 5 月第 1 次印刷
书　　号　ISBN 978 - 7 - 5594 - 5639 - 7
定　　价　88.00 元